国家出版基金项目
NATIONAL PUBLICATION FOUNDATION

国家出版基金资助项目

总主编　孙玉琴

中国对外贸易通史

（第一卷）

孙玉琴　常旭　著

对外经济贸易大学出版社
中国·北京

图书在版编目（CIP）数据

中国对外贸易通史. 第一卷 / 孙玉琴，常旭著. —
北京：对外经济贸易大学出版社，2018.5
ISBN 978-7-5663-1925-8

Ⅰ. ①中… Ⅱ. ①孙… ②常… Ⅲ. ①对外贸易–贸
易史–中国 Ⅳ. ①F752.9

中国版本图书馆 CIP 数据核字（2018）第 111623 号

中国对外贸易通史（第一卷）

Zhongguo Duiwai Maoyi Tongshi

孙玉琴 常旭 **著**

责任编辑：李晨光

对 外 经 济 贸 易 大 学 出 版 社
北京市朝阳区惠新东街 10 号　邮政编码：100029
邮购电话：010 – 64492338　发行部电话：010 – 64492342
网址：http://www.uibep.com　E-mail：uibep@126.com

三河市少明印务有限公司印装　新华书店经销
成品尺寸：185mm×260mm　14 印张　315 千字
2018 年 5 月北京第 1 版　2018 年 5 月第 1 次印刷

ISBN 978-7-5663-1925-8
定价：48.00 元

前　言

中国对外贸易的历史源远流长，早在先秦时期，我们的祖先就将丝绸等货物辗转运往境外。公元前 2 世纪，西汉武帝时期开拓的陆上及海上丝绸之路将中国与世界开始联系在一起，中国与世界各国和地区的贸易关系渐次发生，并不断向前发展。贸易往来推动着中外经济文化交流日益深入，中华文明在造福全人类的同时，也吸收、借鉴了世界各国文明的优秀成果，使中外经济文化交相辉映，共同进步。

受社会经济形态、中外政治经济格局及意识形态的制约，中国对外贸易经历了曲折的进程。西汉武帝时期基于国防安全畅通了丝绸之路，客观上打开了中外经济文化交流的孔道。通过古老的陆上及海上丝绸之路，中国与境外国家和民族间展开了日益广泛的政治、经济及文化交流。这一时期尽管贸易规模有限且以奢侈品贸易为主，直接获益者为少数贵族阶层，但通过贸易活动，中国引进了大量域外物种，从而丰富了中国农作物品种，普通民众的福利状况也有所改善。与此同时，作为经济相对发达的大国，中国先进的生产技术随着贸易的开展逐渐输出，有益于丝路沿线国家和地区社会生产力的提高。

魏晋南北朝时期民族纷争不断，政治上南北分裂，经济上遭受战火摧残，使这一时期发展对外贸易的社会经济基础有所削弱，但控制中国北方及南方的各政权为拓展其生存空间均致力于维护丝绸之路的畅通和安全，从而使沿着陆上丝路和海上丝路的对外经济交往得以持续，并进一步发展。

隋唐时期中国再次实现了空前的国家统一，在积极对外开放政策下，陆上丝路贸易发展到一个新的高峰，特别是中国与中亚地区间的贸易高度繁荣。唐后期，随着中国经济重心的南移、造船及航海水平的提高，海上丝绸之路在中国对外贸易中的作用逐渐超过陆上丝绸之路。

宋代由于国内财政危机空前严重，因此对海外贸易空前重视，鼓励海外贸易发展的政策纷纷出台，造船水平的提高、指南针运用于航海又为海外贸易发展提供了技术保障，从而使这一时期对外贸易伙伴大幅度增加，贸易的商品种类大为丰富，特别是海外贸易日益突破奢侈品贸易的局限，不少日用品开始进入海外市场，如宋朝粗重的陶缸、陶瓮出口到东南亚，胡椒等普通香料也大量进口到国内，这种贸易活动直接有益于普通民众的生活。而占城稻的引进不仅推动了南方经济的进一步发展，而且缓解了民众的粮食短缺状况，人民的基本生存条件得到改善。

元代随着欧亚陆海交通畅达，交通运输条件的改善，陆上丝绸之路再度复兴，海上丝路联系的地域更为广阔，中国与亚、非、欧各国的贸易达到了新的水平。

明代初年，面对来自日本倭寇的骚扰及沿海各种反抗势力，明朝实施了严格的海禁政策，中外民间贸易被禁止。15 世纪前期，郑和下西洋推动了海上丝绸之路的空前畅通，中外官方贸易发展到顶峰。16 世纪以后，随着欧洲人的东来，中国传统的贸易格局发生了巨变。面对西方殖民威胁，处于封建社会末期的明清统治者，在高度成熟的封建政治制度下，极力维护其既有的统治秩序。对外政策日趋封闭、保守，对外贸易活动受到严格限制。在与欧洲殖民者的贸易中，中国越来越处于被动不利的地位。妄自尊大、故步自封的结果使中国未能凭借丝、茶等商品的绝对优势获得应得的对外贸易利益，中国在世界经济中的领先地位也终于彻底丧失了。

1840 年鸦片战争后，西方人以坚船利炮打开了中国的大门，中国被迫走上了对外开放的道路。西方列强迫使中国与之签订了大量不平等条约，使中国逐步沦为一个半殖民地半封建社会，传统的独立自主的封建对外贸易随之演变为近代半殖民地性的对外贸易。为使中国经济发展符合西方列强的利益，西方列强凭借雄厚的经济、技术实力和强权政治，迫使中国接受了一系列近代制度安排，它们逐步控制了中国的政治、经济命脉，将中国纳入西方资本主义经济发展的轨道，中国成了西方工业品的销售市场和原料供应地，对外贸易日益半殖民地化。

近代百年，随着对外贸易的发展，中国经济与世界经济的联系不断加强，因而世界经济的繁荣与衰退、国际市场的变动深刻地影响着中国对外贸易的发展，进而影响着中国国民经济的发展。各资本主义列强势力的此消彼长决定着它们在中国对外贸易中的地位及其对中国经济的控制程度。中国对外贸易的半殖民地化，一方面影响了对外贸易的正常发展，另一方面抑制了对外贸易对经济发展促进作用的发挥。

20 世纪前半叶，中国政局动荡，内部纷争不已，外部遭受日本军国主义武装入侵，社会经济遭到严重破坏，中国对外贸易遭到致命的打击。

1949 年中华人民共和国成立后，彻底摆脱了西方列强的控制，半殖民地对外贸易随之终结。从 20 世纪 50 年代初到 70 年代末，30 年间中国受到西方国家的封锁禁运，受中苏关系恶化及计划经济体制等因素的制约，中国对外贸易发展缓慢，结构落后。1978 年党的十一届三中全会确立改革开放政策后，中国对外贸易加速发展，与世界经济融合日益加深。进入 21 世纪以来，中国已成为国际贸易大国，对外贸易对国民经济发展发挥着愈益重要的作用。与此同时，不断加剧的国际竞争也使中国面临着一系列国际间的矛盾与冲突。

现实是历史的继续，系统研究中国两千余年的对外贸易历史，梳理中国对外贸易发展的脉络，总结经验教训，不仅能使我们更好地认识过去，而且能使我们以史为镜、鉴古知今，更深入地理解现实，继往开来，为中国从贸易大国迈向贸易强国、为“一带一路”建设提供历史的智慧。

本套书共分为四卷。第一卷是古代卷，涵盖先秦至清前期的对外贸易；第二卷是近代卷，主要涉及清晚期及中华民国时期的对外贸易；第三卷是现代卷，主要研究新中国 60 余年来对外经济贸易的发展；第四卷为画册，以图片直观展现中国对外贸易史的发展历程。

本套书由多位中青年学者共同撰写完成，总主编对本套书从体例到内容进行了系统整合。参加本套书编写的人员主要有：孙玉琴，对外经济贸易大学教授，主要负责第一卷第一章～第六章，第七章、第八章部分内容，第二卷第一章、第二章、第五章、第六章部分内容，第四卷部分内容；陈晋文，北京工商大学教授，主要负责第二卷第三章、第四章；曲韵，中国社会科学院经济研究所副研究员，主要负责第三卷第一章～第五章；蒋清宏中国社会科学院近代史研究所副研究员，主要负责第二卷第五章、第六章部分内容；孙倩，对外经济贸易大学副教授，主要负责第四卷部分内容；常旭，中国社会科学院经济研究所副研究员，主要负责第一卷第七章、第八章部分内容，第二卷第一章、第二章部分内容；王微微，中国社会科学院大学副教授，主要负责第三卷第六章；张鲁青，首都师范大学副教授，主要负责第三卷第七章；郑春芳，北京联合大学教授，主要负责第三卷第八章、第九章；苏小莉，中国电子科技集团有限公司发展战略研究中心博士，主要负责第三卷第十章。此外，西北大学李瑞哲副教授，中国社科院经济研究所常旭副研究员，对外经济贸易大学叶梅副教授、王虎老师、曹亚红副研究员、刘海军老师，对外经济贸易大学李建树、周宇轩、张阳、邢恩焱、罗皓、谢梅、赵乐、于硕、许畅以及希腊留学生玛丽安（Erotokritou Marianna）、索菲亚（Erotokritou Sofia）等同学为本套书提供了图片或协助拍摄，对外经济贸易大学博士生刘平同学对本套书资料的后期核查提供了帮助，在此一并表示感谢。

本套书由总主编负责统稿，为使本套书保持学术风格的统一，总主编对各卷作者提供的文稿在内容上进行了取舍、补充与整合，本套书的学术贡献均归功于各卷作者，编纂过程中的不当之处请专家、读者不吝指正。

孙玉琴

2018 年 1 月于对外经济贸易大学

目 录

第一章
汉代以前的对外贸易

随着生产分为农业和手工业这两大部门，人类社会出现了直接以交换为目的的生产，即商品生产，随之而来的是贸易，不仅有部落内部和部落边界的贸易，而且还有海外贸易。即对外贸易是原始社会后期已经存在的一种社会经济活动。我国有着灿烂的古代文明，疆域辽阔，与众多国家及民族接壤，又有着绵长的海岸线。因此，我国对外贸易的历史源远流长，早在汉代以前通过陆海两路，我国的古代先民们已同境外国家、民族开展了贸易往来。

第一节　远古时代的东西方交流

大量的文献及考古材料证实，至迟在夏商时代中国的中原地区已和外界发生了经济文化交流。中国古代典籍，《庄子·天地》记载："黄帝游乎赤水之北，登乎昆仑之丘而南望。"贾谊《新书》记载："黄帝涉流沙，登于昆仑"，尧"身涉流沙"会见西王母。《荀子·大略》记载：禹曾"学于西王国"。此外，《竹书纪年》记载："帝舜有虞氏九年，西王母来朝，献白环玉玦。"还说到，帝尧时"渠搜氏来宾"。成书于战国时的《穆天子传》描述了三千年前西周第五代君主周穆王于公元前989年驾八骏马车带着大量丝绸等物西游的故事。书中记载了周穆王姬满率六师之众，从镐京出发出陕西入河南，向北至滹沱之阳，进入犬戎地区，然后溯黄河而上，经河西走廊进入新疆，登上昆仑山，史称其在群玉之山大量采购玉石，"取玉版三乘，载玉万只"。然后继续西行，到达西王母之邦，周穆王送给西王母许多精美的丝绸，受到西王母隆重的接待，以至穆王"乐而忘返"，此后穆王又顺黑水之北行两千里到达中亚草原，最后经伊犁河谷天山北路回归。周穆王西巡，每到一处都向当地部落酋长馈赠丝绸、铜器、贝币等，各地酋长也回赠了大量马牛羊及各种特产。据考证，周穆王西行的大致路线为：自陕西出发，入河南，经山西至内蒙古，溯黄河过宁夏至甘肃，经青海越过昆仑山进入新疆，翻越葱岭，最后到达中亚伊朗高原。《穆天子传》是春秋战国时人根据穆王西征犬戎的故事及西王母的神话传说编写的，故书中内容不足全信，但其在一定程度上反映了远古时代中国中原地区与西北及中亚地区交通及贸易的情况。近代以来，中国及境外的考古发掘资料则为此提供了有力的证据。1976年在河南安阳殷墟妇好墓中出土了大量玉器，经科学鉴定，基本上都来自新疆，而在新疆地区也发现有来自我国东南沿海或印度洋沿岸的海贝。另据考证，殷商文化与远在西伯利亚以及欧洲的青铜文化都有直接或间接的联系。如在叶尼塞河和额毕河上游的卡拉苏克文化（公元前13世纪—公元前8世纪）的出土文物中，发现了三十多件具有商代风格的陶鼎、陶鬲及为数众多的青铜器，如青铜小刀和两头弯曲中间平直的弓形器，都极似安阳发掘物。此外，该地出土的青铜矛和铜簇亦与安阳商代同类物相似，所不同者，只是前者的铜矛只有一侧有环，而安阳的铜矛是两侧都有环。

除西北陆路外，早在商周时期，西南巴蜀地区与南亚等地的经济往来也已得到文献和文物资料的证实。反映古蜀国（约公元前1045年—公元前316年）文明的三星堆遗址和金沙遗址发现的海贝、象牙等物一般认为即来自印度洋地区。

当沉重的青铜器源源不断西运的同时，中国精美的丝绸也跨越万水千山源源不断流向中亚、西亚乃至欧洲。

第二节 早期的丝绸外传

中国是世界上最早养蚕缫丝的国家。但究竟始于何时，古代文献记载不一。或说始于伏羲氏，或说始于神农氏，也有传说发明养蚕缫丝的人是黄帝的妃子嫘祖（西陵氏的女儿），以致嫘祖被后世尊称为蚕神。但这些说法多近似神话传说，并不足信。养蚕织丝技术应是生产劳动者在长期的生产实践中不断积累经验创造出来的。但我国蚕丝生产已有悠久的历史是可以断言的，1958 年在浙江吴兴钱山漾新石器时代遗址中，发现了一批丝织品的残片及丝线等，经鉴定这批丝织物距今已有四千七百年。可以肯定在殷商以前我国已开始了蚕丝生产。到商代，丝织技术继续发展，甲骨文中已有蚕、丝等文字，出土文物中已见到精美的刺绣品及暗花绸，表明这一时期丝织技术已达到相当高的水平。到西周时期，丝织业已遍布山东的兖州、青州，江苏的徐州、扬州，湖北的荆州，河南的豫州等地，并且出现了官营和私营两种生产方式。到春秋战国时期，随着铁制工具的使用，丝织技术得到进一步发展，丝绸产量的增长使丝绸贸易普遍展开，《诗经·氓》中即有“氓之蚩蚩，抱布贸丝”的诗句。司马迁在《史记·货殖列传》中记载战国大商人白圭做生意而获取巨利的秘诀：“岁熟取谷，予以丝漆；茧出取帛絮，予之食。”

随着丝织生产的发展，丝织品的贸易不限于中原，而逐渐流传到远方。20 世纪 70 年代，中国的考古工作者在新疆吐鲁番阿拉沟东口，发现了春秋战国时期的中原丝织物。《史记·货殖列传》记载，秦朝时大商人乌氏倮即通过将中原丝绸贩运至西域换取马牛从而暴富，“畜牧，及众，斥卖，求奇缯物，间献遗戎王。戎王什倍其偿，与之畜，畜至用谷量马牛。秦始皇令倮比封君，以时与列臣朝请。”早在 20 世纪 50 年代，苏联考古学家在中亚阿尔泰地区发现了一批公元前 5 世纪的贵族石顶墓葬，“由于墓土封冻很结实，墓中很好地保存了中国的丝织品和其他物品”，其中在乌拉干河流域巴泽雷克地区发掘的 3 号墓中“出土的茧绸，特别精致，……上面的刺绣，是用彩色丝线以连环状的线脚绣成。刺绣主题凤栖息于树上，凰飞翔于树间的素底间。”在西亚的伊朗，据波斯《贝希斯敦铭文》记载：公元前 5 世纪后半期，中国丝已见于波斯市场。在南亚的印度，成书于公元前 4 世纪的《考铁利亚》一书中也记载“支那产丝。起丝货有贩至印度者”。在欧洲，德国考古学家曾经在德国南部斯图加特的霍克杜夫村，发掘的一座公元前 500 年的古墓中，发现了中国丝绸服装的残片。而古希腊的一些雕刻和陶瓷彩绘人像所穿的衣服，肯定为公元前 5 世纪的中国丝绸。如巴特侬神庙的命运女神、埃里契西翁的加里亚狄像等都穿着用中国丝绸制成的透明长袍。

由此可见，中国丝绸至迟在春秋战国时已被远销到西方。丝绸亦成为西方人最早知道的中国产品，因而他们把中国称为“赛里斯国”（Seres），亦即丝之国。

综上所述，早在汉代张骞出使西域以前，以贩运丝绸为主的国际交通贸易道路——丝绸之路就已经出现了。

第三节 东西方交通道路的形成

公元前 6—公元前 4 世纪，西亚的古波斯帝国国力强大，全盛时其疆域西达地中海东岸，东至印度河流域，北起锡尔河，南抵阿姆河，境内交通发达，驿道遍布，从而使中亚、西亚和南亚联系起来，进而沟通亚欧。而公元前 4 世纪，马其顿亚历山大东征对从地中海至帕米尔交通道路的形成再次发挥了重要作用。公元前 334 年，亚历山大率大军从马其顿出发，向东侵占了小亚细亚、叙利亚，南下占领了埃及，再攻克两河流域，灭掉古波斯帝国，最后直抵印度河流域。经过十几年战争，亚历山大建立了一个横跨欧亚非的大帝国。不久亚历山大死去，帝国分裂为几个独立王国，其中以叙利亚为中心的塞琉古王国疆域辽阔，全盛时占有自地中海东岸到印度河以西的广大地区。这种倚仗军事征服的东进，强行推动了帕米尔以西至地中海交通贸易道路的形成。

在帕米尔以东中国境内，春秋时期，日益强大的秦国不断向外征伐，在秦西北即今陕西、甘肃、青海、宁夏一带分布着诸多西戎小国，先后被秦征服。到战国时期，西戎诸国均被秦吞并，使中原至河西的交通畅通。在西戎以西，汉代以前，我国一些古老的民族，如塞人、月支人、乌孙人等，都曾游牧于河西走廊一带，以后陆续迁徙到新疆及帕米尔以西地区。

塞人即先秦时的“允戎”，最初分布在河西走廊的敦煌一带，春秋时受到月支人的驱赶，以后越过葱岭（今帕米尔高原）向中亚迁徙，塞人在西迁的同时，也将中国丝绸向西方贩运，中亚巴泽雷克墓葬的主人，据推证即塞人贵族。

月支人原来居于敦煌祁连间，春秋时期势力强盛，向西驱赶塞人，但到汉代初年月支人被日益强大的匈奴人击败，被迫西迁，进入伊犁河流域，赶走塞人，占领了原塞人之地。大体在匈奴老上单于（公元前 174 年—公元前 161 年）后期，月支又受到匈奴支持的乌孙的排挤，南迁到妫水（今阿姆河）一带。这部分人被称为大月支，小部分未迁的月支人进入祁连山与羌人杂居，史书将其称为小月支。

乌孙人原本亦居于河西敦煌一带，常受月支欺侮，后在匈奴的支持下，进入伊犁河流域赶走月支人，占领其地，建立了以阗池（今伊塞克湖）为中心的乌孙国。

塞人、月支人、乌孙人等游牧民族在漫长的时期内，不断地、大规模地自河西向新疆再到中亚的迁徙，直接促进了河西至新疆、中国至中亚交通道路的形成。

综上所述，汉代以前，东西方交通路线已经形成，丝绸贸易也在辗转进行。不过，由于这一时期中外贸易没有政府的参与，因而缺乏有力的支持和保护，中外交通路线的畅通得不到保障，这一时期的中外贸易表现出民间性、不经常性、边境辗转性的特点。

第二章
两汉时期的对外贸易

秦汉时期，中国建立了统一的中央集权制的封建王朝，掀开了中国历史新的一页。封建经济逐步发展，国力日益强盛，对外开拓的步伐也逐渐加快，沿陆海两道，中国与域外国家及民族间的政治、经济联系也渐次发生，封建政府开始参与对外贸易活动，在鼓励性政策下，中外物品交流渐趋活跃。

第一节　两汉对外贸易发展的社会经济基础

两汉时期农业生产的发展、工商业的繁荣和交通运输条件的改善为对外贸易活动提供了物质和技术基础。

一、汉代社会经济的发展

公元前 206 年，刘邦建立了汉朝，经过多年战争，社会经济遭到严重摧残，汉初农工商业极度凋敝，为此，汉初统治者采取了“轻徭薄赋，与民休息”的政策，同时大规模兴修水利灌溉工程，致力于推广农业生产技术。经汉高祖、惠帝、高后到“文景之治”，社会经济逐步得到恢复发展并日益繁荣，农业、手工业生产水平空前提高，商品经济活跃。

西汉政府实施的休养生息政策取得明显成效，荒芜的土地得到开垦，粮食产量显著提高。与此同时，商业性农业也有所发展，一方面粮食的商品化率比前代提高了，另一方面经济作物的专业化生产规模扩大，史称：“安邑千树枣，燕秦千树栗，蜀、汉、江陵千树橘，淮北常山以南、河济之间千树萩，陈、夏千亩漆，齐、鲁千亩桑麻。”[①]这些专业化生产的产品既有消费类农产品，又有手工业原料性产品，因而不仅推动了商品经济的活跃，而且为手工业发展创造了条件。

汉代手工业行业广泛、门类众多，既有各种副食品加工业、纺织业等消费品行业，也有冶铁、制铜等生产、生活工具制造业，这一时期丝织业、漆器制造业、冶铁业及铁器制造业的进步尤为显著。汉代丝织业无论生产规模还是制造技术均有显著提高。文献记载当时临淄的官营丝织作坊“作工各数千人，一岁费钱巨万”。[②]京师长安的东西织室，所需费用更高。民间丝织业主要以家庭副业形态存在，不少地方也是“环庐树桑”“女修蚕织”。丝织品的产量大大超越前代，“庶人耋老而后衣丝”的传统礼制被打破，不仅普通百姓开始穿丝绸服装，甚至有些富人家“犬马衣文绣”。[③]丝织技术又有了进步，西汉巨鹿人陈宝光之妻发明了 120 综 120 镊的提花织机，可制造各种各样的花纹，工艺水平大为提高。从出土文物看，汉代丝织品的种类更加多样化，染色、印花技术也十分高超。见诸记载的花色品种有纨、绮、缣、绨、绌、素、练、绫、绢、缟、锦、绣、纱、罗、缎等十余种。织物色彩丰富，主要有朱红、深红、绛紫、墨绿，以及黄、灰、黑等色，并且浸染深透，色调也较为均匀，体现了当时染色技术已经达到了一定的高度。汉代漆器制造业在前代的基础上加速发展，组织形式分为官营作坊和私营作坊两种，官营漆器作坊除少府负责的中央京师作坊外，各地郡县也有隶属的作坊，《汉书·地理志》记载：“河内怀、蜀郡成都、广汉皆有工官。工官，主作漆器物者也。”一些私营漆器作坊也颇

---

①（汉）司马迁. 史记·货殖列传. 北京：中华书局，1959.

②（汉）司马迁. 汉书·贡禹传. 北京：中华书局，1962.

③（汉）桓宽. 盐铁论·散不足. 上海：上海人民出版社，1974.

可观，《史记·货殖列传》记载，有因经营“木器髹者千枚”而富“比千乘之家”的大工场主。近代以来在华北、华南、西南、西北及华东各地均有为数可观的漆器出土，长沙马王堆汉墓曾一次性出土漆器148件，说明当时的生产规模庞大。汉代漆器制造业的生产分工细致，有负责供应原料的供工、制胎的素工、垸漆糙漆的髹工、镶嵌饰件的上工、镀金的铜器黄涂工、描绘纹饰的画工、雕刻处理的雕工、综合性创造的造工、清理打磨的清工等。分工的细化必然带来技术的精进，造型精美，色泽亮丽，制造工艺精湛，普通漆器成为汉代人常用的日用器皿，而高级品则作为上层社会的装饰品或珍玩。冶铁及铁器铸造业在汉代也达到了一个新的水平，一方面，地域分布更加广泛、生产规模扩大；另一方面，冶铸技术产生了全面进步。现已发现的汉代冶铁遗址涉及河南、河北、陕西、山西、山东、内蒙古、北京及新疆等多个区域。其中仅在河南发现的汉代冶铁遗址就有20余处。此外，水利鼓风机广泛使用，使炼炉的容积扩大，有助于提高产量。同时冶炼时使用煤做燃料、石灰石做溶剂使铁的质量大为提高。汉代冶炼技术的进步还突出表现在脱碳铸铁、生铁炒炼成钢、铸铁脱碳成钢的技术发明，从而使各种铁制工具的适用性能扩大进而使生产效率大为提高。冶铁的发展也造就了一批富商大贾，如宛孔氏之先“用铁冶为业”“家至富数千金”，“迁孔氏南阳”后“大鼓铸，规陂池，连车骑，游诸侯，因通商贾之利，有游闲公子之赐与名”“家致富数千金”，四川的卓氏“富至僮千人，田池射猎之乐，拟于人君”[①]，程郑“山东迁虏也，亦冶铸，贾椎髻之民，富埒卓氏”，鲁人曹邴氏“以铁冶起，富至巨万。”

农业及手工业的发展为商业的发展提供了物质基础。而国家统一、社会安定为商品流通创造了便利条件。汉初虽然继续实行重农抑商政策，汉高祖刘邦“乃令贾人不得衣丝乘车，重税租以困辱之”。[②] 惠帝、高后时，还规定“天下初定，复弛商贾之律，然市井子孙亦不得为官吏”[③]。但是正如所谓“天下熙熙，皆为利来。天下攘攘，皆为利往”。[④]商品经济十分活跃，“汉兴，海内为一，开关梁，弛山泽之禁，是以富商大贾周流天下，交易之物莫不通，得其所欲，而徙豪杰诸侯强族于京师”。[⑤]两汉时期，一方面商人拥有丰厚的财富，结交王侯，成为社会上有势力的人，“因其富厚，交通王侯，力过吏势，以利相倾。千里游敖，冠盖相望，乘坚策肥，履丝曳缟”。[⑥] 另一方面，贵戚子弟也热衷于追逐商业利润，纷纷经商，成帝时“贵戚近臣子弟宾客多辜榷为奸利者”[⑦]，酷吏宁成声称“仕不至二千石，贾不至千万，安可比人乎！”[⑧] 所以东汉王符说：“今举俗舍本农，趋商贾，牛马车舆，填塞道路，游手为巧，充盈都邑，务本者少，浮食者

---

①（汉）司马迁. 史记·货殖列传. 北京：中华书局，1959.

②（汉）班固. 汉书·食货志下. 北京：中华书局，1962.

③（汉）班固. 汉书·食货志下. 北京：中华书局，1962.

④（汉）司马迁. 史记·货殖列传. 北京：中华书局，1959.

⑤（汉）司马迁. 史记·货殖列传. 北京：中华书局，1959.

⑥（汉）班固. 汉书·食货志. 北京：中华书局，1962.

⑦（汉）班固. 汉书·翟方进传. 北京：中华书局，1962.

⑧（汉）班固. 汉书·酷吏传. 北京：中华书局，1962.

众。”[①]正像司马迁所说：“夫用贫求富，农不如工，工不如商，刺绣文不如倚市门，此言末业，贫者之资也。”[②]两汉时期，出现了许多商人，商业成为很多人热衷的行业。

到武帝时，史载：“汉兴七十余年之间，国家无事，非遇水旱之灾，民则人给家足，都鄙廪庾皆满，而府库余货财。京师之钱累巨万，贯朽不可校。太仓之粟陈陈相因，充溢露积于外，至腐败不可食。众庶街巷有马，阡陌之间成群”[③]，一派繁荣昌盛的景象。

社会经济的发展为对外开放提供了坚实的物质基础。商业的发展带来市场的不断扩大，而汉代独具特色的中国丝绸、漆器等精美的手工业品及质量精良的铁制生产工具，不仅在国内市场广泛流通，而且在巨大利益驱动下还冲破民族的、国家间的界限进入国外市场，从而导致对外贸易活动的发生。

二、交通运输业的发展

春秋战国时期，国家分裂，诸侯割据，各诸国不仅攻伐不已，而且拥有各自独立的货币、度量衡体系，文字、车轨轨距亦不统一，并且通过关税、城堑、堤防等以邻为壑的手段人为割断各地间的经济联系。公元前221年，秦始皇统一六国，建立了大一统王朝，随即实施了统一货币、统一度量衡、统一车轨轨距及统一文字的全面改革，从而扫除了交易的直接障碍。

为加强对全国的控制，秦始皇还征发民众在全国修筑驰道，从而构筑了从中原到全国各地的交通网络，史称：“东穷燕齐，南极吴楚，江湖之上，濒海之观毕至。”[④]汉代对国内交通道路、桥梁及附属设施的修建更加重视，一方面由中央政府组织民力修筑开通跨区域的大道，如沟通云南与中原的西南夷道、联系关中与巴蜀的褒斜道等；另一方面，由各地方政府负责修缮辖区内的道路桥梁及邮亭，保障区域内的交通畅达，如东汉初桂阳太守卫飒在任时曾组织人力“凿山通道五百余里，列亭传，置邮驿”[⑤]，而那些“桥梁邮亭不修”的官吏在政绩考核中会被视为不称职。汉代国内各地间的交通网络进一步完善，由此便利了各地商品交换和经济交流，为对外贸易活动的开展创造了前提条件。

第二节 陆海丝绸之路的畅通

两汉时代中国的对外贸易沿着陆海丝绸之路两道进行，无论陆上还是海上丝绸之路的形成均是世界各国、各民族各种力量在漫长的时期里共同努力的结果。作为当时世界

① （南朝·宋）范晔. 后汉书·王符传. 北京：中华书局，1982.
② （汉）司马迁. 史记·货殖列传. 北京：中华书局，1959.
③ （汉）司马迁. 史记·平准书. 北京：中华书局，1959.
④ （汉）班固. 汉书·贾山传. 北京：中华书局，1962.
⑤ （南朝·宋）范晔. 后汉书·循吏传. 北京：中华书局，1982.

上发达的经济体，中国在中外陆海交通上的努力对丝绸之路的形成与发展发挥了显著的作用。

一、张骞通西域与丝绸之路的畅通

（一）张骞通西域

汉朝为解决来自北方匈奴的军事威胁，派张骞出使西域及随后一系列击退匈奴、巩固边疆的军事、行政措施，不仅使汉朝北方边境稳定，更为重要的是打通了中国与境外国家及民族交往的孔道，推动了中外政治、经济、文化交流的全面起步。

1. 汉与匈奴的关系

汉初，中国北方的游牧民族匈奴日益强大，冒顿单于统一了匈奴各部，以“控弦之士”三十余万，向东击败东胡，向西驱逐了大月氏，控制了从辽东到新疆的广大区域，汉朝被封闭于狭小的黄河流域。而匈奴还不断南下，汉朝北部边境受到严重威胁。汉高祖刘邦于汉七年（公元前 200 年）曾率大军进击匈奴，结果被匈奴围困于“白登”（今山西阳高县境内），史称“白登之围”。其时汉朝立国不久，国力虚弱，无法支持对匈奴的大规模战争，汉高祖只好采用谋士娄敬的计策，同匈奴“和亲”，将汉公主嫁于匈奴单于，并“厚奉遣之”，每年赠送匈奴大量丝绸、美酒、粮食等礼物，以此缓和与匈奴的关系。

文景时期，汉继续与匈奴和亲。匈奴势力不断发展强大，汉文帝时，匈奴征服了西域诸国，并在此实行残暴统治。据《汉书・匈奴传上》载：“楼兰、乌孙、呼揭及其旁二十六国皆已为匈奴，诸引弓之民并为一家，北州已定。”西域地区完全被匈奴控制。匈奴对汉朝的态度也越发蛮横，不断侵犯汉边，抢掠人畜、毁坏农田，其游骑甚至曾迫近长安，对汉朝威胁日益严重。

随着社会经济的恢复发展，国力不断增强，到汉武帝时，解除匈奴威胁，拓展汉朝生存空间的物质条件成熟了。

汉武帝即位后，便开始谋划反击匈奴，其制定的策略是：一方面积极组织军队从正面进攻，另一方面尽量争取和联合与匈奴矛盾尖锐的西域各国，从侧翼夹击匈奴，以达到“断匈奴右臂”的目的。

汉武帝从匈奴俘虏口中得知，西迁的大月氏对匈奴最为痛恨，一直打算报复匈奴，但苦于自身势力弱小又没有联合者。于是，汉武帝决定招募使臣出使大月氏，联合大月氏，共同夹击匈奴。汉中成固（今陕西成固县）人张骞以郎官身份应募出使。

2. 张骞出使西域

张骞出使西域前后两次，第一次出使是从公元前 138 年到公元前 126 年。

汉武帝建元三年（公元前 138 年）张骞率领 100 余人离开长安向西域进发，在经过河西走廊时不幸被匈奴俘获。匈奴单于企图诱其投降，故为张骞娶妻成家，但张骞始终坚贞不屈，持节（使臣身份标志的符节）不失。在茫茫戈壁被扣留了十几年，后趁匈奴不备率众逃脱。张骞等在塔克拉玛干沙漠边缘冒险西行，克服千难万险，终于越过葱岭，到达大宛国（今吉尔吉斯斯坦境内）。大宛王早就听说“汉之饶财，欲通不得”，对张骞一行欢迎备至。随后，大宛王又派人送张骞到达康居（今巴尔喀什湖至咸海间），由此南下大月氏。公元前 129 年，张骞终于到达了大月氏国，此时大月氏已占有大夏（今阿姆河流域），这里土地肥沃，大月氏人在此安居乐业，不愿再东来与匈奴为敌。张骞在此停留一年多，几经努力，终无结果，只好回返。为避免匈奴拦截，张骞未走原路，而是沿塔里木盆地南缘进入柴达木盆地，试图经羌人控制的地区返汉。不幸，张骞一行在羌中（今青海）又被匈奴游骑捕获。一年以后，张骞又乘匈奴内乱之机，与随员甘父一起逃脱。武帝元朔三年（公元前 126 年），张骞终于回到长安。

张骞第一次出使西域，历时十三年，出发时队伍达百余人，归来时仅剩他和甘父二人。张骞此次出使虽未达到与大月氏结盟的目的，但传播了汉朝的声威，了解到大量关于西域的地理、物产、军事等情况，为汉朝军队发动对匈奴的反击战争提供了大量重要的资料。此后，张骞多次充当汉军的向导，因其"知水草处，军得以不乏"，汉朝军队取得了对匈奴战争的一系列胜利。张骞也因此被封为"博望侯"（见《史记·大宛列传》）。到武帝元狩二年（公元前 121 年），汉军占领河西，从此"自盐泽（今新疆罗布泊）以东，空无匈奴，西域道可通"。此外，张骞在大夏时，曾看到来自中国蜀地的邛竹杖、蜀布，由此获悉，自中国西南的四川、云南，经缅甸至印度进而到中亚有路可通。公元前 122 年，汉武帝派出使团试图打通这一后世所谓的"西南丝路"，结果被云南地区的一些少数民族部落阻拦。到公元前 111 年，汉武帝再次发兵云南，仍未能成功。汉政府虽未能控制西南丝路，但这一道路在沟通中国与缅甸及印度的民间贸易上始终发挥着重要作用。

公元前 119 年，汉武帝决定派张骞第二次出使西域，此行的目的是与西域大国乌孙结盟，招引乌孙回河西故地，并联络西域其他国家，彻底击败匈奴。此次张骞及其副使率领将士 300 人，每人备马两匹，携带牛羊万头及金币、丝帛数千巨万。张骞一行顺利抵达乌孙，受到乌孙王热情欢迎，但乌孙王不愿接受汉朝请其回河西故地的建议。张骞在此停留期间派其副使分赴大宛、康居、大月氏、大夏、安息（今伊朗）、身毒（今印度）、于阗（今新疆和田）、扜弥（今新疆于田）及周边诸国。张骞于武帝元鼎二年（公元前 115 年）与乌孙使者数十人返回长安。乌孙使臣亲眼看见了汉朝的富强，乌孙王接到报告后，随即与汉朝结盟，共抗匈奴。与此同时，被张骞派往各国的副使也同各有关国家的使节一起陆续回到长安。自此，汉朝与西域及西方诸国建立起了友好关系。张骞亦因其出使有功，被封为"大行"（负责外交礼仪的官员）。次年，张骞病逝于长安。

综上所述，汉武帝派张骞出使西域的动机主要在于解除匈奴的威胁，巩固国防。张骞的两度出使西域，达到了孤立匈奴的目的，为汉朝军队取得反击匈奴战争的胜利创造了条件。随着匈奴势力的削弱，丝绸之路得以畅通，中国被迫封闭的状态被打破，在客观上走上了对外开放之路。首先，在政治上，丝绸之路畅通后，我国新疆与中原地区首次连为一体，关系日益密切。到宣帝神爵二年（公元前 60 年），汉在新疆设立管理机构西域都护府，从此确立了新疆与中原王朝的隶属关系。其次，随着张骞及其副使出访中亚、南亚、西亚各国，各有关国家也派出使臣回访长安，由此建立起了中国与丝路沿线国家经常性的外交往来。最后，在中西方外交关系建立的同时，丝路贸易日趋繁荣兴旺，且以使臣相互往来为主要形式的官方贸易日益占据主导地位。史书记载，汉朝每年派出使臣十多批，每批使团人数从数百人到百余人不等，出使一次时间长达数年或十数年，往返的使团经常在丝绸之路上相互遇到。汉朝出使者“皆贫人子，私县官赍物，欲贱市以私其利外国”。而外国使者同样也是“奉献者皆行贾贱人，欲通货市买，以献为名”。可见，外交使团相当于官方商队，他们是以官方交往为名，行贸易之实。由此，中原的丝绸、漆器、铁器等物品源源不断地流向天山南北及中亚、南亚及西亚各地。境外的奇禽异兽、象牙珠宝等奢侈品也大量涌入中国内地。在西汉政府维护下，丝路贸易日益呈现出官方的、经常性的、远达西方各国的特点，中外经济贸易往来空前活跃。与此同时，中外思想文化也沿着丝绸之路进行着广泛的交流。

总之，张骞出使西域及随后汉朝对匈奴战争的胜利，不但解除了汉朝的边患，为汉朝社会经济的发展创造了安定的环境，而且直接推动了丝绸之路的畅通，中外经济、文化得以广泛交流，促进了人类文明的进步。因而司马迁盛赞张骞通西域有“凿空”之功。

（二）丝绸之路的路线

丝绸之路是东自我国汉唐时代的长安（今陕西西安西北），向西经河西走廊、新疆，越过帕米尔高原，进入中亚、南亚、西亚，讫于地中海东岸的一条横贯亚洲大陆的商路。由于自然的分割及沿线各个国家间、民族间的纷争，这一道路并非是单一而笔直的，而是一个东西相连、南北交错的交通网络。处于网络中的多条道路经常变动，但就其主干线而言，由于联结着一些政治、经济地位十分重要的城镇，因而具有较大的稳定性。大体上干线全长七千多千米，其中在中国境内长四千多千米。

1. 中国境内的丝绸之路

丝绸之路在中国境内从长安经河西到新疆，可分为东段、中段及西段三部分。

丝绸之路的起点为汉唐国都长安，这里是外商来此的终点，也是中国商人西行的起点。从长安向西至河西走廊为丝绸之路在中国境内的东段。

这段商路又分为南北两道，均开通于西汉时期。北道的大致路线是从长安出发，经咸阳、兴平、礼泉、乾县、彬县、长武、泾川至平凉，再经固原、海原、靖远、景泰、古浪至武威。南道是从长安出发，经咸阳、兴平、武功、眉县、宝鸡、千阳、陇县、陇城、秦安、通渭、陇西、渭源、临洮、临夏，至青海的民和、乐都、西宁，再往北过大通河（古浩门河），越祁连山过扁都口，经民乐至张掖，在此与北道汇合。张骞第一次出使西域，就是走的这段路程。由于南道位于黄河以南的农耕地区，自然条件优越于北道。以上是南北两条干线，此外，还有若干条支线，这里不再赘述。

丝绸之路在中国境内的中段即河西走廊。河西走廊因位于黄河以西，又因其夹在祁连山与走廊北山之间，形成一条长一千多千米、宽数千米到近百千米不等的天然狭长地带而得名。这里是由中原抵达西域的最理想的通道，在古代中西交通史上具有重要的地位。河西走廊东起乌鞘岭，西到敦煌，中间经过的丝绸之路重镇有武威、永昌、山丹、张掖、临泽、高台、盐池、临水、酒泉、嘉峪关、玉门镇、布隆吉、安西和敦煌。

西段即丝绸之路的新疆部分。我国新疆地区有着特殊的地理环境，在其中心地带是塔克拉玛干大沙漠，沙漠南北分别是终年积雪的昆仑山和天山，人类只能生存在由高山雪水浇灌的沙漠边缘的绿洲地带，因而商人、使臣亦只能沿着天山南侧和昆仑山北侧行进，故而汉代丝绸之路在新疆境内被分为南北两道。南道是指昆仑山北麓和塔克拉玛干沙漠南缘之间的东西通道。这条道路由敦煌出阳关（敦煌西南古董滩附近），过鄯善（今新疆若羌），沿昆仑山北西行，经且末（今新疆且末）、精绝（今新疆民丰北）、于阗（今新疆和田）、皮山（今新疆皮山）至莎车（今新疆莎车）。北道是沿天山南麓和塔克拉玛干大沙漠的北缘西行，由敦煌出玉门关（今敦煌西北小方盘城），越流沙，至车师前国（今新疆吐鲁番），沿天山南麓西行，经焉耆（今新疆焉耆西南）、龟兹（今新疆库车）、姑墨（今新疆阿克苏）至疏勒（今新疆喀什）。

2. 中国境外的丝绸之路

丝绸之路越葱岭（今帕米尔高原）出中国国境后，仍分南北两道。南道又分为支线和干线两条。支线是从皮山西南行至乌秅（今叶尔羌河上游）而达罽宾（今克什米尔地区）、天竺等国。干线是从莎车，经蒲犁（今塔什库尔干），沿帕米尔河过休密（今阿富汗瓦罕），经兰氏城（今阿富汗瓦齐拉巴德）至木鹿（今土库曼斯坦马雷东），该商路连接大月氏、大夏、安息等国，这是两汉时中亚境内的一段主要商路。北道也分为支线和干线两条。支线是从姑墨越天山，过阗池（今吉尔吉斯斯坦伊塞克湖），绕葱岭以北而达康居的郅至城（今哈萨克斯坦江布尔）。干线是从疏勒西行越葱岭而达大宛、康居、奄蔡（今哈萨克斯坦境内）。奄蔡的西界是博斯普鲁斯王国。该王国是希腊殖民建立的，公元前 1 世纪中叶成为罗马的属国，是转运东方商品往罗马的中间站。公元前一二世纪，在安息控制经行伊朗高原和波斯湾的贸易情况下，该商路起了一定的作用。

再往西是横亘伊朗东西的一段商路，是丝绸之路在中国境外的中段。它位于厄尔布尔士山脉与卡维尔沙漠之间，路途笔直而便捷，可谓是丝绸之路出中国后的咽喉要道。自木鹿西行经番兜（今伊朗达姆甘附近）、拉盖（今伊朗德黑兰附近）、阿蛮（今伊朗哈马丹），至太西丰（底格里斯河左岸的安息王冬都，又称斯宾国，今巴格达东南）和塞琉西亚（底格里斯河右岸的希腊商业城市，又称斯罗国）。这两城隔河相望，可视作一个整体，波斯萨珊王朝定此为国都，我国史籍称之为苏利城、宿利城或苏剌萨党那等，阿拉伯人称之为“麦大因”。

丝绸之路经过安息，再往西，是从塞琉西亚为起点往西北行由多条支路所构成的一段商路，为丝绸之路在中国境外的西段。其路线主要有如下三条：一是以塞琉西亚为起点，沿幼发拉底河左岸，或经幼发拉底河附近阿拉伯游牧部落的沙漠地带西北行，渡巴里赫河（今贝利赫河）至内塞佛立昂（今叙利亚的腊卡），再西北行至阿帕美亚城，过幼发拉底河至对岸祖格马镇，转西南行，抵达安都城（今土耳其的安塔基亚）。安都城在希腊殖民时期是塞琉西王国的首都，在罗马帝国时期是罗马“东方”总督的治所，也就是中国史籍所记大秦国的国都，中国的丝织品到达安都城后，一方面转贩欧洲各国，另一方面从安都城北上转西，越过小亚细亚的陶卢斯山（今托罗斯山）西去，至小亚细亚都城埃弗塞斯（今土耳其西部伊兹密尔一带），这条路被称为西段的中道。公元前 3 世纪至公元 2 世纪期间，它随着塞琉西王国的兴盛而繁荣。二是自底格里斯河的塞琉西亚出发，渡幼发拉底河西北行，至杜拉•欧罗普（今叙利亚的萨利希亚堡），再西行抵达帕勒米拉

（今叙利亚的塔德漠尔），又西北行抵安都城，或西南行至大马士革，再转向地中海东岸的西顿、提尔、贝鲁特等港口，这条路就是西段的南道，它随着叙利亚沙漠北部商业城市的兴起而形成，到公元3世纪才逐渐衰落。地中海东岸出产骨螺，这种动物分泌的液体可制成紫色染料。提尔港以染紫业和制作丝织品服装著称，从中国辗转而来的丝织品，便是在这里进行拆解和染紫，再织成当地喜用的轻纱。三是西段的北道，从太西丰出发，沿底格里斯河左岸北上，经古亚述都城尼涅微（今伊拉克的尼内韦赫），过河至摩苏尔（今伊拉克境内），西北行，经尼西比斯（今土耳其的努赛宾）、艾德萨（今土耳其的乌尔法）、阿帕美亚、祖格马镇至安都城。这条路因在北方，气候适宜，雨量充沛，水草丰足，商队往来不绝于途。

横贯亚洲大陆的丝绸之路，历经千百年风雨，连接了大量古老国家和民族，这些国家和民族不断变迁，就今天的地理概念而言丝绸之路直接经行了中国、印度、巴基斯坦、哈萨克斯坦、乌兹别克斯坦、塔吉克斯坦、土库曼斯坦、吉尔吉斯斯坦、阿富汗、伊朗、伊拉克、叙利亚、黎巴嫩、土耳其等诸多国家。这些国家和民族的古代文明在丝绸之路上交相辉映，并经地中海东岸联系了欧洲及非洲的广大地区。

此外，西南丝绸之路也在两汉帝国的开拓下得以畅通。如前所述，早在先秦时期古蜀国已经和当时的印度之间有着物品的交流。当张骞出使西域在大夏（今阿富汗境内），发现当地有从印度输入的四川蜀布和筇竹杖，由此得知中国四川与印度之间有贸易通道的存在。张骞返回长安后将此上奏汉武帝，并建议汉朝打通从西南到印度的通道。汉武帝随即派遣四路使者，从四川出发分头探索通往印度的道路，但都遭到西南少数民族的阻拦未获成功。此后汉武帝又发兵攻打西南夷，打通从成都到洱海地区的道路后遭遇到洱海的昆明等族抵抗，功败垂成。东汉明帝永平十二年（69 年），哀牢人归顺，东汉在此设立了永昌郡，自此，滇缅通道得以打通，汉朝与缅甸的掸族开始官方交往，经由缅甸，中印间的经济文化交流也源源不断地开始了，西南丝绸之路（蜀—身毒国道）由此畅通。

二、海上丝绸之路的开拓

作为古代东西方海上交通贸易路线的海上丝绸之路，按照地理方向的不同，以中国为起点，通常将其分为东西两条，即东海丝路和南海丝路。东海丝路系指自中国东北沿海，经渤海或黄海、东海到达朝鲜，再渡朝鲜海峡，最终抵达日本的贸易航线。南海丝路系指从中国东南沿海出发，经南海、印度洋至西亚、非洲的贸易航线。

海上丝绸之路的形成是东西方各国人民共同努力的结果，在印度以西，善于航海的地中海沿岸各族人民早已开始了海上活动。早在公元前5世纪，波斯帝国的战舰就已进入印度河流域。到公元前4世纪，马其顿亚历山大东征，其强大的海军与陆军一起进入印度。由军事征服所打通的海上航线，带来了印度以西各民族经常性的海上交往，海上贸易也发展起来了。

中国是一个海域辽阔的国家，海岸线绵长，岛屿众多，给中华民族提供了舟楫之利。因而中国古代先民不但从陆上交通域外，同时也与境外国家和民族开展了海上交往，从而开拓出中国与海外国家往来的相对固定的航线。

（一）徐福东渡与东海丝路的出现

由于地理上的毗邻，中国与朝鲜、日本间的海上交往由来已久。史书记载，商末，贵族箕子率领殷民渡海到达朝鲜，在朝鲜北部建立政权，史称“箕氏朝鲜”。战国以来，齐燕两地的人民与朝鲜颇多往来。汉初，燕人卫满率领燕民经海路到达朝鲜，推翻箕氏政权，建立卫氏朝鲜；秦朝时，方士徐福率众东渡日本的故事，从一个侧面反映了这一时期中国人民大量渡海到达日本的事实。[①]徐福东渡日本的航线大体上是：自山东半岛出发，沿渤海海岸航行至朝鲜半岛南部，过朝鲜海峡，到达日本。徐福东渡的真实性尚存疑问，但可以认为，秦汉之际，从中国通往朝鲜、日本的东海丝绸之路已经开辟。其航线大体是从登州（今山东蓬莱）或莱州出发，至辽东半岛南端过渤海海峡，沿岸东北行至鸭绿江口。然后沿朝鲜半岛西海岸南下，经朝鲜海峡至日本。这说明早在秦代中国与朝鲜、日本间的海上交通路线——东海丝绸之路已经出现，中国与古代朝鲜、日本的经济、政治及文化交流也渐次展开。

（二）汉代南海至印度洋航线的开辟

先秦时期中国东南沿海人民的海上活动即已频繁展开，海外贸易也逐渐出现了。秦以前岭南的番禺已因聚积海外珍奇而闻名全国。故秦朝建立后，秦始皇进军岭南，其动机之一即在于获得“越之犀角、象齿、翡翠、珠玑”。秦末至西汉初期，统治岭南将近一个世纪的南越国通过南海与印度洋沿岸各地经济交往已渐次发生，近世从南越王墓出土的象牙、乳香、熏炉、银盒等海外的舶来品可资佐证。

西汉中期汉武帝时期，国强民富，雄才大略的汉武帝锐意拓边，以加强并巩固大一统的封建帝国。他一方面派大军北击匈奴，另一方面派水师出击割据东南的百越。与沿海开拓相互促进的造船、航海业也有了长足的发展。汉代船舶，在载重量上较前大大提高了。《史记•平准书》记载，汉代“楼船高十余丈”。《太平御览》中称汉代船“大艑所出，皆受万斛”。这些记载虽有夸大之嫌，但考古资料证实，汉代时较大型的船舶已经采取了横隔舱的结构，使船舶结构强度及抗击沉没能力大大提高，为远洋航行提供了可能。

西汉水师平定百越，打通沿海航路后，为进一步扩大汉朝的政治影响，并获取海外奇珍异宝，汉武帝派出远洋船队驶往印度洋，由此开辟了南海—印度洋航线。

《汉书 • 地理志》记载：“自日南障塞、徐闻、合浦船行，可五月，有都元国；又船行，可四月，有邑卢没国；又船行，可二十余日，有谌离国；步行，可十余日，有夫甘都卢国。自夫甘都卢国船行，可二月余，有黄支国，民俗略与珠崖相类。其州广大，户口多，多异物。自武帝以来，皆献见。有译长，属黄门。与应募者俱入海，市明珠、璧流离、奇石异物，赍黄金杂缯而往。所至国皆禀食为耦，蛮夷贾船，转送致之。……自

① 据考证徐福为江苏连云港赣榆县徐阜村人，为秦始皇寻求仙药，东渡日本，至今在传说其登陆地点的日本熊野县新宫市，还建有纪念性的墓及祠。徐福东渡传播了中国的农业生产技术和医药知识，因而徐福被日本人称为“司农神”。

黄支船行，可八月，到皮宗；船行，可二月，到日南、象林界云。黄支之南有已程不国，汉之译使自此还矣。”这段记载告诉我们，汉武帝时，曾派遣黄门（汉代皇帝近侍内臣的衙门，以宦官为主）中官为译长，率领招募来的商人、水手，携带黄金及大批丝绸远航海外，购买海外的珍珠、宝石等各种珍奇异物。

汉代远洋航行的出航地点为雷州半岛南端的徐闻（今广东徐闻县）及北部湾的合浦（今广西合浦县），沿途经过诸多古国，经中外学者多年考证，这些古国今天的位置大致如下：都元国约在越南岘港、邑卢没国为泰国的叻丕、谌离国中心约为缅甸的丹那沙林、夫甘都卢国为缅甸的卑谬、黄支国为今印度东南部泰米尔纳德邦的康契普拉姆、已程不国即今斯里兰卡、皮宗约为马六甲海峡的皮宗岛。由此可见，汉代远洋航行的大致路线是：从广东徐闻或广西合浦出发，沿着海岸线驶过南海，进入泰国湾，穿过马来半岛后进入孟加拉湾，最后到达印度半岛的东南端及斯里兰卡。

中印海上航路的畅通，沟通了太平洋和印度洋，中国与东南亚、南亚的海上交通贸易往来正式开始，中国打通印度洋航线后东西方各国在印度展开了贸易交往，海上丝绸之路初步形成。

第三节　两汉时代的丝路贸易政策

受区域经济发展水平及造船和航海技术的制约，中国这一时期的对外贸易路径以陆路为主，特别是经由西北的丝绸之路是中外贸易往来的主要孔道，两汉的对外贸易政策也主要体现为对丝绸之路的维护、积极出使主动开展对外交往及优待来华外商等。随着丝绸之路的逐步开通，两汉政府为保证这一交通路线的安全和畅通，先后采取一系列措施加强对丝路的控制和管理，客观上促进了丝路贸易的发展。

一、汉代对丝绸之路的维护

（一）设置军事行政管理机构，对沿线经济进行开发

公元前 121 年，汉朝军队取得对匈奴战争的巨大胜利，将匈奴势力赶出了河西地区，汉朝在此先后“列四郡，据两关”，设置了武威、张掖、酒泉、敦煌四郡及阳关与玉门关。随后汉朝对沿线经济积极开发，除军屯外，还多次将内地民众迁徙到河西“移民实边”，为开发河西提供了劳动力和农业生产技术，使河西由传统的畜牧区变为农耕区，定居农业的发展又催生了城镇的出现，为中外贸易的发展创造了条件。

此后，汉军继续西进，与匈奴在西域展开激战。公元前 101 年，李广利伐大宛胜利后，汉朝在西域设置西域使者校尉，由其率领军队在轮台（今新疆轮台）、渠犁（今新疆库尔勒西南）屯田，以供给和保护往来丝路上的使者和商人。后又设置“护鄯善以西校尉”，用以维护丝绸之路南道的畅通。宣帝神爵二年（公元前 60 年）匈奴逐王降汉，匈奴势力全部退出西域。汉政府命“护鄯善以西校尉”郑吉“并护车师以西北道”，任命其为“骑都尉谏议大夫使三十六国”，简称“西域都护”，意即兼护西域南北两道安全。其

管辖范围是：东起敦煌以西，西抵大宛和葱岭，南起喀喇昆仑山北麓，北达天山。西域都护的主要任务是：推行汉中央政府的政令；防止匈奴卷土重来，保障丝路的安全、畅通；组织和管理西域屯田。西域都护是汉朝派驻管理西域的最高长官，其地位相当于中原的郡太守，它的设立标志着丝绸之路进入繁荣和畅通的阶段。

（二）建立完备的军事防务系统，修整和延长长城

公元前 127 年，汉朝军队收复了河套地区，汉于此设置朔方郡（今内蒙古杭锦旗）、五原郡（今内蒙古包头），在此移民垦荒，并将这里秦朝时沿黄河的长城加以修整。公元前 121 年，汉军控制河西后，即将长城由朔方沿黄河向西延长到令居（今甘肃永登），随后又在走廊的北边修筑了一条与走廊平行的长城，将长城延长到酒泉。"汉始筑令居以西，初置酒泉郡，以通西北国"。[①]这表明修筑长城、设置河西郡县旨在保障中西交通安全与畅达，进而维护与丝路沿线地区和国家间的联系。武帝元封三年（公元前 108 年），又将长城延长到玉门。公元前 101 年，李广利伐大宛胜利后，汉朝又将长城由敦煌再向西延长到罗布泊。"自敦煌西至盐泽（指罗布泊），往往起亭"[②]，由此建立了一整套完善的亭障防卫系统。汉昭帝、宣帝时继续修筑长城，筑起一条东起黑龙江北岸，西达罗布泊长达两万余里的屏障。汉长城又称"汉塞"，其每隔十里建一"亭"或"燧"，隔若干亭燧建一障。亭障里驻屯军队，也供过往的使者及商人住宿。士卒负责探查敌情，遇警发出信号，同时还要从事屯田。因此，亭障具有驿站和军事哨所的功能。汉代绵延万里的长城有效地保证了丝绸之路的安全和畅通，同时为过往丝路的使者和商人提供了便利。

到东汉时期，汉政府在丝路要地设立了不少邮亭，作为信息传递及商旅住宿之所，同时还在一些地方修筑道路，设立关卡，稽查行旅，以保证丝路交通的安全。

为保证军队及行旅对粮食的需求，东汉政府还在河西到西域的广大地区屯田，为此在新疆专设有管理屯田事务的官员"司禾府"。

二、公开招募使臣，开展官方贸易活动

由于恶劣的自然环境，出使西域要经千里戈壁、沙漠及不可预知的千难万险，故自汉武帝以来，采取公开招募使臣的形式，开展官方贸易。社会各阶层都可应募，这些招募来的使臣携带官方物资——黄金、丝绸等物交易于境外诸国，他们一方面为朝廷购买奢侈品，同时也利用使臣的身份大牟私利。由于汉朝派出的使者众多，以致"北道酒泉抵大夏，使者既多，而外国益厌汉币，不贵其物"。[③]

东汉时期也曾多次遣使出访，影响最大的一次是和帝永元九年（公元 97 年），西域长史班超派其部下甘英出使大秦。甘英经中亚到达安息西部边界波斯湾，甘英临海欲渡，而安息人为垄断丝绸贸易利益，不愿中国和大秦建立直接的贸易关系，故极力夸大渡海的危险性，甘英一行畏难而退，中国与大秦直接关系未能建立。不过，甘英记载了沿途

---

①③（汉）司马迁. 史记·大宛列传：卷 123. 北京：中华书局，1959.

②（汉）班固. 汉书·西域传：卷 96. 北京：中华书局，1962.

所经地方的政治、地理、物产、民族等状况，对于此后中外经济文化交流发挥了有益的作用。

三、优待来华外国商使

西汉政府重视发展与丝路沿线国家的政治、经济关系，故积极鼓励发展中外贸易。西汉时来华外商一到长安，就由大鸿胪[①]负责接待，长安藁街专设有接待外国人的宾馆蛮夷邸，外国商使在此得到免费招待。汉武帝时还常设宴款待外国客商“大角氐，出奇戏诸怪物，多聚观者，行赏赐，酒池肉林，令外国客遍观各仓库府臧之积，欲以见汉广大，倾骇之”。[②]由此显示汉朝的富足，增强了对外商的吸引力。当这些外国商使归国时，汉政府还专门派人护送。

通过上述措施，丝绸之路的安全性及贸易的便利化程度大大提高，汉朝物产的丰盈及各种优惠政策对外商的吸引力进一步增强。

第四节　两汉时期对外贸易的发展

两汉时期，天下统一，国力强盛，物质文明高度发达，通过陆上及海上丝绸之路，中国以开放的姿态与东西方各国开展了广泛的贸易往来。《后汉书·西域传》中称“驰命走驿，不绝于时月；商胡贩客，日款于塞下”，这是中外贸易发展的生动写照。不过，这一时期经由西域的陆上丝绸之路占据主导地位，因而中国对外贸易的地理方向亦主要集中于丝绸之路沿线的国家。与此同时，海上丝路连接的国家也渐次与中国开展了贸易往来。

一、汉与中亚诸国的贸易关系

两汉时，在今天亚洲的心脏地带曾活跃着众多民族，他们纷纷建立起自己的政权，相互之间时和时战，立国时间或长或短，但均因其与文明高度发达的中国为近邻，地处中国通向西方的丝绸之路上，因而各中亚古国与中国均发展了密切的政治、经济联系，双方贸易往来频繁。

自张骞通西域直到西汉末年，中亚地区小国林立，北有康居（今锡尔河中下游以北）、大宛（今费尔干纳盆地）、奄蔡（东汉时称为阿兰、聊国位于康居北），南有月支（今阿姆河北）、大夏（今阿姆河上游南）、罽宾（今克什米尔地区）等国。这些国家居民多以游牧为生。在西汉时与中国贸易关系密切的主要有康居、大宛及大月氏等。

西汉时康居人分布在今吉尔吉斯斯坦境内，人口约有60余万人，拥兵12万人，是中亚北部大国。康居人以游牧为生，其地盛产皮毛。张骞第一次出使西域，曾经大宛至

---

① 汉中央负责中国与外国、诸侯与天子之间交往礼仪的机构。

②（汉）班固. 汉书·张骞传：卷61. 北京：中华书局，1962.

康居，康居王曾派人将张骞送到大月氏。公元前 129 年，张骞第二次出使西域，抵达乌孙后，曾派其副使到达康居。随后康居使臣与汉使一同回访汉都长安，由此建立了汉朝与康居国的正式官方往来。康居地处中亚腹地，是中国丝绸西运的重要居间者。经由丝路南道，康居与中国保持了长期的贸易关系。

大宛地处今中亚费尔干纳盆地，都城在贵山城（今乌兹别克斯坦卡散赛）。西汉时有居民 30 万人，大小 70 余城，农业和畜牧业都比较发达，产稻麦、葡萄酒及汗血马。张骞第一次出使西域时，曾到大宛国，大宛王早就听说汉富饶，想和汉通好，故主动派人将张骞送到大月氏等地。当张骞第二次出使西域后，汉朝与大宛已建立起了正式的官方关系。一时间两国之间“使者相望于道”，大宛成了中国丝绸西运的重要集散地之一，而大宛一度试图垄断中国与西方的丝绸贸易。《史记·大宛列传》记载大宛国“及至汉使，非出币帛不得食，不市畜不得骑用，所以然者，远汉，而汉多财物，故必市，乃得所欲”。汉武帝时，大宛与汉的贸易关系时常受到匈奴势力的影响。据《汉书·西域传》记载：汉匈战争，汉朝廷需众多优良战马，武帝从出使西域的使者口中得知，大宛出产一种优良战马汗血马，于是派人持千金到大宛购马，亲匈奴的大宛王认为奇货可居，拒绝售马予汉，还将汉使残杀，劫夺了汉使所携带的财物，引起汉武帝大怒。太初元年（公元前 104 年）汉武帝派贰师将军李广利率军出征大宛。太初四年（公元前 101 年）大宛战败投降。匈奴在大宛的势力被消除，汉与大宛重新结盟。此后大批汗血马被运往中原，对于中国内地马种改良起了有益的作用。

大宛西南是大月氏，大月氏地跨妫水（今阿姆河），有民众 40 万人，拥兵 12 万人，是一游牧大国。西汉时，大月氏之南为吐火罗人建立的巴克特里亚政权，汉文史书中称之为“大夏”，大夏土地肥沃，物产丰富，人口达 100 多万人，地处印度、中国、安息三大国的中心，是中西交往的重要孔道。公元前 2 世纪，大月氏征服大夏，将都城迁到兰氏城（今阿富汗巴尔赫）。此后，月氏势力不断壮大。张骞通西域两国建立正式贸易关系。到东汉初年，即公元 1 世纪初，大月氏贵霜翕侯丘就却（25—50 年）统一了月氏各部，定都于布路沙布罗（今阿富汗白沙瓦），建立起贵霜王朝，随后不断向外扩张，先后占领了康居、罽宾、濮达（今兴都库什山南）、高附（今喀布尔）、安息东部及印度西北部（约今巴基斯坦）。到迦腻色迦王时（约 100—162 年）其统治范围已囊括今阿姆河及印度河流域的广大地区，成了地跨中亚及印度西北部的强大帝国。贵霜帝国也成了中国丝绸西运的第一站，月氏人充分利用其地理优势，东与中国开展频繁的贡使往来及民间通商，再将中国商品转运于西方，成为丝绸之路上重要的转运商，由此赚取了高额利润。月氏人经营丝绸贸易长达 200 年之久，在丝路贸易中发挥了重要作用，公元 2 世纪其国金币成为丝路上的通用货币之一。

据希腊学者所撰《爱利脱利亚海周航记》记载：中国北方生产的生丝、丝线和绸缎，经陆路运往巴克特里亚（大夏），再南下运抵巴利格柴（今印度孟买）。1936 年，在阿富汗喀布尔以北古巴克特里亚的一处遗址中，曾发现大量中国丝织品，为大月氏人经营丝绸贸易提供了有力的佐证。大月氏与中国交换的商品，主要有转口自西方的珍宝及月氏马、毛纺织品等，以及来自中国的生丝、丝线及绸缎。

二、汉与安息的贸易关系

安息，汉代时伊朗高原上的西亚大国，西方称之为帕提亚王国，建于公元前248年左右，其第一代国王名为阿萨息斯（Arsaces），故称阿萨息斯王朝，汉译为安息。中国史书以王朝名其国，故称其为安息国。公元前2世纪，安息不断发动对外征伐战争，终于成为一个势力强大的帝国，其版图北达里海，南抵波斯湾，东接大夏、印度，西至两河流域。到张骞出使西域时，已知“其属大小数百城，地方数千里，最为大国”。其人民善于经商，“民商贾用车及船行旁国，或数千里”。张骞第二次出使西域时，曾遣其副使出访安息，安息王特派两万骑兵在其东部边境木鹿城（今土库曼斯坦马里）迎接，经数千米导引到达其国都。公元前117年，安息王遣使随汉使到达汉都长安，安息使“以大鸟卵及黎轩眩人献于汉”，自此两国建立起正式的官方关系，双方使臣、商人往来络绎不绝。东汉时双方继续通商往来，《后汉书·西域传》记载：章帝元和元年（84年）安息遣使送来狮子和符拔（据载形似麟而无角）。和帝永元十三年（101年）安息又送来狮子及条支大鸟。安息因其地处丝绸之路的咽喉地带，中国丝绸西运罗马，无论走东段的哪条道路，最后都要汇集到安息，因此，安息得以居间垄断东西方的贸易。为高额利润所诱，安息始终极力阻止罗马与中国发生直接的贸易关系。《三国志·魏书》卷三十引鱼豢《魏略·西戎传》记载：大秦“常欲通使于中国，而安息图其利，不能得过”。《后汉书·西域传》也称大秦“其王常欲通使于汉，而安息欲以汉缯彩与之交市，故遮阂不得自达”。公元97年，东汉西域长使班超派甘英出使大秦，甘英到达波斯湾，欲渡海至大秦，而安息人骗其称：“海水广大，往来者逢善风三月乃得渡，若遇迟风，亦有二岁者，故入海者皆赍三岁粮。海中善使人思土恋慕，数有死亡者。”甘英听后只好望洋却步，返回汉土。

安息人在阻止中国与罗马直接贸易的同时，积极转运东西方物品。中国的丝绸、铁器源源不断流向西亚、罗马等地，西方的珠宝、琉璃、香药、象牙、犀角及狮子、鸵鸟等各种奇禽异兽也经由安息商使传入中国。

三、汉与身毒的贸易关系

身毒即印度。中印间水陆相通，故古代印度在陆海丝绸之路上均处于重要的地位，中印两国交通贸易由来已久。如前所述，中国的丝绸、铁器早在张骞出使西域以前就传入了印度。张骞第一次出使西域在大夏还看到由印度转口来的中国商品，可见，汉代以前中印间贸易往来已有一定规模。到张骞第二次出使西域时，派遣其副使访问身毒。公元前117年，身毒使臣与汉使一同来到长安，自此，中印间建立起了正式的官方通使关系。此后，随着陆海丝绸之路的畅通，中印间交通更加便利。陆路除西北丝绸之路外，还有自中国西南四川、云南经缅甸的西南丝绸之路。张骞出使西域时，获知这条中外交通贸易路线后，西汉官方的经营虽受到西南少数民族的阻隔，但民间商人经由此路的中外贸易不绝如缕。哈威《缅甸史》记载：公元前2世纪以来，中国以缅甸为商业通道，商人们在这里以中国丝绸等名产换取印度的犀角、象牙等。到东汉时，云南西部的哀牢夷归服于汉，汉在此设立了永昌郡，缅北进入汉之版图，中国、缅甸、印度三国之间的贸易往来更加频繁，双方商使往来不绝。

汉武帝时从中国南海至印度的海上航线打通，促进了中国与次大陆东南诸国的海上贸易往来。如前所述，印度东南部的黄支国即多次到中国通商贸易。不过，西汉时期，丝绸之路虽已畅通，但中国与印度间的贸易主要是经由陆路进行的。

东汉时，西域各地政局动荡，印度西北部被贵霜占领，印度商人、使者多从海路来中国。《后汉书·西域传》记载：印度于“和帝时数遣使贡献，后西域反叛，乃绝。至桓帝延熹二年、四年，频从日南徼外来献”。桓帝也派出使臣出访印度。

四、汉与大秦的贸易关系

大秦即罗马帝国，两汉时又称其为黎轩或黎靬。作为东西方两个强大的帝国，中国和大秦均致力于发展对外关系。辗转而来的精美的中国丝绸成为罗马人孜孜以求的货物，富庶的罗马很快成了中国丝绸最大的消费市场。然而，由于汉与罗马相距遥远，无论陆海交通均有若干国家阻隔，其中陆路最主要的居间者是罗马东部邻国安息，海路则有阿拉伯人阻隔，公元 1 世纪中叶以前，罗马商船沿海岸曲折航行前往印度，在阿拉伯半岛常受到阿拉伯商人的阻拦。不过，海上的阻力小于陆上，因而罗马与东方的贸易主要是经由海上进行的。西汉时，罗马人每年派出商船航行至印度西南海岸，购回来自中国的丝织品。因此，中国丝抵达罗马后，价格极其昂贵。韦尔斯《世界史纲》中说：“罗马王安顿时代，须经遥远而迂回之路程，方能运抵罗马之丝，其价值高于黄金。”罗马帝国为减少丝绸的中转，曾极力寻求与中国直接通商。《后汉书·西域传》载：罗马“其王常欲通使于汉，而安息欲以汉缯彩与之交市，故遮阂不得自达”。安息为了获取高额的垄断利润，对中国及罗马双方派往对方的使节均加以阻挠。东汉时期西域长史班超曾于和帝永元九年（97 年）派其部下甘英出使大秦，甘英经中亚到达安息西部边界波斯湾，甘英临海欲渡，而安息人为垄断丝绸贸易利益，不愿中国和大秦建立直接的贸易关系，故极力夸大渡海的危险性，甘英一行畏难而退，中国与大秦的直接关系未能建立。不过，甘英记载了沿途所经地方的政治、地理、物产、民族等状况，对于此后中外经济文化交流起了有益的作用。《后汉书·和帝纪》记载，和帝永元十二年（100 年）冬十一月，“西域蒙奇（Macedoina）、兜勒（Tyre）二国遣使内附，赐其王金印紫绶”。据推断此次西方使团实际为罗马商团，由马其顿巨商梅斯委托代理人组建，其主要成员是罗马帝国马其顿行省和东方行省推罗城人。公元 99 年，他们从马其顿出发沿着丝绸之路东进，一年后抵达中国首都洛阳。①

东汉时期，随着海上交通的发展与航海技术的提高，中国与罗马之间的贸易更多是经由海路进行，贸易规模进一步扩大。由罗马商人或西亚、中亚商人贩运到中国的罗马货物主要有金银、玻璃、海西布、火浣布、金缕罽等。其中火浣布即石棉布在当时中国最为称奇，甚至当时贵族以此来斗富。同时，中国丝绸源源不断地流入罗马，地中海东岸的一些罗马城市如太尔、西顿等一时间成了丝织业中心，他们把来自中国的丝绸拆解，

---

① 林梅村．公元 100 年罗马商团的中国之行．中国社会科学，1991（4）．

重新染色，再织成罗马人喜欢的绫绮，罗马人穿着中国丝绸就更加普遍。

中罗丝绸贸易一方面规模庞大，另一方面又受到多重居间操纵，因而罗马为此付出了高昂的代价。据普林尼估计：罗马每年流入阿拉伯半岛、印度和中国的金币不下一亿塞斯特斯（约十万盎司黄金）。严重的贸易逆差对罗马帝国的财政经济带来了十分不利的影响，以至罗马帝国初期，皇帝梯庇留斯曾下令禁止男子穿着丝绸服装，但禁而不止，穿着丝绸服装已成为社会时尚。

五、汉与东南亚的贸易关系

两汉时期，东南亚地区大部分处于原始部落联盟阶段，也有一些地区出现了早期国家。汉武帝时开辟了南海至印度洋航线后，处于其间的东南亚各地与中国的贸易关系便渐次发生了，据《梁书·诸夷传·海南》记载，“海南诸国，……自武帝以来皆朝贡”。其中与中国往来较多的国家是掸国（今缅甸），该国与中国水陆相通，两国贸易关系由来已久，前述张骞通西域在大夏所见由印度输入的中国四川商品，即首先是由缅甸转口印度再进入中亚的，故西方学者认为，自公元前 2 世纪以来，缅甸已成为中国与印度间的重要商业通道。哈威《缅甸史》称：“商人在其地以中国的丝绸等名产，换取缅甸的宝石、翡翠、木棉，印度的犀角、象牙和欧洲的黄金等珍品。”东汉时，云南哀牢地区以多珍珠、翡翠、琉璃、琥珀著称，这些物品均非哀牢本地所产，而是缅甸、印度乃至罗马之物。东汉时两国间除民间贸易外，官方交往也较为频繁。史载掸国多次遣使来华，最早的一次是和帝永元九年（97 年）掸国使臣带来了本国产的诸多珍宝，汉朝回赠以丝织品。安帝永宁元年（120 年）掸国使臣又带来了音乐及魔术师，汉朝再次赠以丝织品及金银等物。后在顺帝永建五年、六年（130 年、131 年）都有掸国使臣前来朝贡。

在今印度尼西亚爪哇岛上，汉代时有一叶调国与中国的贸易交往史书也有明确记载。《后汉书》及《东观汉记》均记载：汉顺帝永建六年（131 年）叶调国曾派遣使臣前来贡献特产。

六、汉与朝鲜、日本的贸易关系

朝鲜、日本是中国的近邻，两国古代居民很早即与中国开展了通商贸易往来。汉武帝时在朝鲜北部设立郡县，传入中原地区先进的生产技术，促进了这里社会经济的发展。西汉末，朝鲜半岛北部的高句丽兴起，东汉光武帝建武八年（32 年）高句丽遣使来华，自此两国建立起了外交关系。朝鲜半岛与中国的经济文化交流不断加强，汉代的丝绸及养蚕缫丝技术、五铢钱、铁器、漆器及铜镜等相继传入朝鲜。朝鲜的马、兽皮等也输入中国。

日本列岛在汉代时尚处于原始部落制阶段，据史书记载，有三十多个部落与中国有通使往来。《后汉书·东夷列传》记载：东汉光武帝建武中元二年（57 年）“倭奴国奉贡朝贺，……光武赐以印绶。”安帝永初元年（107 年）倭国使臣献生口（奴隶）一百六十人。据考证倭国位于今日本九州北部福冈市。光武帝所赐金印已于 1784 年在日本九州志贺岛发掘出土，为这一时期中日交往提供了佐证。随着中日交往的深入，中国的丝绸、铜镜、铜剑等商品输入日本，公元 199 年中国的蚕种也经朝鲜半岛传入日本。

第五节　中外经济文化交流

随着中外贸易的开展，以商品为载体的中国先进经济文化也传播到域外各国，与此同时，异域文化也传入中国。中外文化相互交融，共铸辉煌。

一、中外商品及其制造技术的交流

（一）中国商品及其技术的输出

汉代时中国经丝绸之路输出的商品种类丰富，既有被西方人视为奢侈消费品的丝绸、漆器，也有铁器等生产工具，还有中国特有的植物品种，如肉桂、生姜、谷子、高粱等，其中最为重要的是丝绸及铁器。

《史记·大宛列传》记载：自大宛以西至安息“其地皆无丝漆，不知铸铁器。”沿着丝绸之路，中国丝绸源源不断地被输往西方。近代以来，在丝绸之路沿线很多地方都曾发现汉代丝织物。中国丝织品丰富了西方各国人民的衣着，美化了他们的生活。如罗马皇帝恺撒和埃及王后克娄奥巴特拉都以穿着中国丝绸制成的锦袍为荣耀。中国丝绸的精妙绝伦日益为东西方各国所认识。他们在花费重金进口中国丝绸的同时，也竭力寻求获得中国的养蚕缫丝技术。大体上在汉代时，中国中原地区的养蚕缫丝技术已传到新疆地区，唐代高僧玄奘在其《大唐西域记》中记载了一个关于蚕种西传的故事。该书记载瞿萨旦那国（即古于阗国）原来没有养蚕缫丝业，后来听说其东方邻国（可能指于阗东的鄯善国）有蚕桑，于是派使臣前去求取，然而被鄯善国王拒绝。鄯善国王还下令边关严防蚕桑之种被人携带出境。瞿萨旦那王只好卑辞下礼，派人向东国求婚，鄯善国王答应了这一要求。瞿萨旦那王令迎娶使臣告诉东国公主说，我国历来没有丝绵桑蚕，你可以把蚕桑之种带来将来好为自己做衣服。鄯善公主接受了这一建议，私下将桑蚕种子放入帽絮中。当他们抵达边关，守卫关卡的官员仔细检查了所有的物品，只有公主的帽子依制不得检查。这样桑蚕之种就被带入瞿萨旦那国。从此，瞿萨旦那国开始了养蚕缫丝业。王妃还令人刻石立碑规定：严格保护蚕桑，不得随意杀伤，违者处以严厉的刑罚。此故事还见于藏文《于阗国授记》中。公元 1900 年，斯坦因在和田遗址中发现了一块木版彩画，该画生动地描绘了上述故事。

汉代中原的养蚕缫丝技术除沿丝绸之路向西北地区传播外，还沿海路传入朝鲜、日本及越南等地，《齐民要术》说：“（汉代）日南（今越南北部）蚕八熟。”

除丝织品外，汉代中国输出的商品还有漆器、铁器、釉陶、纸等，近代在阿富汗喀丹丹乌里克布尔以北的一个佛教遗址中曾发掘出汉代的漆奁、漆盘和漆耳杯。纸是两汉时代中国人的一项伟大发明，东汉时，中国已成批生产纸张了。这种价格低廉、携带方便、书写容易的材料很快成为中外商人经营的一种新商品。新中国成立后在新疆很多地方出土有汉代中原地区所产的植物纤维纸。这一时期，纸还越过葱岭传入印度的西北部。

汉代的冶铁技术和水利灌溉技术也传播到域外，中国在春秋战国时代已出现了冶铁业。到汉代，铁器制造水平已达到一个新的水平，近代仍在应用的球墨铸铁法已经出现，并且已发明了由铸铁脱炭的百炼钢。因而，中国汉代的铁制品以精良的品质享誉世界。公元前 2 世纪，大宛人学会了中国铸铁技术，此后再由其传入安息，中国铁器传入安息后，在木鹿被锻造成武器，锋利无比，被罗马史家普鲁塔克称为“木鹿武器”。到公元 1 世纪，中国铁器也大量流入罗马，普林尼曾说：“塞里丝送来的铁最优秀。”汉代中国的钢铁也传入印度，故梵文中将中国钢称为“支那生”。此外，铁及铸铁技术也沿着海路传入东南亚，近代在印度尼西亚爪哇岛曾出土过汉代铁器。

中国商品及其制造技术输出，丰富了东西方各国人民的物质生活，铁及冶铁术的外传有助于境外各地生产工具的改进，从而大大提高了其劳动生产率，促进了当地的社会进步。

（二）西方商品及其技术传入中国

随着对外贸易的开展，汉都长安逐渐成为国际大都会。《汉书·西域传》记载，长安“明珠、文甲、通犀、翠羽之珍盈于后宫，蒲梢、龙文、鱼目、汗血之马充于黄门，巨象、狮子、猛犬、大雀之群食于外囿，殊方异物，四面而至”。东西方各国物品源源不断地流入中国。

中亚北部诸国如康居、奄蔡等，盛产毛皮，汉代时大量输入中国，因此汉都长安等大城市出现了不少专营毛皮的商店，不少毛皮富商被比作“千乘之家”，富比王侯。此外，中亚、西亚及大秦的毛纺织品也不断进入中国，《后汉书·西域传》记载：月氏、罽宾、身毒都出产一种毛毯，称毾登毛，其中以月氏所产最为有名。从罗马贩运来的毛纺织品，种类繁多、质地精良，史称其质“皆好，其色又鲜于海东诸国所作”。随着毛纺织品的输入，其生产制造技术也逐渐被我国汉代新疆各族人民吸收，对于新疆地区毛纺织业的发展起了有益的作用。

汉朝从中亚进口的最大宗的货物是马匹，汉代中国作为传统的农耕地区，马的品质低劣，数量亦有限，不适应对匈奴战争的需要，因而汉朝不断引入域外良马。张骞第二次出使西域，即从乌孙带回好马数十匹，被汉武帝称为“天马”。以后，大宛国的汗血马进入中国，更以其优良的品质夺得“天马”的美名，乌孙马被改称为“西极马”。到东汉时，月氏马、安息马也出口到中国，班固在给班超的信中称：“今赍白素三百匹，欲以市月氏马、苏合香、闟登。”中亚良马的成批引进，大大有助于中国马品种的改良，对于汉代及后世畜牧业的发展起了有益的作用。汉武帝末年，仅中央直接掌管的军马就达到 40 万匹之多，民间“农夫以耕载，而民莫不乘骑”，马已成为农业生产及交通运输的重要工具了。

中亚、西亚的一些植物品种也传入中国，其中主要有葡萄、苜蓿、石榴、胡麻、胡豆、胡桃、胡瓜、胡荽、胡蒜等。葡萄又称蒲桃或蒲陶原产西亚，汉代时已传入中亚各地，汉使取种于大宛，《汉书·西域传》载：大宛、康居、大月氏、罽宾、龟兹、车师等地都盛产葡萄及葡萄酒，如龟兹富户能收藏千担葡萄，大宛富人藏酒至万余担，“久者至数十岁不败，俗嗜酒”。葡萄传入中原，先在宫中种植，《史记·大宛列传》记载：汉武帝时离宫别观旁尽种葡萄、苜蓿，以后逐渐推广到民间。苜蓿也来自大宛，是汗血马的饲料，随汗血马的输入被引种到中国。石榴来自安息或中亚。胡麻即芝麻，据称来自大宛。胡桃即核桃，来自安息。胡豆即蚕豆或豌豆，来自中亚或安息。胡瓜即黄瓜，原产埃及，汉代乌孙、大月氏等地都有种植，并由此传入中国。胡荽又称芫荽或香菜，胡蒜即大蒜，均来自中亚或西亚。这些植物新品种的引入，大大丰富了中国农作物品种，使汉代农业生产体系更加完善。

此外，从境外输入到汉代中国的物品中还有为数众多的奢侈品及奇禽异物，汉武帝时，“殊方异物，四面而至”[①]。其中有来自大秦的夜光璧、珍珠、琥珀、珊瑚、火浣布、细布、琉璃，来自身毒的大象、犀牛、孔雀、玳瑁，来自安息的狮子、鸵鸟，这些珍奇异物的输入，尽管主要是供统治阶层奢侈享受，但它也开阔了人们的眼界，对于中国手工艺品的发展起了有益的作用。

二、对外贸易与区域经济的发展

关中、河西地处丝绸之路要冲，在中外贸易推动下，沿线城镇经济得以繁荣。长安及洛阳不仅是全国商业中心，而且由于对外贸易的开展成为国际性都市。西汉长安是全国政治、经济及文化中心，也是全国的贸易中心，城内有东西两市，两市之内又分为九个市场，主街道就有八条，市区内店铺林立，中外商品荟萃。班固在《西都赋》中描述长安市场的繁荣盛况：“……披三条之广路，立十二之通门。内则街衢洞达，闾阎且千。九市开场，货别隧分。人不得顾，车不得旋。”不仅来自全国各地的商贾云集长安，经丝绸之路前来的外商同样众多，一些外商还侨居长安开店经营，东汉乐人辛延年所作《羽林郎》一诗反映胡商经营酒店业，诗云：“昔有霍家奴，姓冯名子都。依倚将军势，调笑酒家胡。胡姬年十五，春日独当垆。长裾连理带，广袖和欢襦。头上蓝田玉，耳后大秦珠。两鬟何窈窕，一世良所无。一鬟五百万，两鬟千万余。”西汉时洛阳商业经济已十分活跃，《史记·货殖列传》称：洛阳“东贾齐、鲁，南贾梁、楚。”东汉以洛阳为首都，进一步推动了洛阳城市的繁荣，陆机《洛阳记》载：洛阳有三市，“金市在大城西，南市在大城南，马市在大城东”。中外商贾、商品汇聚于此，随处可见着胡服、戴胡帽的胡商，中外贸易空前兴盛。

到王莽时，长安、洛阳、临淄、宛、成都被称为“五都”，亦即各区域经济中心，各都市经济的繁荣带动了周边区域经济的发展。如长安周边地区依托长安都市经济，居民大多以工商业为生，“长安诸陵，四方辐凑，并至而会，地小人众，故其民益玩巧而事末”。[②]

河西作为丝绸之路的咽喉要地，东来西往的中外商人无论走丝绸之路哪条道路大多都要经过此地，在中外贸易的推动下，河西经济得到快速开发。到东汉时，河西四郡经济繁荣，《后汉书·孔奋传》载：“而姑臧称为富邑，通货羌胡，市日四合。”此外，敦煌

---

①（汉）班固. 汉书·西域传. 北京：中华书局，1962.

②（汉）司马迁. 史记·货殖列传. 北京：中华书局，1959.

也由于中外贸易得以兴旺，“敦煌为华戎所交一都会也”。[①]

丝绸之路出河西进入西域，在中西贸易的推动下，塔克拉玛干沙漠南北两缘的绿洲地带涌现出一批经济文化繁荣的城市，如楼兰、焉耆、龟兹、于阗、疏勒等，这些地方胡汉文化交融，其文明进程大大加速。

三、中外文化交流

商品的交流本身即是一种文化交流，同时物质交流也推动着单纯的文化交流。汉代中国文化沿着丝绸之路，首先传入今中国新疆地区，进而再西传中亚、西亚乃至欧洲。中国的语言文字、音乐、哲学思想对东西方各国都产生过积极影响。汉代西域的一些城邦国家如乌孙、龟兹、莎车等在服饰、礼仪、建筑艺术上都深受汉文化的影响。中国儒家思想及其典籍自汉代就沿着东海丝绸之路源源不断地传入东亚的朝鲜、日本，两国甚至长期通用汉文字。印支半岛亦深受中国文化的影响。

与此同时，两汉时期中国也大量吸纳外来文化。由于国外珍禽异兽的传入，中国石雕艺术的题材中出现了狮子及长颈鹿的造型；域外植物的输入使铜镜及丝织品的图案中出现了葡萄文饰。汉武帝时，经安息传入了大秦的魔术，到东汉时，大秦的杂技艺术又通过掸国（今缅甸）传来，使中国传统的角抵戏发展成名目繁多的“百戏”。中亚、身毒及掸国的音乐也传入中国，随之传来了西域的琵琶、箜篌、笳、笛、角等乐器。随着域外物品、文化的输入及中外人员流动，华夏文化深受胡风浸染，《后汉书·五行志》记载：“灵帝好胡服、胡帐、胡床、胡坐、胡饭、胡空侯、胡笛、胡舞，京都贵戚皆竞为之。”上行下效，灵帝的爱好广泛影响百姓的偏好，《太平御览》引《续汉书》称：“灵帝好胡饼，京师皆食胡饼。”这一时期传入中国的外来文化中最为重要的是印度的佛教，大体在公元前80年，有印度僧侣跟随商人来到于阗，佛教在新疆逐渐传播。东汉时，大月氏占据印度西北部，其王迦腻色迦崇尚佛教，在国内大造佛塔与佛寺，佛教极度兴盛，大月氏僧侣陆续来华，并开始在中国翻译佛经，弘扬佛教。随着佛教的传入，古代印度犍陀罗地区深受希腊文化影响的犍陀罗艺术也传入中国，使汉代佛教雕刻、绘画及建筑艺术别具风采。佛典的翻译对中国文学、史学都产生了深远的影响。总之，以中外经济交流为基础的文化交流的开展，使两汉时期的中国文化丰富多彩、璀璨夺目。

---

① （南朝·宋）范晔. 后汉书·郡国志：卷113. 北京：中华书局，1982.

第三章 魏晋南北朝时期的对外贸易

公元 2 世纪末—6 世纪末，世界各文明古国均程度不同地出现了政治动荡。欧洲古典奴隶制没落，封建制度开始形成。公元 395 年，罗马帝国分裂为东西两部，随后日耳曼人入侵，公元 476 年，西罗马帝国灭亡。公元 3 世纪初，波斯萨珊王朝取代安息王朝，并不断对外扩张。中亚的贵霜帝国在波斯人的攻击下逐渐衰弱并走向分裂。古印度出现了小国林立的局面。公元 4 世纪，嚈哒人入侵，自 5 世纪至 6 世纪，波斯萨珊王朝在嚈哒人、阿拉伯人的夹攻下逐渐衰落。而东方强大的汉帝国，到东汉末年，随着各种社会矛盾的激化，爆发了黄巾农民大起义。起义被镇压后，各地军阀混战不已，公元 220 年，曹操之子曹丕在洛阳称帝，国号为魏。至此，东汉王朝结束，中国历史进入了魏晋南北朝时期。此后，中国南北分裂近四百年，民族纷争不已，战乱连绵，社会经济特别是北方经济发展受到严重摧残。不过，这一时期南方经济得到了开发，传统的大宗出口商品制造业——丝织业仍有显著进步。与此同时，南北方政权为加强自身实力，均致力于发展对外关系，沿着陆海两路的对外贸易继续向前发展。

第一节　魏晋南北朝时期对外贸易发展的社会经济基础

一、北方社会经济的恢复与发展

东汉末年以来，群雄割据，军阀混战不已，社会经济遭到严重破坏，特别是中原地区更是备受摧残，以致出现了“白骨露于野，千里无鸡鸣”（曹操《蒿里行》）的惨景。曹魏统一北方后重建社会秩序，招募流民，实行屯田，除民屯外，还有军屯。此外，还整修水利灌溉设施，使荒芜的土地得到垦辟，农业生产逐步恢复发展起来。

到曹魏末年“自寿春到京师，鸡犬之声，阡陌相属”，[①]农业经济再度显现出了活力。西晋出现了全国短暂的统一，北方农业生产进一步向前发展。永嘉之乱后，北方再度陷入民族纷争、战乱不已的状态，社会生产不可避免地再遭破坏，直到北魏统一北方，中国进入南北朝后，才又出现了相对安定的社会环境。北魏通过“劝课农桑”，特别是三长制与均田制的实施，较为快速地恢复并发展了北方的农业生产，“自是民皆力勤，故岁数丰穰，畜牧滋息”，“公私丰赡，虽时有水旱，不为灾也”。[②]北魏的劝农措施被东魏、西魏、北齐及北周所继承，东魏元象、兴和年间所产粮食已十分丰裕，《隋书·食货志》称“频岁大穰，谷斛至九钱”。

在农业发展的基础上，手工业也得到恢复发展。首先发展起来的是丝织业。由于中国封建社会长期以来即以耕织结合为基本经济形态，历代封建政权均是“农桑并重”，如曹魏政权开展屯田时即要求屯田客“专以农桑为业”。[③]以粮食、丝绸纳税的租调制使家庭纺织业加速复苏，曹魏时，发明家扶风（今陕西兴平）人马钧改进了纺织工具——绫机，进一步促进了北方丝织业的发展。左思《魏都赋》中提到著名的丝织品“锦绣襄邑，罗绮朝歌。绵纩房子，缣緫清河”。十六国时，社会经济再遭破坏，到北朝又逐步恢复发展，以致淮北一带，丝织品产量丰富，价格出现了不断下跌的趋势，从北魏中期到东魏，每批从千钱跌至三百钱。北齐时丝织作坊大量出现，甚至一些官僚之家也违规设置，兖州官僚毕义云“私藏工匠，家有十余机织锦”。[④]

作为生产工具和武器的上游产业——冶铁业，由于公私需求旺盛，也在社会秩序恢复后率先得到恢复发展，曹魏政权设置司金中郎将、司金都尉管理官营冶铁业。同时私营冶铁业也获得发展，出现了专业的冶铁户，如曹魏末年士人嵇康“尝与向秀共锻于大

---

①（唐）房玄龄，等. 晋书·食货志. 北京：中华书局，1974.

②（北齐）魏收. 魏书·食货志：卷110. 北京：中华书局，2003.

③（晋）陈寿. 三国志·魏书·司马芝传. 北京：中华书局，1959.

④（唐）李百药. 北齐书·毕义云传：卷47. 北京：中华书局，1974.

树之下，以自赡给”。[①]到北朝时冶铁业也是普遍开展，“其铸铁为农器、兵刃，在所有之”。[②]

除此以外，北朝时期酿酒业、煮盐业也颇为发达，瓷器制造业也开始发展起来。

在农业、手工业恢复发展的基础上，商品经济也渐趋活跃起来。不仅有北方各地间的贸易，还有南北贸易，既有国内贸易，也有对外贸易。

二、南方经济的开发与进步

汉代时期中国江南地区经济尚十分落后，司马迁《史记·货殖列传》中称：“楚越之地，地广人稀，饭稻羹鱼，或火耕而水耨，果隋蠃蛤，不待贾而足，地埶饶食，无饥馑之患，以故呰窳偷生，无积聚而多贫。是故江淮以南，无冻饿之人，亦无千金之家。”这说明长江中下游地区尚未得到开发。汉末以来，北方军阀混战，南方社会环境相对稳定，北方人口持续大批南迁，由此带来了中原较为先进的生产技术和劳动力，在六朝政权的经营下，南方经济得到全面开发并迅速发展，农业及工商业都有长足进步。

三国时期，立国江南的吴国统治者孙权认识到“国以民为本，民以食为天，君非民不立，民非农业不生”，因而其重视农业的发展。孙吴政权通过减轻徭役及赋税，鼓励农桑，孙权父子还亲自改良农具，以“车中八牛，以为四耦”。[③]西晋末年的永嘉之乱再度掀起北人南迁的狂潮，江南经济开发区域进一步扩大。

在鼓励发展农桑事业的同时，六朝政府颇为注重农田水利建设。东晋兴建的曲阿新丰塘（今镇江东南），灌溉四县田八百余顷，很快改变了原来地广人稀、田地瘠薄的局面。当刘宋时，除修复古老的芍陂水利工程和句章的汉代旧陂等以外，还兴建新的排涝工程及疏通河道。到南朝时，江南农业已显现出“良畴美拓，畦畎相望，连宇高甍，阡陌如绣”[④]的发达景象。

此外，六朝政权还通过设置郡县、移民等措施，对闽江流域及珠江流域也进行了开发。两汉时期，岭南大部分地区尚是未开发的蛮荒之地。六朝以来，岭北人口先后多次大规模南迁，为岭南地区带来了劳动力及生产技术，同时六朝政府通过设立州、郡县，推动岭南社会经济的发展。吴黄武五年（226 年），孙权将岭南分为交、广二州，由此加强了对岭南的控制和开发。汉代对外贸易港番禺改称广州，其经济得到迅速发展，为广州成为中国对外贸易中心奠定了基础。吴末珠江三角洲一带已出现了“商旅平行，民无疾疫，田稼丰稔”[⑤]的繁荣景象，原来的蛮荒之地逐步变为新兴经济区。

农业的发展为手工业、商业的发展奠定了基础，东吴立国江南，为满足上层社会衣着需求，吴统治者重视发展丝织业，孙权诏令各地官员劝课农桑，并让其夫人赵氏在宫中亲自纺纱、织绸以表率全国。都城建业（今江苏南京）设立官营丝织机构——蚕堂（即

---

①（唐）房玄龄，等. 晋书·嵇康传：卷 47. 北京：中华书局，1974.

②（北齐）魏收. 魏书·食货志：卷 110. 北京：中华书局，2003.

③（晋）陈寿. 三国志·吴书·吴主传. 北京：中华书局，1959.

④（唐）姚思廉. 陈书·宣帝纪. 北京：中华书局，1972.

⑤（晋）陈寿. 三国志·吴书·陆胤传. 北京：中华书局，1959.

织室)，专门生产丝织品，文献记载孙权时宫中有织工数百人，到景帝时已发展到数千人，说明生产规模颇为可观。民间丝绸生产亦颇兴盛，史载吴国妇人“不勤麻枲，并绣文黼黻，转相仿效，耻独无有”。最下层的兵民之家也是“内无儋石之储，而出有绫绮之服”。[①]一些地方还出现了“乡贡八蚕之绵”（左思《吴都赋》）的发达景象。据梁沈约撰《宋书》载，荆扬二州所产“丝绵布帛之饶，覆衣天下”。两晋南朝时，统治者继续倡导农桑，并且制定了以丝织品——绢、绵纳税的户调制度，客观上促进了江南丝绸生产规模的扩大。东晋末年，刘裕灭后秦，迁关中“百工”于江南，并在首都建康（今江苏南京）设立了官营锦署——斗场，江南织锦业自此开始发展起来。南齐时，塞外的柔然政权芮芮虏特地派使臣向南齐求赐锦工，说明南方丝织业发达的程度。

战争与农业生产对武器及工具的需求必然促进冶铁业的发展，东吴已开始在江南各地设置相应机构管理冶铁事宜，《宋书·百官志上》明确指出：“江南诸郡有铁，或置冶令，或置承，多是吴所置。”东晋南朝时沿袭吴制，开展官营冶铸业。长江下游的扬州、丹阳，中游的江夏（今湖北武汉）、武昌，上游的临邛（今四川邛崃）、广都（今四川双流南）等地均是著名的冶铁产地。与此同时，不少高门大族竞相控占山泽和劳动人口，利用自然资源，开展私冶鼓铸以牟取暴利。这一时期冶炼技术也有进步，“灌钢法”的发明使钢铁冶铸水平进一步提高，且大量用于农具的铸造，有助于生产效率的提高。

六朝时江南制瓷业也有进一步发展，特别是浙江的青瓷制造工艺已颇为高超。

三国时，蜀国重视发展生产，农业和手工业都有了进一步发展，史称：“田畴辟，仓廪实，器械利，蓄积饶。”[②]

在汉代时巴蜀地区所产丝织品已闻名全国，三国时蜀国重视丝织业的发展，在其统治区域内大力提倡植桑养蚕和织锦，官方及民间丝织业得到进一步发展，左思《蜀都赋》称：“阛阓之里，伎巧之家。百室离房，机杼相和。贝锦斐成，濯色江波。”从中我们可见蜀国丝织业发达的盛况。特别是高级丝织品蜀锦畅销海内外，成为蜀国重要的财政来源，诸葛亮称：“今民贫国虚，决敌之资，惟仰锦耳。”[③]

在相对安定的社会环境下，六朝时期丝织、冶铁、制瓷、造纸等手工业均获得显著发展。《宋书·食货志》称：“江南之为国盛矣……自晋氏迁流，迄于太元之世，百许年中，无风尘之警，区域之内，晏如也……地广野丰，民勤本业，一岁或稔，则数郡忘饥。会土带海傍湖，良畴亦数十万顷，膏腴上地，亩直一金，鄠、杜之间，不能比也。荆城跨南楚之富，扬部有全吴之沃，鱼盐杞梓之利，兆仞八方，丝绵布帛之饶，覆衣天下。”农业、手工业的发展为国内外商品经济的活跃提供了可能，南方经济的开发为海上贸易的发展奠定了物质基础。

---

①（晋）陈寿. 三国志·吴书·华覈传. 北京：中华书局，1959.

②（晋）陈寿. 三国志·蜀书·诸葛亮传. 北京：中华书局，1959.

③（宋）李昉等《太平御览》卷 815 布帛部二，锦。

第二节 魏晋南北朝时期的丝路贸易政策

这一时期南北分裂，为拓展生存空间，南北方历代政权均致力于开展对外政治、经济及文化交往，并为此实施了一系列积极措施，由此推动了对外贸易的发展。

一、魏晋十六国北朝的发展丝路贸易的政策

魏晋南北朝时期，汉代丝绸之路的最大威胁匈奴已经衰弱西迁，中原与西域、中国与中亚的交通贸易路线基本通畅。随着各国、各地区生产力的发展，开展丝路贸易的物质基础更加雄厚。中国境内控制丝绸之路的各北方政权均面临着拓展生存空间的需求，因而注重丝路交通的维护，丝路贸易发展受到高度重视，故这一时期丝路贸易虽然受到战争的影响，但并未曾中断，在一定程度上还有了进一步发展。

统治中国北方及控制中国西北的曹魏、西晋、前秦、五凉、北魏等割据政权先后采取了一系列促进丝路贸易发展的政策措施。

（一）恢复设置河西及西域的军事、行政管理机构

公元 220 年，曹魏政权在翦除了河西的割据势力后，即在河西设立了凉州刺史（驻地设在武威），由其兼管中原与西域及西方各国的政治、经济联系。两年后，即公元 222 年，曹魏政府又令敦煌太守兼任西域都尉，在西域要冲高昌（今新疆吐鲁番）设立戊己校尉，派驻军队，并组织屯田。随后又恢复了西域长史，总管西域行政，驻地设于丝路南道的海头（今新疆罗布泊西北）。戊己校尉和西域长史，作为中原政权派驻西域的两个最高官员，负责维护丝路的安全和畅通，加强中原与西域的联系。公元 265 年，司马氏取代曹魏，建立了西晋，公元 280 年，晋灭吴，中国出现了一段短暂的统一时期。晋在西域设立戊己校尉和西域长史，西域各国如鄯善、焉耆、龟兹、疏勒等均服从于西晋，晋封其首领为“晋守侍中、大都尉、奉晋大侯”等官职。连远在中亚的大宛，也由西晋册封为大宛王。因而这一时期，中原与西域关系密切，丝绸之路畅通，史称：“西域流通，无烽燧之警。”[①]一派和平安定景象。

公元 4 世纪初，北方少数民族纷纷南下入主中原，晋王室退至江南，中国北方再度陷入混乱割据状态，史称十六国时期。这一时期，在中国的西北地区曾先后出现过前凉、前秦、后秦、南凉、西凉、北凉等政权，他们向中原发展受阻，故大多与西域保持密切联系，并为此先后设官置守、驻军屯田，保障丝路的安全。如前凉承袭晋制，在高昌设立戊己校尉，在海头设立西域长史。在致力于维护稳定安全的同时，各地方政府也积极采取措施恢复发展河西地区的社会经济。如魏明帝时，凉州刺史徐邈针对当地“河右少雨，常苦乏谷”的落后状况，“广开水田，募贫民佃之”，由此出现了“家家丰足，仓库

① （宋）王钦若，等. 册府元龟：卷 696 牧守部•修武备. 北京：中华书局，1960.

盈溢”的繁荣景象。[1]农业经济的复苏为商贸活动提供了基础，因而这一时期，河西与西域的交通通畅，中原与西方的物品在河西得以交易。

（二）实行“过所”制度，保护中外商人

自东汉末年以来，由于中原战乱不已，河西成为中外商人云集、商品荟萃之地。其中特别是敦煌，地处丝路咽喉要地，中外贸易最为兴盛。胡商多在此卖出其带来的西方商品，买进中原货物。然而当地豪强大族恃强欺压、掠夺胡商，他们或阻止胡商东进，或压价收买商货，这些强买强卖行为严重损害了胡商的利益，引起胡商的极大不满。曹魏控制河西后，为维护丝路贸易的健康发展，敦煌太守仓慈采取了一系列措施，打击豪强大族，保护中外商人。“常日西域杂胡欲来贡献，而诸豪族多逆断绝；既与贸迁，欺诈侮易，多不得分明。胡常怨望，慈皆劳之。欲诣洛者，为封过所，欲从郡还者，官为平取，辄以府见物与共交市，使吏民护送道路，由是民夷翕然称其德惠”。[2]

（1）实行“过所”制度。敦煌郡给东来西往的商人发放“过所”，即丝路贸易的通行证。“过所”上注明持证人的姓名、年龄、面貌特征、服装、所携带商品及其族别或国别。曹魏对持有过所的商人沿途予以保护、照顾。

（2）平价收买商品。根据胡商的意愿，凡愿将商品在当地出售的，可自由交易，也可由敦煌郡政府出钱平价收购。

（3）协助商人购买内地商品。商人欲在河西购买中原地区的丝绸或其他商品，敦煌郡协助商人尽力筹办。

上述措施的施行，抑制了豪强大族的势力，中外贸易得以顺利发展。仓慈因此受到胡商的高度崇敬。他去世后，消息传到西域，胡商纷纷聚集到戊己校尉和西域长史的驻地，表示哀悼。有的商人甚至还按本民族的习俗，以刀划面，表示沉痛悼念。还有的商人为仓慈修建祠堂，时常祭典。仓慈死后，过所制度继续实行。西晋时，丝路畅通，中外商人不绝于途，过所制度被推行于全国。20世纪初，在新疆民丰县尼雅河流域，曾出土了一批西晋政府发给中外商人的“过所”残简，其中有一张“过所”记载：“口人三百一十九匹今为住人买采四千三百二十六匹。”可见，这是一次大规模的丝绸贸易。

自西汉武帝遣使域外出访，主动联系各国开始，各朝在对外开放上的积极主动成为此后的传统。即使在北方分裂的十六国时期，一些实力相对强大的政权也致力于发展与西域的联系，如前秦王苻坚时，“梁熙遣使西域，称扬坚之威德，并以彩缯赐诸国王，于是朝献者十有余国。大宛献天马千里驹，皆汗血、朱鬣、五色、凤膺、麟身，及诸珍异五百余种”[3]。北魏立国之初并未重视对外开放，与西域各国联系亦不密切，随后即有相关官员奏请“依汉氏故事，请通西域，可以振威德于荒外，又可致奇货于天府”，[4]但未被北魏太祖接受。太武帝即位后，相关官员再度上书建议主动出使西域，“于是始遣行人王恩生、许纲等西使，恩生出流沙，为蠕蠕所执，竟不果达。又遣散骑侍郎董琬、高明等

① （晋）陈寿. 三国志・魏书・徐邈传：卷27. 北京：中华书局，1959.

② （晋）陈寿. 三国志・魏书・仓慈传：卷16. 北京：中华书局，1959.

③ （唐）房玄龄，等. 晋书・苻坚载记. 北京：中华书局，1974.

④ （北齐）魏收. 魏书・西域传. 北京：中华书局，2003.

多赍锦贝，出鄯善，招抚九国，厚赐之”。[①]董琬、高明出使西域取得丰硕成果，使北魏统治者进一步认识到积极开放的政治、经济意义，此后其在对外经营上更加积极主动。北周时甚至将主动出使、积极开放作为推动经济繁荣的重要手段之一。史称北周“厩库未实，则通好于西戎。由是德刑具举、声名遐洎。卉服毡裘，辐凑于属国，商胡贩客，填委于旗亭”。[②]

（三）吕光西征

这是为打通丝路的一次重要军事行动。公元 376 年，氐族人建立的前秦灭掉前凉和山西的代，统一了中国北方，西域的很多国家都希望扩大与中原的交往。公元 382 年，车师前部王、鄯善王率大批官员及商人来到前秦都城长安，要求前秦派设西域都护统理西域。此时，西域仍有一些城邦国家如焉耆、龟兹等与前秦交恶，并控制周围一些城邦小国，阻塞丝路交通。同年，前秦王苻坚派大将吕光西征。吕光率七万大军进军西域。吕光在鄯善及车师前部王的协助下，在西域恩威并施，使西域诸国纷纷降服，丝绸之路畅通。公元 385 年，胡商在吕光保护下蜂拥东来。《晋书·载记·吕光》载：吕光大军“以驼二万余头致外国珍宝及奇伎异戏、殊禽怪兽千有余品，骏马万余匹”东归。

而在吕光西征出发不久，即公元 383 年，前秦于淝水之战败于东晋，不久，前秦灭亡。中原的统一再度被打破。吕光回到河西，自称为王，建立了后凉政权。后凉与西域的关系十分密切，吕光在西域设官置守，其子吕覆被任命为“都督玉门以西诸军事、西域大都护”，驻守高昌，负责维护丝绸之路的交通与安全。

（四）北魏灭北凉

公元 5 世纪初，鲜卑拓跋部建立的北魏政权渐趋统一了中国北方，河西的北凉亦表示臣服于北魏。公元 437 年（北魏太武帝太延三年），西域的龟兹、疏勒、乌孙、悦般、渴般陀、鄯善、焉耆、车师、粟特等国遣使贡献，要求加强与北魏的政治、经济联系。于是，北魏派遣使臣携带金银、丝绸出使西域，其中使臣董琬和高明远达破落那（即大宛）、者舌（即中亚塔什干），“琬、明东还，乌孙、破洛那之属遣使与琬俱来，贡献者十有六国。自后相继而来，不间于岁，国使亦数十辈矣”[③]。此后西域各国使者、商人更是纷纷前来中原。然而，北凉为削弱北魏的势力，极力切断北魏与西域的联系，对前往中原的胡商（来自西域的商人）课以重税。公元 439 年，北魏出兵灭掉北凉，由此控制了中原通往西域的咽喉河西。此后北魏在西域恩威并用，西域各国纷纷归附，丝绸之路大开，中外贸易繁荣一时。

（五）为外商提供便利

北魏统一中国北方后，丝绸之路空前畅通。外国商人、使节纷至沓来，北魏政府特地在都城洛阳城外伊河、洛河之间的御道东，设立接待外国商人、使节的“四馆”——金陵馆、燕然馆、扶桑馆、崦嵫馆，其中崦嵫馆即专门用来接待来自西方的使节和商人。

---

① （北齐）魏收. 魏书·西域传. 北京：中华书局，2003.

② （唐）令狐德棻，等. 周书·异域传赞序. 北京：中华书局，1971.

③ （唐）李延寿. 北史·西域传：卷 97. 北京：中华书局，1974.

来到洛阳的外商“乐中国土风，因而宅者，不可胜数”。[①]于是，北魏又在御道之西设立“四里”，供外商侨居。其中“慕义里”是专门提供给来自西方的侨居者。此外，北魏政府还在洛阳设有专门供西方商人开展贸易的场所，称为“四通市”。这些场所的设立，大大方便了来北魏的外商的生活和商务活动，促进了中外贸易的发展。史称慕义里“门巷修整，闾阖填列（店铺众多），……天下难得之货，咸悉在焉”。[②]

此外，为贸易的便利化，中国政府允许外币在华流通，《隋书·食货志》称北周时代，“河西诸郡，或用西域金银之钱，而官不禁”。

由于中国北部各政权对外商采取欢迎和鼓励的政策，因而外商可在各个敌对统治区之间自由往来贸易。史载：公元574年，北齐胡皇后的一套用宝珠制作的裙裤被火所焚后，打算重新制作一件，于是胡皇后便请一胡商携带三万匹锦彩到北周购买珍珠。让胡商担此重任，表明外商在中原享有特殊地位。

综上所述，尽管这一时期北方战乱不已，但在相对和平时期历代政权通过军事、行政手段极力维护丝绸之路的通畅并为外商提供特别的保护与贸易的优惠，从而使沿着丝绸之路开展的中外贸易得以持续。

二、六朝的海外贸易政策[③]

六朝时期，占统治地位的是一批拥有无上政治、经济特权的世家大族，他们在政治上可以凭借门第平流进取，享受高官厚禄。经济上肆意圈占土地，占夺劳动人口，社会财富高度集中于这些人之手。而自汉末以来的社会大动荡，又使他们深感世事无常，他们中的多数人缺乏政治上的进取性，苟且偷安，极度放纵其物质贪欲，奢侈无度，海外舶来品各种奇珍异宝成了他们竞相追逐的对象，由此产生了对海外贸易的较大需求。而六朝政府要扩大其政治威望，也必须发展对外关系。传统的对外贸易通道——陆上丝绸之路阻于北国，因而只有致力于海上拓展。

（一）遣使出访海外国家

孙权黄武五年（226年），孙权派出以从事朱应、中郎将康泰为首的外交使团出访东南亚各国。史称朱、康出使东南亚历时十余年，“其所经及传闻则有百数十国，因立记传”[④]。由此了解了南海各国政治、经济特别是贸易及物产情况。回国后，朱应、康泰分别撰写了《扶南异物志》及《吴时外国传》。[⑤]朱应、康泰出使东南亚，不但增强了中国人对东南亚的了解，而且直接推动了双方的贸易往来。史称自朱应、康泰出使后“扶南、林邑、堂明诸王，各遣使奉贡”。东晋、南朝时，遣使出访之事同样不绝于书。

（二）组织大规模的官方贸易

六朝时期的外交活动都具有经济色彩，为获得南方短缺的物资，同时也为了增加更

---

① （北魏）杨衒之. 洛阳伽蓝记：卷3. 北京：中华书局，1959.

② （北魏）杨衒之. 洛阳伽蓝记：卷3. 北京：中华书局，1959.

③ 这一时期中国南方经历了东吴、东晋、宋、齐、梁、陈六个朝代，合称六朝。

④ （唐）姚思廉. 梁书·海南诸国传序. 北京：中华书局，1973.

⑤ 这两本著作已亡佚，其内容散见于《水经注》《艺文类聚》《通典》《太平御览》等书中。

多的财政收入，六朝政府多次派遣大规模船队出海开展贸易活动。公元232年，孙权遣将军周贺、校尉裴潜率领船队“多持货物”，沿东海、黄海北上辽东，与辽东沿海百姓“贸迁有无”。而割据辽东的公孙渊也以辽东名马与东吴易货。公元233年，吴遣使节至朝鲜，高句丽王“贡貂皮千枚，鹖鸡皮十具”。公元235年，孙权派谢宏出使高句丽“赐衣物珍宝”，高句丽回赠名马，谢宏“载马八十匹而还”①。

（三）积极招徕外商

六朝政府为吸引外商来华，对来华外商均予热情接待，并竭力保护他们的利益。《梁书·中天竺传》记载：孙权黄武五年（226年），有一名叫秦论的大秦商人，来到交趾，“交趾太守吴邈遣送诣权，权问论以方土风俗，论具以事对”。秦论归国，孙权又赠送给他男女奴隶各数十名，并派官吏将其护送出境。孙权亲自接见一普通外商，并赐以丰厚礼物，表明东吴政权对发展海外贸易的重视。

（四）维护海上丝绸之路的畅通

南朝初年，印支半岛的林邑国（今越南中南部）虽然“频遣贡献”，但同时又在海中劫掠商使，阻碍中外海上交往。公元445年，宋文帝发兵攻讨林邑，宋军大胜，史称“象浦之役，威震冥海”。此后，南海诸国纷至沓来。到齐、梁之际，林邑国又故态复萌，造成海上丝路的不安全。公元484年，扶南王遣使至齐国，请求齐出兵林邑，扫清航道，以发展通商贸易。齐武帝随即下令交州刺史会同扶南讨伐林邑，林邑臣服，海路再次畅达。

第三节 魏晋南北朝时期丝绸之路路线的变化

魏晋南北朝时期，中国对外开放依然沿着陆海丝绸之路进行，由于民族纷争及造船航海技术的进步，无论陆上还是海上丝绸之路均出现了相应的变化。

一、丝绸之路路线的变化

到魏晋南北朝时期，中外交通贸易路线在两汉的基础上继续向前发展。这一时期丝绸之路最主要的变化是在今新疆境内由汉代的南北两道发展到三条道，即南道、北道、新道。

新道或称北新道，即经行天山以北的道路。两汉时期，天山以北就有路相通，但由于匈奴的侵扰受到了阻滞。直到三国时，车师后部王内属魏国，这条路才得以畅通。相对两汉的北道而言，这条路称为北新道。其经行路线大体上是从玉门关向北，经伊吾（今新疆哈密）至高昌后，可以经焉耆至龟兹与中道合一，也可以由此北上，穿越天山往西至车师后国（今新疆乌鲁木齐），再由今乌鲁木齐转西南行，至弓月城（今新疆伊宁）。

① （晋）陈寿. 三国志·吴志·江表传. 北京：中华书局，1959.

然后沿伊犁河至乌孙，再渡北流河（楚河、锡尔河）至康居。在康居西北同汉代的北道连接起来，经奄蔡到达拂菻（即东罗马）帝国在里海沿岸的领土，再西行至地中海东岸。这条路对于东罗马帝国来说有着十分重要的经济意义。罗马帝国在公元1至3世纪，先后同伊朗的安息朝和萨珊朝争夺两河中上游地区。为了摆脱安息朝对丝绸贸易的控制，罗马力图开辟输入丝绸的新路。它一面利用印度洋上的季候风开展对东方的海路贸易，一面从黑海方面获得丝绸。北新道的开辟，正是满足了罗马帝国从陆路方面获取丝绸的需要。

丝绸之路向北扩展的同时，向南也有了新的发展。这一时期，居住在今青海高原的吐谷浑人强大起来，向东西双向发展，由此开拓了自中原至青海，沿柴达木盆地北缘，过沙碛，直穿阿尔金山到达且末，与丝路南道汇合的新的交通贸易路线。北魏高僧宋云西游印度求法走的即是此路。

此外，随着蜀国在西南的建立，西南少数民族地区经济得到开发，成都至昆明的道路畅通，西南丝路成为蜀汉对外交往的重要通道。左思《蜀都赋》说："邛杖传节于大夏之邑。"可见，由四川、云南经缅甸、印度至中亚的商路已是一派繁忙景象了。

综上所述，魏晋南北朝时期，随着西北、西南丝路的扩展，中国对外交通渠道更加开阔了，为中外贸易的进一步发展创造了前提条件。

二、海上丝绸之路的发展

（一）造船航海业的发展

江南河湖密布，各地区相互往来主要依靠水运，因而江南造船、航海业有良好基础。六朝政府为适应水陆交通及航海业的需要，并希图利用长江天堑抵挡北方势力的南下，因而都非常重视造船航运业。

孙吴时，江南设有多处造船基地，如在永宁（今浙江温州）、横阳（今浙江平阳）温麻（今福建连江）等处设有专门营造海船的工场——船屯。在建安郡（今福建福州）的侯官（今福建闽侯）设有管理造船的官员——典船校尉，负责组织造船工匠及罪徒造船。所造船只无论在规模还是水平上均大大超过前代，文献记载，晋灭吴时，仅在建康缴获的船只就达5 000艘。此时已能建造船长二十余丈，高出水面二三丈，装载六七百人，运货物上万担的巨舶，船上不仅设有操纵航向的舵，还有了可随风灵活调整的风帆，有的船上甚至有七张帆。[①]东晋南朝时，造船业进一步发展，所造船舶规模和数量显著增加。东晋安帝时，建康城一场大风即毁坏停泊于长江中大型官私船只万余艘。船舶的载重量也大为提高，据《颜氏家训》称，南朝时已有载重两万斛的大船了。

随着航海经验的积累和航海水平的提高，孙吴时航海家已能测算航速和航程了。[②]到东晋时，远海航行除已能利用季风外，还能根据天象辨别航向，"唯观日月星宿而进"。

在造船及航海水平提高的基础上，在六朝政府积极发展海外关系的政策推动下，海

①（汉）刘熙. 释名：卷7释船. 北京：中华书局，1985.

②（三国·吴）万震《南州异物志》。

上丝绸之路得到进一步发展。

（二）海上丝绸之路的扩展

1. 南海丝路的扩展

这一时期，南海丝绸之路的发展主要体现在两个方面：一是广州港的兴起，从而取代汉代的徐闻与合浦成为中国主要的对外贸易港；二是海上丝绸之路在汉代的基础上继续向西方延伸。

如前所述，西汉时海上丝绸之路的起点在徐闻、合浦。三国时吴在岭南设广州以后，珠江流域经济得到迅速开发，加上造船、航海业的进步，广州很快以其特有的区位优势取代了徐闻、合浦的地位。广州与徐闻、合浦相比，其优势主要在于：徐闻、合浦无内河与内地联系，通往内地的交通也较困难，缺乏大量吞吐货物的条件。而广州不但是岭南的经济中心，且与内地联系更为便利，通过珠江水系可达湘、赣、闽等地。汉代时徐闻、合浦之所以作为对外贸易港口，主要是受当时船舶规模及航海技术的限制，海船尚不能远离海岸，而从岭南的经济中心番禺出发，难以渡过海南东部的七洋洲等危险水域，因而出海便利的徐闻、合浦充当了汉代对外贸易港口的角色。到六朝初年，随着船舶体积的增大及航海技术的提高，海船可以适当远离海岸航行。因此，从广州出发，不必经琼州海峡，而可经海南东部海面和西沙群岛海域，直航东南亚、南亚各地，从而使广州成为中国海外贸易中心，海上丝绸之路的起点也因此移至广州。

随着造船、航海水平的提高，中外商人及使节扬帆于南海、印度洋，海上丝绸之路的路线也逐步由汉代南海—印度洋航线向前延伸。据阿拉伯史学家记载："中国的商船，从公元三世纪中叶，开始向西，从广州到达槟榔屿，四世纪到锡兰，五世纪到亚丁，终于在波斯及美索不达米亚独占商权。"另一阿拉伯学者马斯欧迪在《黄金原和宝石矿》一书中也称："中国船只于五世纪航行至幼发拉底河的希拉城，与阿拉伯人进行贸易。"《宋书·蛮夷传》载：中国与大秦、天竺之间"舟舶继路，商使交属。"可见，六朝时期，海上丝路西向的终点已从印度半岛东南部向西，跨越阿拉伯海，抵达波斯湾了，不过这一航线尚未固定化。

2. 东海丝路的延伸

这一时期，由中国通往朝鲜、日本的航线也有了新的发展。如前所述，秦汉时代，中国去往朝鲜、日本的出海口，主要集中于山东半岛渤海湾一带。到六朝时期，中国与朝鲜、日本交往频繁，东晋南朝时，朝鲜半岛上的高句丽与日本的倭国处于敌对状态，因而传统的由中国辽东沿海经朝鲜半岛由北向南，再到日本的航道受阻。日使来华被迫由朝鲜半岛南部横渡黄海，而同时由于建康成了南中国的政治经济中心，因而这条东方航线大大地南移。《文献通考》卷三百二十四载："倭人初通中国也，实自辽东而来，至六朝及宋，则多从南道，浮海入贡及通互市之类，而不自北方，则以辽东非中国土地故也。"南朝时，东方航线的大致航路为：由建康出发，顺江而下，出长江口后，沿岸北航，至山东半岛的成山角附近，继续沿岸而行，到达朝鲜半岛北部。或由成山角东进，横渡黄海，抵达朝鲜半岛东南部，然后再沿岸南下，渡朝鲜海峡，航抵日本。这条新航线的开辟，大大缩短了中日之间的航程，便利了双方的往来。

第四节　中外贸易的发展

公元 3—6 世纪，尽管中国处于大分裂、大动荡之中，但其经济文化发展水平仍然位居世界前列。随着人类物质、精神文明的不断进步，中外经济文化交流更加深入。这一时期对外贸易国显著增加，史书记载：北魏时“自葱岭已西，至于大秦，百国千城，莫不款服，商胡贩客，日奔塞下”。[①]以“进贡”为名的官方贸易已很可观，当时无论东西方各国都来开展使臣贸易，各种奇珍异宝大量进入中国，以致官府的仓库都放不下了。而中国历来对朝贡贸易实行“厚往薄来”的交换原则，因而随着贸易规模的扩大，对各国朝贡的回赠品使北魏不胜负担，以致一些大臣纷纷建议限制朝贡贸易。随着官方及民间中外贸易的发展，原来视为珍奇的舶来品已供过于求了，为减轻财政压力，对得不偿失的官方贸易不得不进行限制。

自海路来中国南方贸易的商使亦络绎不绝。东晋时都城建康（今江苏南京）已是“贡使商旅，方舟万计”了。著名海外贸易港口广州更是中外商贾云集，《南齐书·王琨传》载，南朝时由于海外贸易的繁荣使广州刺史一职成为肥缺，“广州刺史但经城门一过，便得三千万”。

一、中国与中亚各国的贸易关系

如前所述，公元 3 世纪，中亚地区的政治经济格局也发生了剧烈的变化。两汉时代强大的贵霜帝国日趋衰落。到公元 4 世纪，贵霜王国仅拥有喀布尔河流域的狭小地区了，昔日丝绸之路霸主地位已荡然无存，不过它仍然与中国保持着通商关系。史书记载：魏明帝太和三年（229 年），大月氏王遣使“朝贡”。北魏世宗时，有大月氏的商人到洛阳传授了西方玻璃制造技术。与中国贸易往来密切的其他中亚国家还有大宛、粟特、哌哒等。

大宛，北魏时又称其为破洛那，早在曹魏咸熙二年（265 年），大宛王即遣使贡献名马。西晋太康六年（285 年），晋武帝曾派杨颢出使大宛，封其王兰庚为大宛王，进一步加强了两国间的联系。后赵建平二年（331 年），大宛遣使进贡珊瑚、琉璃、髭登（毛毯）、白叠布等物品。前秦建元十四年（378 年），大宛使节到长安，贡献汗血马。到北魏时，双方朝贡贸易更加频繁，从太武帝太延三年（437 年）到文成帝和平六年（465 年），大宛先后五次进贡。

大宛商使获益颇丰，他们除购回大量丝绸外，还通过转口别国货物赚取不少金银。《晋书·大宛传》记载：大宛人“善市贾，争分铢之利，得中国金银，辄为器物，不为币也”。他们将得自中国的金银铸成器物，表明所获金银数量之多，也说明贸易规模较大。

粟特，即汉代的奄蔡国，居于咸海与里海之间。北魏太武帝时粟特曾四次来北魏朝

① （北魏）杨衒之. 洛阳伽蓝记：卷 3. 北京：中华书局，1959.

贡。民间贸易关系更为密切。来北魏的粟特商人为数众多，公元 439 年，北魏灭北凉，数百名粟特商人帮助北凉作战，战败被俘，后粟特国王派使前来交涉，北魏为发展与粟特的友好贸易关系，将粟特战俘优礼送还。近代以来，在中国西北地区曾发现大量粟特文书，亦表明粟特商人在丝绸之路上活跃的程度。

吠哒，南朝称其为滑国，崛起于阿姆河流域，公元 5 世纪初，成为中亚强国，建都于拔底延城（今阿富汗瓦齐拉巴德），它几乎占据了整个中亚地区，因而也就控制了丝绸之路，居间垄断了丝路贸易。在高额利润的吸引下，吠哒与中国南北双方均保持密切关系，据史书记载，吠哒多次遣使朝贡。据统计，从北魏文成帝太安二年（456 年）到北周明帝二年（558 年），百年间吠哒先后十多次遣使到中国北方的平城、洛阳、长安开展朝贡贸易。南朝梁时，吠哒也曾三次"来献"。

二、中国与波斯的贸易关系

公元 226 年，安息王朝被推翻，波斯萨珊王朝建立。该王朝不断发动对外征服战争，向西与罗马帝国，后与东罗马帝国宣战，其领土扩展至两河流域，控制了波斯湾的出海口。向东击败贵霜帝国，将印度西北及里海以南的广大地区纳入其版图。因而波斯不但控制了"中国通中亚细亚、西亚和拜占庭的商队往来要道"，而且"又将近东、印度和中国之间的海上居间贸易也攫归自己掌握"。[①]波斯在地理上控制了陆、海丝绸之路后，为获得转口贸易的充足货源，便积极遣使来华，发展与中国的通商关系。据中国史书记载：从北魏太安元年（455 年）到西魏废帝二年（553 年），波斯使节来中国北方通使不下十余次。北朝对发展与波斯的贸易关系也很重视，公元 525 年，波斯遣使贡献狮子一头，北魏特在洛阳城为其修建一庭院名为狮子坊。北魏献文帝时还曾派使臣出访波斯，赠送给其国王库思老一世天青色刺绣锦袍等物品。

北朝与波斯民间贸易规模也很可观。河间王琛任秦州刺史时曾委托商人到波斯为其购买名马数十匹。官方用马由商人代购，且一次贩运大型动物数十匹，由此可见两国贸易发展的状况。

波斯除通过陆路来中国北方外，还凭借其强大的海上力量泛海至中国南方。中国史书称域外船舶"以波斯舶最大"。梁中大通二年（530 年）波斯使臣来献象牙。[②]

这一时期，中国输入波斯的商品除传统的丝绸、铁器外，纸张出口逐渐增多，自公元 3 世纪，波斯萨珊王朝的文书已开始用纸书写了。

近代以来在我国陆上丝绸之路沿线及与海上丝绸之路相联系的广东英德、曲江等地区先后出土了不少波斯萨珊银币，其中有大部分属于公元 3 到 6 世纪时流通的货币，为这一时期中国与波斯贸易兴旺的状况提供了有力的佐证。

---

① [苏] 伊凡诺夫. 伊朗史纲. 北京：三联书店，1973.

② (唐) 姚思廉. 梁书·海南诸国传. 北京：中华书局，1973.

三、中国与南亚的贸易关系

这一时期，印度仍然是小国林立的状态，境内分布着数十个国家，中国史书统称其为天竺。公元 4 世纪兴起于印度北部的笈多王朝与中国沿丝路往来频繁。史载，公元 381 年，笈多王朝的超日王遣使到前秦的都城长安“献火浣布”等物。北魏时，笈多王朝曾五次遣使到魏都洛阳，进贡骏马、金银、佛像等礼品，从中国获得丝绸等回赠品。公元 425 年，笈多王朝遣使自海路来到南朝都城建康献金刚指环等物。据《宋史·夷蛮传》载，刘宋元嘉五年（428 年），笈多王朝又遣使来华，送来金刚指环、摩勒金环等宝物和赤白鹦鹉各一头，并上表宋文帝说：“大王若有所须珍奇异物悉当奉送，……愿二国信使往来不绝。”这表达了笈多王朝愿与中国发展通商关系的强烈愿望。

此外，其他天竺小国，如印度西北的犍陀罗国、乌苌国，中部的拘萨罗国等都曾多次遣使来中国，开展朝贡贸易。《宋书·迦毗黎国传》《梁书》中都记载：梁武帝时，有天竺国遣使奉献多种香料，并上表要求“二国信使往来不绝”。

南亚岛国狮子国（今斯里兰卡）与中国关系也十分密切，据《南史》记载，狮子国自东晋义熙初年（405—418 年）“始遣使献玉像”，后又于宋元嘉五年（428 年）、十二年（435 年）及梁大通元年（527 年）“遣使奉贡”，并上表称“虽山海殊隔，而音信时通”。这说明两国关系亦较密切。

比官方贸易更为兴盛的是民间贸易，早在三国孙吴时期，已有天竺商人来通商并定居于中国。如著名高僧康僧会，史载“世居天竺，其父母商贾，而移居交趾”。[①]到东晋时，来华贸易的天竺商船，不仅大量见诸沿海港口，而且还有深入中国内河、内地的，《高僧传》中记载：东晋时，曾有五艘天竺商船沿长江上溯至江陵开展贸易活动。中国与天竺间商船往来相继，故当时西去取经或东来弘法的佛教僧侣多搭乘商船。如东晋高僧法显西行印度求法，归国时，搭乘商人大舶，船上载有数百名往来中印贸易的商人，由此可见中印海路贸易繁盛的状况。

四、中国与大秦的贸易关系

公元 4 世纪，古罗马帝国由于其内部各种矛盾的尖锐化，逐步走向衰亡。到公元 395 年，罗马帝国分裂为东西两部。此后中国史书中的大秦即指东罗马。但无论 4 世纪以前的罗马帝国还是此后的东罗马都与中国保持频繁的贸易往来。《三国志·魏书》裴松之注引《魏略·西戎传》称：“大秦道既从海北陆通，又从海而南，与交趾七郡外夷比，又有水道通益州、永昌，故永昌出异物。”这说明这一时期罗马与中国贸易陆海并行，不但经丝路北道交通中国北方，经海上丝路交通中国南方，而且还由缅甸经西南丝绸之路深入中国西南地区。

魏晋南北朝时，中国与大秦间的官方朝贡贸易不时见诸史载，如晋太康二年（281 年），大秦使节携带各种珍宝、火布等物来华。东晋穆帝时，有罗马使节到达建康。公元

---

①（南朝·梁）释慧皎. 高僧传·康僧会传. 北京：中华书局，1992.

363 年东晋王朝也曾遣使拜占庭。而民间贸易比官方贸易更为活跃，来华贸易的罗马商人众多，北魏都城洛阳的崦嵫馆里住有不少罗马商人。南方的广州等地也有不少侨居的罗马商人，英国科学史学者李约瑟在其《中国科学技术史》中记载：六朝时，有移居广州的罗马商人，辟地引种西方植物以货卖求利。

随着中国与罗马交通贸易的孔道的增加，特别是海路贸易的深入开展，两国贸易规模大大超过前代。公元 4 世纪，希腊史学家马塞里奴思著有《史记》一书，其中记丝绸条云："昔时吾国（指罗马）仅贵族始得衣之，而今各级人民，无有等差，虽贱至走夫卒皂，莫不衣之矣。"而中国自罗马进口的商品数量也大为增加，如琉璃已成为这一时期贵族的日用品。西晋武帝时，贵族王武子家，"供馔，并用琉璃器"。前述北魏秦州刺史王琛家中亦陈设有水晶钵、玛瑙杯、琉璃碗等。新中国成立后发掘的六朝贵族墓葬中曾发现不少来自大秦的琉璃器。近人在新疆、陕西、山西的一些古墓中曾发现有拜占庭金币及罗马铜币。当然，这一时期，中国与大秦的贸易无论陆上还是海上，经由它国转运的数量仍然很大。

五、中国与东南亚的贸易关系

到魏晋南北朝时期，中国与东南亚各国的关系更为密切。前述吴孙权时曾遣使出访东南亚，大大加强了双方的相互了解，此后，东南亚各国频繁来华"朝贡"。

（一）林邑

林邑位于今越南中南部，汉代属汉日南郡象林县，汉末独立建国。林邑与中国陆海相连，商使往来不绝。三国时，林邑王遣使至吴，赠送金指环给孙权。南朝刘宋初年，林邑王范阳迈曾遣使入贡。但随后，林邑一方面与南朝开展朝贡贸易，另一方面又"寇盗不已"，出兵侵掠日南、九德、交州等郡（今越南北部及中国广西、广东的部分地区）。为此，宋文帝于元嘉二十三年（446 年），派兵攻讨林邑，林邑失败，臣服于宋，刘宋随即恢复了与林邑的通商贸易关系。此后林邑数度遣使入贡。到南齐时，林邑人在与中国频繁交往中将中国建筑文化引入其国。齐明帝永泰元年（498 年）林邑王诸农亲自来华，不幸"海中遇风溺死"。到梁时，中国与林邑关系发展到顶峰。梁天监、大同年间，林邑连年遣使入贡。林邑向中国输出的商品除各种香药、珠宝、犀角、象牙外，还有棉花和棉布。

（二）扶南

扶南即今柬埔寨，地处东西海陆要冲，公元 3 世纪时，扶南国奉行积极发展海外贸易政策。扶南商船在印度洋上，名噪一时，被称作"扶南大舶"，三国时朱应、康泰出使扶南，进一步密切了扶南与中国的贸易关系。孙吴时，双方朝贡贸易不断。刘宋元嘉年间，扶南曾三次遣使来华。《南齐书·扶南传》载，齐武帝永明二年（484 年），扶南王遣使奉献"金缕龙王坐像一躯、白檀像一躯、牙塔二躯、古贝二双、琉璃苏鉝二口，玳瑁槟榔一枚"。齐武帝回赠给扶南"绛紫地黄碧绿纹绫各五匹"。齐时，除了假以朝贡名义的官方贸易外，扶南国还开展了直接以通商为名的官方贸易往来。《南齐书·蛮东南夷传》称："扶南王姓侨陈如，名闍耶跋摩，遣商货至广州。天竺道人那伽加仙附载欲归国，遭风至林邑，掠其财物皆尽。”此外还有大量的民间贸易。梁朝时，扶南连年入贡，从梁天监二年至太清二年（503—548 年），扶南商使来华达 12 次之多，并向崇佛的梁武帝赠送珊瑚、佛像等佛教用品。扶南商使来华众多，因而梁朝特地在京城建康修建了一座“扶南馆”，专门用来接待扶南的商人和使节。

（三）马来半岛与马来群岛诸国

魏晋南北朝时期，在马来半岛与马来群岛各地曾活跃着诸多小国。他们通过海路与南中国开展贸易往来。

马来半岛上的顿逊国（今泰国南部古国），地处东西海路交通要冲，特别是其境内的克拉地峡，在古代航海水平相对落后的时代，东来西往的船只多在此登陆后转船，直到公元 6 世纪其地位才被马六甲海峡代替，因而顿逊国成为东西方商贾云集之地。

在顿逊以南有狼牙修国（今泰国北大年）、盘盘国、丹丹国（大体在马来西亚），自南朝初年开始与中国商贸往来，史称：“盘盘国，宋文帝元嘉、孝建、大明中，并遣使贡献。”到梁时，交往更加密切，“中大通元年（529）五月，累遣使贡牙象及塔，并献沉檀等数十种，六年八月，复使送菩提国真舍利及画塔，并献菩提树叶、詹糖等香”。[①]中大通三年（531 年）丹丹国遣使“奉送牙象及塔各二躯，并献火齐珠、古贝、杂香药等”。大同元年，丹丹国又遣使献金银、琉璃、杂宝、香药等物。[②]苏门答腊岛上的干陁利“宋孝武世，……献金银，宝器”。到梁时又多次遣使奉献香药、珍奇、土特产。

爪哇岛上的诃罗陁国、阇婆国、诃罗单国，自刘宋时均遣使通好。如诃罗陁国于宋文帝元嘉七年遣使来华，要求“愿自今以后，赐年年奉使”“市易往返，不为禁闭”。民间贸易也颇可观，东晋法显归国时，自印度搭乘商船至爪哇，又从爪哇乘商船归国，同船商人有 200 余人，可见贸易之盛。此外，时人已知自爪哇—广州的航程需时 50 余日，此航线何处有风暴、礁石等已了如指掌，足见两地交通贸易已很经常化了。

六、中国与朝鲜、日本的贸易关系

魏晋南北朝时期，中国的东邻朝鲜、日本社会较之中国有了很大进步。奴隶制国家政权逐步建立，生产力有所发展。

这一时期，朝鲜北方有高句丽政权，南方有百济和新罗。自三国时，朝鲜半岛诸国即与中国南北方开展陆海官方交往。据《三国志·吴书·吴主传》裴松之注引《吴书》称：嘉禾二年（233 年），吴使至朝鲜，高句丽王“贡貂皮”等物。到魏晋南北朝时，中国与朝鲜的交往进入了一个新阶段，贸易关系更加密切。刘宋元嘉时，高句丽赠送良马 800 匹。百济也遣使至建康贡献。梁陈时期，百济、新罗使臣频繁来华。中国南朝政府对来华的朝鲜使臣每次都给予大量回赠。这一时期还开始了文化产品的输出。史载梁中大通六年（534 年）、大同七年（541 年）百济王多次遣使献方物，并请求梁朝赠予《涅

---

①（唐）姚思廉. 梁书：卷 54 盘盘国传. 北京：中华书局，1973.

②（唐）姚思廉. 梁书：卷 54 丹丹国传. 北京：中华书局，1973.

槃》等佛经、讲授《毛诗》的博士及工匠、画师等，“梁武帝并给之”[①]。

三国时，日本列岛出现了一个较大的国家——邪马台国。《三国志·魏书·乌丸鲜卑东夷列传》载：魏明帝景初二年（238 年），邪马台国王卑弥呼遣使至魏，送来“男生口四人、女生口六人、班布二匹二丈”。曹魏册封卑弥呼“亲魏倭王，假金印紫绶”并回赠倭使“绛地交龙锦五匹，绛地绉粟罽十张，蒨绛五十匹，……细班华罽五张，白绢五十匹，金八两，五尺刀二口，铜镜百枚，珍珠、铅丹各五十斤”。正始元年（240 年），魏为加强与邪马台国的外交关系，主动遣使到邪马台国，赠送金银、丝织品、铜铁等物。正始四年（243 年），邪马台国使臣又来“贡献”，贡品有“生口、倭锦、绛青缣”等物。日本输华货物中出现了丝织品，表明中国丝织技术自汉代传入日本后，日本已发展了自己的丝织业。南朝时，日本人终于开辟了不经朝鲜半岛的南道航线，进一步便利了与中国的通商关系。在频繁的中日经贸交往中，中国先进的丝织及缝纫技术不断被引进到日本。公元 3 世纪前期，日本人民的服装还很简单，无论男女多着“贯头服”，即在一块布中央挖一洞，将头从洞中伸出。据日本《古事记》记载：在应神天皇时代（270—309 年），朝鲜半岛上的百济国，曾向日本贡献了两个纺织、缝纫技术优秀的人，“名叫卓素的韩锻，以及名叫西素的吴服”。另据《日本书纪》记载：应神天皇三十九年（308 年），应神天皇“遣阿知使主、都加使主与吴，令求织工女……吴王于是与工女兄媛、弟媛、吴织、越织四妇女”。到南朝时，日本雄略天皇又遣使到中国，寻求技艺精湛的纺织、缝纫女工。到公元 469 年，又有汉织、吴织等织工随日本使臣自浙江东渡日本。此外，公元 3 世纪后半期，为避战乱，中国人开始大量迁徙日本列岛，这些中国移民中有不少能工巧匠，中国先进的生产技术随之传入日本。日本学者认为：“特别显著的是他们对于养蚕、织绸事业的发展所作出的贡献。”[②]

第五节　中外经济文化交流

魏晋南北朝时期，在南北方各政权实施的开放政策下，陆海丝绸之路均有进一步的发展，中外贸易关系更加密切，物质及文化产品的大量输出与输入，使中外经济文化交流更加深入。

一、中外经济交流

魏晋南北朝时期，中外经济交流从广度到深度上都有了进一步发展，除手工业品及土特产品等各种商品交流外，技术的交流进一步发展，由汉代的单向输出变为双向输出与输入，其中最重要的是中国养蚕缫丝技术的输出及西方玻璃制造技术的传入。

---

①（唐）李延寿. 南史·夷貊传. 北京：中华书局，1975.

②［日］木宫泰彦. 日中文化交流史. 胡锡年，译. 北京：商务印书馆，1980.

（一）中国养蚕缫丝技术的进一步西传

这一时期中国最大宗的出口商品仍然是丝绸，如前所述，其输出规模已大大超过前代，中国养蚕缫丝技术传入新疆后，又从新疆逐步向境外传播，不过这一过程是比较缓慢的。到晋代，郭璞在其《元中记》中说："吾国有蚕，大如小指，食桑叶为人吐丝，外国人不复信有蚕也。"到公元 4 世纪，中国养蚕缫丝技术自新疆经中亚传入波斯。如上所述，古波斯处于丝路的重要位置，中国的丝绸很早输入该地。张骞通西域时，西汉时中国便与安息建立了通使关系，通过官方使臣往来和商贾的贩运，中国丝绸便大量流入安息。随着丝绸的输入，养蚕缫丝技术也随之传入波斯。在中国养蚕缫丝技术传入之前，有名的波斯织锦是用金线、银线织成的，当中国的养蚕缫丝技术传入后，波斯开始制造真正以丝为原料的织锦。《魏书·西域传》记载：波斯王"衣锦袍"。波斯织锦也开始返销中国，其织品惯用的图案——联珠对鸟对兽纹逐渐被龟兹、高昌等地采纳。大体与此同时，中国养蚕缫丝技术也传入印度。

中国养蚕缫丝技术传入西方则要到公元 6 世纪。如上所述，中国丝绸经多次辗转运到罗马，特别是波斯人的垄断经营，使罗马为此付出高昂代价，从罗马帝国到东罗马始终为摆脱波斯人对丝绸贸易的垄断而努力。到公元 6 世纪中叶，查士丁尼皇帝在位时，终于获得了中国养蚕缫丝技术。据东罗马史学家柏罗柯劈斯所著《哥特战记》记载："有印度国僧人抵君士坦丁堡，探悉查士丁尼心中甚愿罗马人以后不再自波斯人购买丝货。乃见帝献策，可使罗马人不再自波斯或他国购买丝货。据其人自云：尝居印度诸国之北的赛林达国（即中国），居住多年，得悉养蚕之法，并可将此法传入拜占庭。查士丁尼闻言，乃详问如何可使其法成功。印度僧人告以产丝者乃一种蚕虫也。丝自蚕虫口中天然吐出，不需人力。欲由其国取蚕虫至罗马，断不可能，然有法可将蚕子带来。一蚕所产之卵不可胜数。若将蚕子置于暖房中，即可培育出幼蚕来。查士丁尼听罢，允许成功以后，将重赏之。于是他们前往赛林达国，将蚕子带到拜占庭。依其法行之，果得幼蚕甚多，以桑叶养之。由是罗马帝国境内亦知制丝方法矣。"公元 6 世纪末的拜占庭史学家梯俄方内斯对此也有类似记述，他说："查士丁尼在位时，有波斯人某至拜占庭传示蚕之生养方法，盖为以前罗马人所未知悉者也。波斯人某，曾居赛里斯国。归国时，藏蚕子于行路杖中，后携至拜占庭。春初之际，置蚕卵于桑叶上，盖此叶为其最佳之食也。后出虫，饲叶而长大，生两翼可飞。"

由此可见，东罗马养蚕缫丝技术是通过长期生活在中国、掌握了中国养蚕缫丝技术的波斯人或印度僧侣以秘密的方式引入的。自从东罗马掌握蚕丝生产技术后，拜占庭出现了庞大的皇家丝织工场，使用大批女工从事丝绸生产。所产丝绸除供东罗马消费外，还运往欧洲各地销售。东罗马对养蚕缫丝技术也采取垄断政策，因此，丝绸生产技术直到公元 12 世纪才传入南意大利。又过了一百年，才传入西欧各国。

中国养蚕缫丝技术的外传，不但丰富了世界各国人民的衣着，而且还促进了一些落后地区文明的进步。如随着中国与扶南关系的发展，逐步改变了扶南男子不着衣的习俗。《梁书》记载："吴时，遣中郎将康泰、宣化从事朱应使于寻国（即扶南国），国人犹裸，唯妇女着贯头。泰、应谓曰：'国中实佳，但人亵露可怪耳'。寻始令国内男著横幅，今干缦（即筒裙）也。大家乃截锦为之，贫者乃用布。"

（二）西方玻璃及其制造技术的引进

玻璃，中国史书称其为琉璃。中国是世界上较早生产玻璃的国家之一。据考古资料证实，至迟在西周时期中国已开始生产白色玻璃。但中国所制玻璃与西方玻璃所含化学成分不同，前者以铅钡为主，后者则以钠钙为主，因而在光泽透明度及坚固性上，中国玻璃逊于西方。因而当中外贸易发展起来后，主要产于罗马北非行省——埃及亚历山大的西方玻璃就作为域外珍品辗转输入中国。汉代将大秦玻璃称作夜光璧。到魏晋南北朝时，埃及玻璃自海陆两路成批输入中国，其制造技术也随之逐渐传入。晋代炼丹家葛洪在其《抱朴子·内篇》卷二中说："外国做水晶碗，实是合五种灰以作之，今交广有得其法以作之者。"水晶碗即透明玻璃碗。可见，到公元 4 世纪，埃及玻璃制造工艺已通过海路传入中国南方对外贸易中心——交州、广州。

在北方，到公元 5 世纪始有大月氏商人将西方玻璃制造技术传入。《魏书·大月氏传》记载："世祖（424—452）时，其国人商贩至京师，自云能铸五色琉璃。于是采矿山中，于京师铸之。既成，光泽乃美于西方来者。诏为行殿，容百许人，光色映彻，观者莫不惊骇，以为神明所作。自此中国琉璃遂贱，人不复珍之。"

可见，由于南北分裂，玻璃制造技术的输入由陆海两途分别输入中国。

二、佛教的进一步传播及文化艺术的交流

自汉代传入中国的印度佛教，到魏晋南北朝时，由于社会动荡不安，战乱频繁，民众强烈寻求精神上的慰藉，这为佛教在中国的生存发展提供了土壤。同时，随着海路畅通，中外商船往来频繁，为中外僧侣西去求法、东来传教提供了交通的便利。见诸史载，经海上丝路，搭乘商人船只东来西往的僧人有：东晋僧人法显于晋安帝隆安三年（399 年），自长安出发，经西域至天竺、狮子国。公元 412 年，自狮子国乘商人船只抵耶婆提（即爪哇）再由耶婆提搭乘商人船返国。南朝僧人昙无竭于宋永初元年（420 年）与 25 名佛教信徒远至天竺求法，后自南天竺搭乘商船至中国广州。印僧拘那罗陀，经狼牙修（即马来半岛）、扶南，于梁大同十二年（546 年）至广州。此外还有罽宾国僧人昙摩耶舍、印度僧人菩提达摩亦在南朝时搭乘商船来华。这些深谙教义的僧侣在华弘扬佛教，促进了佛教在中国的传播。

伴随佛教的兴盛、士大夫阶层知佛礼佛者日益增多，佛教深刻地影响了我国的思想文化艺术，突出表现于建筑、绘画、雕刻艺术中。如天竺绘画中的凹凸画法及晕染法随佛教传入中国，对中国画风产生了深刻的影响。由印度传入中国的佛教在与中国传统文化接触、冲突、融合中也日益中国化。中国化的佛教又向东传入朝鲜、日本。朝鲜、日本在与中国的密切联系中，引进了越来越多的中国儒家典籍，中国儒家文化自此深刻地浸润于朝鲜、日本社会之中。

第四章 隋唐时期的对外贸易

隋唐时期，经过魏晋南北朝四百年的民族大融合，中华民族汇入了大量新鲜血液，焕发出勃勃生机，中国封建经济文化由此达到了一个新的高峰。在各民族共同努力下，造就了中国封建社会历史上高度发达的物质文明和精神文明，从而为对外开放奠定了雄厚基础。经过民族大融合后建立的隋唐政权，以其宏博气度，对各民族人民及其文化兼容并包，唐太宗曾说:“自古皆贵中华，贱夷狄，朕独爱之如一。”[①]这种带有一定的民族平等的意识构成唐朝对外开放的思想文化基础，故而唐朝无论在商品贸易还是国内工商服务业乃至官吏选用方面均实行了封建时代最为开放的政策，从而为包括对外贸易在内的中外政治、经济及文化交流创造了空前良好的前提条件。

①（宋）司马光. 资治通鉴：卷 198 唐纪 14. 北京：中华书局，1976.

第一节　隋唐时期对外贸易发展的社会经济基础

一国对外贸易的程度与水平决定于其经济发展水平。隋唐时期特别是唐代的社会经济繁荣为对外贸易发展水平的提高提供了物质基础。

一、隋代社会经济的曲折发展

公元 581 年隋朝建立，随即实现了全国统一，南北分裂、战乱不已的局面得以终结，为社会经济发展创造了有利的条件。为巩固新生政权，隋文帝通过改革均田制使更多农民与土地结合，并减轻赋税进一步激发农民的生产积极性。中央和地方政府都注重农田水利设施的兴修，为农业生产提供有利条件，从而在全国各地出现了“男子相助耕耘，妇人相从纺绩”的兴旺景象，随之垦田面积扩大，粮食产量大幅增长，国库充盈。农业的发展带来工商业的繁荣，如关中地区“去农从商，争朝夕之利，游手为事，竞锥刀之末”[①]，说明手工业、商业都颇为发达。在国力强盛的基础上，隋炀帝一方面大肆对外兴兵，另一方面征调大批劳动力开凿运河、营建东都洛阳城，进行大规模的基本建设。结果大大加重了人民的兵役、徭役负担，造成大量农民与土地的分离，使得隋代农业经济由盛转衰，封建政权生存基础瓦解，隋朝也短命而终。

二、唐代经济的发展与经济重心南移

在隋末农民起义浪潮中起兵的李渊、李世民父子最终建立了唐朝。隋代的基础设施，特别是大运河的开凿为唐代南北经济联系、全国一体化发展创造了条件。同时唐初统治者注意吸取隋亡的教训，努力实施“去奢省费，轻徭薄赋”的政策，使社会经济迅速恢复发展，并出现了“贞观之治”到“开元盛世”的长期繁荣。农业的发展是封建经济繁荣的基础，唐代曲辕犁、筒车等先进生产工具的广泛应用，复种轮作制生产方法的推广使土地利用效率大大提高。开元、天宝之际粮食丰足，以致杜甫诗《忆昔（其二）》赞曰：“忆昔开元全盛日，小邑犹藏万家室；稻米流脂粟米白，公私仓廪俱丰实。”

在农业发展的基础上，手工业也趋于发达。唐代手工业种类繁多，分工更加细密。纺织、冶铁、制瓷、造纸、印刷也均有显著进步。

唐前期我国纺织业特别是丝织业中心在黄河中下游，其中河北的定州丝织品产量、品种及质量在全国均负盛名，所产高级丝织品罗、绸、细绫、瑞绫、两窠绫、独窠绫、二包绫、熟线绫均为贡品。而南方丝织业相对落后，唐人李肇在《唐国史补》中称：“初，越人不工机杼。”大历二年（767 年）浙东节度使薛兼训“募军中未有室者，厚给货币，密令北地娶织妇以归，由是越俗大化，竞添花样，绫纱妙称江左矣”。中唐以后，南方的

① （唐）魏征，等. 隋书：卷 29 地理志上. 北京：中华书局，1973.

丝织业出现了飞跃性进步，开始超越了北方，高级丝织品如缭纱、缭绫主要产于吴越地区，如越州，在唐德宗年间向宫中进贡的丝织品种类众多，“凡贡之外，别进异文吴绫及花鼓歇单丝吴绫、吴朱纱等纤丽之物，凡数十品”[①]。唐代宗大历（766—779 年）年间浙江东道“绫纱妙称江左矣”。

瓷器制造业到唐代技术已趋成熟，瓷窑分布广泛，在今河北、山西、山东、河南、陕西、江苏、浙江、安徽、湖南、江西、福建、广东、广西、四川等地均有发现。其中北方邢州所制白瓷“类雪”“类银”、南方越州生产的青瓷“类冰”“类玉”均以精美著称。

唐代的金属铸造业同样发达，中央设少府监，下设冶署，负责管理官营“熔铸铜铁器物之事”。同时允许民间经营冶铸业，凡天下诸州出铜铁之所，听人私采，官收其税[②]。

唐代造纸业在魏晋南北朝基础上进一步向前发展，唐人李肇《唐国史补》卷下“叙诸州精纸”条:“纸则有越之剡藤苔笺，蜀之麻面、屑末、滑石、金花、长麻、鱼子、十色笺，扬之六合笺，韶之竹笺，蒲之白薄、重抄，临川之滑蒲。又宋亳间有织成界道绢素，谓之乌丝栏、朱丝栏，又有茧纸。”诸多名品的出现，说明唐代造纸业的发达。

唐代农业与手工业的发展为商品经济活跃提供了基础，丝绸、瓷器、铁器、纸张等商品不仅在国内流通，还进入了境外市场，为唐代的对外开放提供了物质载体。

唐朝政治中心虽然在北方，但南方经济自六朝开发以来，加速向前发展，隋代大运河的开凿，使南北物资流通便捷，南方特别是江南在国家整体经济中所占的地位不断上升。唐朝通过加强农田水利工程的兴修、鼓励人口南迁等措施进一步推进了南方经济的开发与发展，江南逐步上升为中国最重要的经济区。经“安史之乱”后，关中经济遭到严重破坏，南方经济愈益显示出绝对优势，到唐中期即超过了北方，史称“天宝之后，中原释耒，辇越而衣，漕吴而食”[③]，韩愈也说“当今赋出于天下，江南居十九”。[④]可见无论是农业还是手工业江浙一带已领先于全国了。南方经济的发展，使中国经济重心逐步南移，为中国以江南为腹地的海路开放做了物质准备。

第一节 隋唐时期的对外贸易政策

隋唐时期中国的对外开放政策涉及宽广的领域，不仅有鼓励对外贸易、允许外国人在华经营工商服务业的经济开放，还有允许外国人来华留学、传教、从事各种文化艺术活动的文化开放，同时还允许外国人参加中国的科举考试担任官职的政治开放。经济的开放在其中处于核心地位，与国家经济重心的转移相伴随，隋朝及唐朝前期对外贸易政策侧重于陆路，唐后期则更多体现在海路方面。

---

① 《元和郡县图志》卷 26 江南道・越州。

② 《大唐六典》卷 22 少府监。

③ 《文苑英华》卷 901 韦府君神道碑。

④ 韩愈《送陆歙州诗序》。

一、隋代的丝路贸易政策

隋朝存在的时间短暂，但它实施的诸多政策措施收效于唐，隋代的开放政策为唐代丝路贸易的繁荣奠定了基础。其有关丝路贸易的措施主要有以下方面。

（一）恩威并施，畅通丝路

隋初，位于青海的吐谷浑人经常进犯河西，大业五年（609 年），隋炀帝派兵击溃吐谷浑，从而解除了河西的威胁。

公元 6 世纪末，突厥分裂为东西两部，东突厥内附于隋，西突厥控制西域，隋朝对之采取怀柔政策——“互市”，隋与西突厥的贸易往来，促使丝路得以畅通，沿西北陆路的对外开放得以顺利发展。

（二）设立地方基层政权，组织屯田

隋代以前中原王朝在新疆仅设有松散的行政组织，隋朝在丝路要冲设立鄯善、且末和伊吾等郡，在各郡县开展屯田活动，使过往丝路行旅的供给得以保证。

（三）主动遣使出访，开展官方贸易活动

大业初年，隋炀帝派遣司隶从事杜行满出使西域各国，隋朝使团先后到达中亚的安国、史国、罽宾（今克什米尔）、王舍城（今印度比哈尔邦巴特那之南）等地。在安国“得五色盐而返”“至罽宾得玛瑙杯，王舍城得佛经，史国得十舞女、狮子皮、火鼠毛而还”①。此外，隋炀帝还曾经“遣云骑尉李昱通波斯，寻遣使随昱贡方物”②。除陆上丝路沿线国家外，隋朝也派出使臣出访海上丝路沿线国家，《隋书·南蛮传》“赤土”条云：“炀帝即位，募能通绝域者”。大业三年（607 年）常骏、王君政等人应募沿海路出使马来半岛的赤土国。

（四）设立丝路贸易的主管官员

隋代以前丝路贸易均由地方行政或军事机构兼管。隋朝统一全国后，胡商仍按过去习惯到河西贸易，隋炀帝特派吏部侍郎裴矩担任交市监，到张掖专门管理中外交易。

（五）积极招徕外商

裴矩在河西采取了一系列优待和招徕外商的政策措施，如提供沿途食宿、免费运送货物等，并积极鼓励外商前往内地贸易。同时裴矩还经常访问胡商，了解他们所在国和地区的交通、物产、政治、经济等状况，这些资料后被汇集成书——《西域图记》，其中介绍了敦煌以西各地的地理环境及物产状况，并附有详细的地图。该书呈送给了隋炀帝，加深了隋炀帝对西域的了解，使其对发展丝路贸易更加重视。

公元 609 年，隋炀帝亲自出巡张掖。西域 27 国的国王、使臣在裴矩的导引下，由敦煌前往张掖朝见隋炀帝。为显示隋朝的繁荣富足，隋炀帝命令武威、张掖各地百姓盛装出门游玩，衣服车马不华丽的，由郡县负责筹换，结果出来观看的百姓车马首尾长达数百里，其场面极为壮观。

公元 610 年，隋炀帝应胡商的要求，批准在洛阳召开一次中外商品交易会。好大喜

---

①②（唐）魏征，等．隋书：卷 83 西域传．北京：中华书局，1973.

功的隋炀帝令洛阳城装饰一新，准备了充足的货物，迎接来自西域各地的商贾。从正月十五到月底，在洛阳丰都市场上开展了为期半个月的中外商品交易活动。“以诸蕃酋长毕集洛阳……所费巨万，自是岁以为常”①。此后，胡商纷纷涌入洛阳、长安等内地贸易，中外贸易渐趋繁荣。

二、唐代发展丝路贸易的政策

唐代对外开放总体上更加积极主动，涉及领域更加广泛。在高度开放的总方针下，唐朝无论在陆路还是海路贸易上均采取了一系列有效的促进措施。实行这些措施的主旨在于：一是通过对外贸易活动加强中外政治经济联系，维护唐朝“天朝上国”的国际威望；二是满足上层社会对海外奇珍异物的奢侈性需求；三是通过发展海外贸易增加政府的财政收入。唐代张九龄《开大庾岭路记》中记载：唐代“海外诸国，日以通商。齿革羽毛之殷，鱼盐蜃蛤之利，上足以备府库之用，下足以赡江淮之求。”黄巢起义后，人称“南海市舶利不赀，贼得益富，而国用屈”。其中第一项意图始终占据着主导地位，并左右着其政策的制定与实施。

（一）主动遣使出访，厚礼接待外国朝贡贸易使团

为加强中外政治、经济联系，唐朝一方面积极主动派使臣出访境外国家，另一方面对来华外国使团厚礼相待。唐朝先后多次向印度、朝鲜半岛及日本等国家和地区派遣使臣。如出使高丽的有沈叔安、朱子奢、长孙师、陈大德、相里玄奖、元季方、崔廷、邓素，出使新罗的有金恩兰、盖损、归崇敬，出使日本的有高表仁、刘德高、郭务悰、司马德聪、袁晋卿、皇甫东朝、沈惟岳、孙兴进、赵宝英、蒋师仁等。唐代对来华的外国官方朝贡贸易使臣厚礼接待。各国使团来华食宿、交通费用均由唐朝政府免费提供，他们回国时唐政府还为其举行欢送宴会并赠送大量礼物。据《旧唐诗》载，唐高祖武德八年（625 年），林邑国（今越南中南部）遣使携带土特产来华，高祖“设九部乐以宴之，及赐其王锦彩”。唐太宗贞观二年（628 年），真腊国（今柬埔寨）遣使来华，太宗“嘉其陆海疲劳，锡赍甚厚”。中外官方往来本身即是唐朝对外开放政策的组成部分，同时又为更广泛领域的开放创造了友好的外交环境。

（二）健全西域的军事、行政管理机构，保证丝路的安全和畅通

漫长的陆上丝绸之路存在着诸多的自然和人为障碍，而确保商旅安全是保持这一开放路径畅通的关键。唐初西突厥阻碍丝路贸易，唐朝出兵打败西突厥后，丝路畅通。唐太宗对中亚安国使臣说：“西突厥已降，商旅可行矣”，由此“诸胡大悦”②。之后唐太宗即在高昌设立安西都护府（后移至龟兹），屯驻军队，镇守西域。此后，唐朝政府陆续在西域各地设立都督府、州、县等军政机构。公元 702 年，唐朝在庭州（今新疆吉木萨尔）设立了北庭都护府，负责管理天山以北的广大地区。这些措施有效地保证了丝路的安全和畅通。

---

①（唐）魏征，等. 隋书·音乐志. 北京：中华书局，1973.

②（宋）欧阳修，宋祁. 新唐书：卷 221 西域传下. 北京：中华书局，1975.

（三）提高中外贸易的便利性和自由度

唐代在从长安经河西到西域的广大地带，遍设驿馆，为过往的商人、使者提供食宿和牲畜的草料。唐代诗人岑参在《初过陇山途中呈宇文判官》一诗中，对丝路沿途驿站及丝路畅通状况有着生动描述：“一驿过一驿，驿骑如星流。平明发咸阳，暮及陇山头。”

唐代法律明确规定：外商们可以自由地“任于内地贸易”[①]，不受地域限制。唐玄宗时曾拟派人到东南亚购买奇珍异宝，随即有大臣提出：此举“市舶与商贾争利，殆非王者之体”[②]，玄宗的动议由此作罢。这表明唐朝政府为中外民间贸易提供了较为自由的发展空间。

（四）实行国民待遇或超国民待遇，增强对外商的吸引力

唐朝对外商实行的优惠性待遇往往高于本国人。这主要体现在四个方面：一是免费接待外国商使。唐朝在长安设有礼宾院（隶属于鸿胪寺），专门负责接待外宾，每年用于外宾食宿、日用、路费等方面的费用高达一万三千斛。二是为吸引人才，唐政府允许外国人在唐长期居住，即“入朝听住”政策，从而吸引了大批外国僧侣、学者、画家、匠人、艺人、商人来华，并活跃于唐朝社会经济的各领域。外商不仅可到中国进行货物贸易，而且唐朝还允许外商侨居中国开设经营奢侈品的店铺，经营酒店、食品店等，使唐代不仅货物贸易而且服务贸易高度开放。三是减免在华外商赋税。早在唐高祖武德年间，唐朝即规定“蕃胡内附者，上户丁税钱十文，次户五文，下户免之”，而本国居民“每丁岁入租粟两石”[③]。四是政府以优惠价格与外商交易。阿拉伯商人阿布·赛义德·哈桑在《中国印度见闻录》中记载：“海员从海上来到他们的国土，中国人便把商品存入货栈，保管六个月，直到最后一船海商到达时为止。他们提取十分之三的货物，把其余的十分之七交还商人。这是政府所需的物品，用最高的价格现钱购买，这一点是没有差错的。每一曼那的樟脑卖五十个‘法库’，一法库合一千个铜钱。这种樟脑如果不是政府去购买，便只有这个价格的一半。……在商业交易上和债务上，中国人都讲公道。”政府按高于市场的价格购买进口商品，使外商得到更大的实惠。

（五）尊重外商习俗和宗教信仰，保护外商的合法利益

由于唐代来华贸易的外商众多，不少人侨居在中国，为便于管理，唐代在外国人聚居的广州等口岸设立专供外国人居住的街区——“蕃坊”，各蕃坊蕃长由外商推举并经唐朝政府任命，在遵守中国法律的前提下，按本民族习惯和宗教信仰对蕃坊进行管理。按照唐朝法律规定，“诸化外人，同类自相犯者，各依本俗法；异类相犯者，以法律论”。[④]即同国籍的外商间发生纠纷可按其本国惯例处理，不同国籍的外商间发生纠纷则按唐朝政府的法律处置。由此，既尊重了各国习俗、法律，也维护了本国司法主权。

唐代从法规制度上对来华外商利益予以保护，主要体现在三个方面：第一，唐朝政府明确规定禁止重征外商。公元 834 年唐文宗颁布谕令：“南海蕃舶本以慕华而来，固在接以

---

① 马负书．敦煌遗书：唐人楷书．兰州：甘肃人民出版社，1988．

②（宋）司马光．资治通鉴：卷 211．北京：中华书局，1973．

③（后晋）刘昫．旧唐书：卷 48 食货上．北京：中华书局，1975．

④《唐律疏议》卷 6。

恩仁，使其感悦。……其岭南、福建及扬州蕃客，宜委节度观察使常加存问，除舶脚（船舶税）、收市（政府购买）、进奉（进贡）外，任其往来，自为交易，不得重加率税。”[①]这说明鼓励外商来华是沿海地方官员的重要职责，实行规范的税收制度以保护外商的合法利益不受损害。第二，严惩沿海贪官污吏。唐玄宗时，几任南海太守皆因敲诈外商受到处死或流放的刑罚。阿拉伯商人阿布·赛义德·哈桑在《中国印度见闻录》中记载，一位阿拉伯商人携带一大批货物来到广州，被为皇帝选购进口奢侈品的宦官采取强买手段拿走了货物。阿拉伯商人远赴唐都长安，向皇帝申诉。事件查实后皇帝将该宦官“财产没收了……把这个宦官留在了皇陵当了看守”。第三，保护外商遗产。唐政府规定在华去世的外商，其遗产由当地官府妥善保管，等其亲属认领。一定期限后，若无人认领方予以没收。

（六）加强对陆海丝路贸易的管理

在陆路贸易方面，唐代设立了管理边境贸易事务的互市监，[②]同时继续实行前代的过所制度。往来丝路的中外商人须向政府申领过所，过所上要注明持证人的姓名、年龄、所携带商品等。途经主要关口时，一律查验过所，无过所者不得通过。

在陆路贸易方面，为保证丝路安全和粮食供给，唐代在丝绸之路南道的焉耆、龟兹、疏勒、于阗及北道轮台征收商税。

在海路贸易方面，唐代实行市舶制度。为适应海外贸易发展的需要，从唐代开始我国海外贸易管理制度市舶制度得以确立。唐朝政府于玄宗开元二年（714 年）在最大的对外贸易口岸广州设立了海外贸易的主管官员市舶使（另说太宗贞观年间已设立，存疑），标志着自唐迄明海外贸易管理制度市舶制度的诞生。这一时期市舶制度处于初创阶段，其组织较为简单，没有专门机构，仅设有市舶官吏市舶使。

市舶使又称“结好使”“押蕃舶使”，通常由皇帝的心腹宦官充任，位虽不高，但权力较大。

除广州外，唐代还在明州、交州和扬州等港口设置了市舶使。

市舶使负责口岸的进出口贸易管理，其具体职能有五项。

一是对进口货物登记、分类。船舶进港后，由市舶官吏对货物进行登记，并将货物分为粗货（普通货物）和细货（奢侈品）两种，为征税提供了便利。

二是征税。自唐朝，中国海外贸易税收正式开始。由市舶官吏对进口船舶征收进口税，所征正税称“舶脚”，又称“下碇税”，即吨税，税率不详。除正税外，有时还对奢侈品征收实物形式的货税。

三是禁止奢侈品自由交易。对珍贵的进口货物，禁止商人自由经营，由朝廷和沿海地方政府收买，实行政府专营。

四是设置栈房，保管外商货物。由于当时船舶载重量相对较小，外商的货物通常分

---

①《全唐文》卷 75。

② 唐初沿用隋代名称“交市监”，唐太宗贞观六年（632 年）将交市监改称“互市监”。武则天垂拱元年（685 年）曾经一度改称“通市监”，旋即恢复为“互市监”。

批来华，唐朝在广州设立栈房，为外商保管货物。

五是管理外商在华贸易。外商到中国内地开展贸易活动，须到地方政府和市舶使处申领证件。地方政府负责发放身份证，上面注明外商姓名、年龄、民族等；市舶使负责签发“公函”，其函要注明外商携带的货物、白银数量，经过哨所要接受检查。

综上所述，在高度的对外开放总方针下，唐代无论陆上丝绸之路还是海上丝绸之路贸易政策较之前代更为系统完备，外商来华贸易的安全性及便利化程度也显著提高，从而推动了陆海贸易的空前发展。同时这一时期的对外贸易政策也有着较大局限性，其各种贸易鼓励性政策主要针对外国商人，而对本国商人的对外贸易活动则缺乏相应的激励，从而使唐代的对外开放以单向的“引进来”为主，而非“引进来”与“走出去”相结合的双向开放，中外贸易活动中更为活跃的主体是域外各国商贾。

第三节 隋唐时期丝绸之路路线的变化

隋唐时期不仅中国对外开放的陆海两条路径继续向前扩展，而且随着经济重心的转移及技术的进步，对外开放的路径愈益依赖海上丝绸之路了，从而使海上丝绸之路在中国对外开放中日益占据主导地位。

一、丝绸之路的发展变化

丝绸之路在前代的基础上继续向前发展，唐前期丝绸之路在帕米尔以东的发展主要是开辟了吐蕃道，即从河西进入青海，然后由青海进入西藏，由西藏前往尼泊尔和印度。

丝绸之路在帕米尔以西的发展一是北道支线的延伸，渡伊犁河过江布尔后，该路即沿锡尔河至咸海，由此西北行过恩巴河、乌拉尔河、伏尔加河至库班河河口对岸的克里米亚半岛的刻赤（今乌克兰境内）。唐代，东罗马与西突厥的贸易往来进一步促进了丝路北道的繁荣。二是北道干线的变化，由喀什向西翻越帕米尔到乌兹别克斯坦的布哈拉后，不再向西北走，而是过阿姆河后向西南行至土库曼斯坦的马雷，在此与汉代南道干线汇合。三是丝路南道干线的变化，隋唐时期，该路过休密后，不再西去阿富汗的瓦齐拉巴德，而是南行经巴米安、加兹尼，至北印度。

二、海上交通贸易路线的扩展

唐代在东南沿海经济发展的基础上，造船和航海技术上出现了飞跃性进步。在造船方面，一方面船舶数量众多，另一方面造船技术显著提高。唐代造船场遍及全国各地，见于记载的主要地区有：宜（今湖北宜城市）、润（今江苏镇江市）、常（今江苏常州市）、苏（今江苏苏州市）、湖（今浙江湖州市）、越（今浙江绍兴市）、台（今浙江临海县）、婺（今浙江金华市）、江（今江西九江市）、洪（今江西南昌市）等州及剑南道（今四川省内）的沿江一带；此外，北方沿海的登州（今山东蓬莱市）、莱州（今山东莱州市），东南沿海港口杭州、扬州、福州、泉州、广州、交州等，也均以造船业著称。如扬子（今江苏仪征市）一地，便有造船场十处之多。这一时期造船技术的进步主要体现在所造船舶坚固实用上，文献记载唐代船舶中出现了水密隔舱，并以铁钉和石灰桐油进行接合，严密坚固[①]。同时航海水平也有长足进步，特别是对海洋潮汐的成因和涨落的循环规律有了较全面的认识，因而唐代中国造船航海水平在世界处于领先地位。当时不少外国商人常乘坐中国船舶远航，唐代杜佑《通典》卷四十七称："今江南凡泛海船谓之舶，昆仑及高丽皆乘之。"《中国印度见闻录》的法译者索瓦杰称："应当承认中国人在开导阿拉伯人远东航行的贡献。波斯湾的商人乘坐中国大船才完成他们头几次越过中国南海的航行。"

在造船航海水平提高的基础上，隋唐时期航行能力也大为增强，无论东海还是南海丝绸之路均得到进一步扩展。

（一）南海丝绸之路的延伸——广州通海夷道的形成

六朝时期，海上丝绸之路的起点已由汉代的徐闻、合浦移至广州，且有少量船只远航波斯湾。唐代时，从广州至波斯湾的航线已经固定化、经常化了。《新唐书·地理志》详细记载了"广州通海夷道"即自广州至波斯湾的航线。

该航线是从广州出发，经香港大屿山以北入海，过海南岛东北角及东南的独珠山，再过越南的占婆岛、燕子峡、归仁、牙庄、藩朗至昆仑岛；向南越新加坡海峡至苏门答腊岛，或向东航至爪哇岛；或转向西北沿马六甲海峡，过海峡南部的不罗华尔群岛、苏门答腊岛北部东海岸棉兰一带及婆罗斯岛，至尼科巴群岛；转向西航，至斯里兰卡；再沿阿拉伯海东海岸西北行，过印度的奎隆、印度西部一带、布洛奇，至卡拉奇；再西航至波斯湾头的阿巴丹、幼发拉底河口的奥波拉，由此溯河至巴士拉，转陆行即达阿拉伯帝国的首都巴格达。

从印度半岛至波斯湾的航线，正是自汉代以来开辟的中印航线在唐代的延伸。不仅如此，该航线还同通向东非的航线相接。如前引《新唐书·地理志》所载："自婆罗门南境，从没来国至乌剌国，皆缘海东岸行；其西岸之西，皆大食国，其西最南谓之三兰国。自三兰国正北二十日行，经小国十余，至设国。又十日行，经小国六七至萨伊瞿和竭国，当海西岸。又西六七日行，经小国六七，至没巽国。又西北十日行，经小国十余，至拔离哥磨难国。又一日行，至乌剌国，与东岸路合。"这段记载描述了从东非至波斯湾的航线，大体是从今天东非的坦桑尼亚的达累斯萨拉姆沿海岸向东北航行，过也门的席赫尔、阿曼的马斯喀特和苏哈尔，再过霍乐木兹海峡西航至巴林岛的麦纳麦，沿波斯湾海岸向西北，行至幼发拉底河口的奥波拉，在此与广州至波斯湾的航线相接。

广州通海夷道将东亚、东南亚、南亚、波斯湾、阿拉伯半岛东南岸和东非沿岸连接了起来，成为16世纪以前人类定期使用的最长航线。此时的唐船纵横往来于西太平洋和

---

① 而同时期海外国家还在使用桄榔须、椰子皮和橄榄糖等材料。

北印度洋水域，促进了唐代海路贸易的繁荣。

（二）东海丝绸之路的扩展

隋唐时期随着中国与朝鲜半岛和日本交往的增多，贸易路线也得到扩展。

隋代，通向朝鲜半岛的航线有两条：一是沿渤海和黄海沿岸到达朝鲜；二是横渡黄海到达朝鲜。到了唐代，唐朝同朝鲜半岛上的新罗关系密切，双方的交往十分频繁。其航线亦有两条：一是唐代地理学家贾耽在其《道里记》中所记的"登州海行入高丽、渤海道"。这条航线的走向是从登州（今山东蓬莱）过渤海海峡至辽东半岛南岸，再沿岸东北行至鸭绿江口。然后沿朝鲜半岛西海岸南下，过身弥岛、大同江口、椒岛、长渊县的长命镇、瓮津半岛外岛群、江华岛、大阜岛，至牙山湾内的海口。再陆行至朝鲜半岛东南部的庆州。这条航线虽航程较长，但较为安全。二是从山东半岛的登州、莱州启航，横跨黄海直抵朝鲜半岛西海岸的大同江口或江华湾。

隋唐时期通向日本的航线共有四条。

1. 北路北线

先从山东半岛沿岸航行抵达朝鲜半岛西海岸，再南下至半岛南端，或过济州海峡，直抵日本九州北部的博多大津（今福冈）；或沿朝鲜半岛南岸东航至巨济岛、釜山一带，再过对马岛、壹岐岛，航抵博多大津。再东航，入濑户内海，最后抵达难波（今大阪）的三津浦（今大阪市南区的三津寺町），它们是日本遣唐使船的始发港和终至港。

2. 北路南线

从山东半岛的登州启航，东渡黄海，至朝鲜半岛西海岸的瓮津半岛西端南行，再接北路北线航抵日本。隋使裴清赴日和日僧圆仁归国均循此线。

3. 南路南线

公元 8 世纪，新罗统一了朝鲜半岛后同日本的关系处于紧张状态，昔日的北路航线不便于中日间的往返，只得另辟航线。该航线是从明州（今宁波）、越州（今绍兴）启航，横渡东海至奄美大岛，往北经诸岛越大隅海峡至鹿儿岛再沿海岸北上至博多大津（今福冈），再东航至难波（今大阪）。唐高僧鉴真东渡日本，正是沿此航线。

4. 南路北线

因南路南线航程过长，日本从第四期遣唐使来华开始则循南路北线航行，即从江浙沿海的楚州（今淮安）、扬州、明州、温州等港口启航，向东偏北斜穿东海，至日本的值嘉岛（今五岛列岛与平户岛之间），再航抵博多大津和难波。

从上述四条航线可以明显地看出，唐代中日间的海上交往十分活跃，这同日本的遣隋使和遣唐使相继来华有着一定的关系。

三、中国对外贸易重心的转移

公元 751 年，唐朝军队与阿拉伯军队在中亚怛逻斯（今哈萨克斯坦塔拉斯，曾称江布尔）发生激战，史称怛逻斯战役。该战役由于中亚葛逻禄部倒戈，导致唐军惨败，大批唐朝士兵被俘。这些士兵中有不少手工工匠，他们被俘往阿拉伯地区，由此导致了一次中国技术的大规模输出。

怛逻斯之战后，唐朝在中亚的优势开始丧失。随后不久，国内发生“安史之乱”（755—763 年），唐朝将在中亚的驻军撤回中原，从此失去对中亚的控制。中亚地区陷入民族纷争之中，丝绸之路受到阻塞。中国对外贸易重心开始逐步由陆路转移到海路。

中国对外贸易重心之所以由陆路转移到海路，其原因除了陆上丝绸之路受阻外，更主要的还在于中国经济重心的南移。江南地区自东汉末年开始开发，经魏晋南北朝、唐前期的努力，到唐后期，中国经济重心已由西北的关中一带转移到长江中下游地区了，江淮地区已经成为中国最重要的经济区。韩愈在其《送陆歙诗序》中称：“当今赋出于天下，江南居十九。”唐后期南方丝绸（中国大宗传统出口商品）的生产也超过了北方，为对外贸易准备了丰富货源。

进出口商品结构的变化对交通运输条件提出了新的要求。唐代中国瓷器制造业有显著发展，南方所产的青瓷“类玉类冰”；北方产的白瓷则“类银、类雪”。中国瓷器一经出口即受到海外各国人民的欢迎，从而成为中国一项新的大宗出口货物。而瓷器是一种易碎品，且重量较大，传统的需要翻越崇山峻岭的西北丝绸之路及以运力有限的骆驼为主要交通工具的运输方式无法满足瓷器出口的需要。而海上运输与陆上运输相比，具有行驶平稳、载重量大等优势，因而对于瓷器出口贸易而言，海上运输比陆路运输更为适宜。同时，随着唐朝经济的发展对境外香料的需求趋于增加，而海外香料产地主要集中于南海各国及大食等海路交通便利的国家。

造船、航海水平的显著提高为海上丝路的勃兴提供了技术保障。随着知识的积累和技术进步，人类征服海洋的能力大大提高，中国唐代造船业有了新的发展，所造船舶不仅载重量大大提高，而且坚固性增强，适宜远洋航行，以致一些外商也搭乘中国商船往来贸易。史称：“‘字林’大船也，今江南泛海船谓之舶，昆仑及高丽皆乘之，大者受万斛也。”[①]同时唐朝人对季风、潮汐规律的掌握，对海洋地貌的认识也有了进一步加强。造船航海技术的进步使海上航行的风险性大大降低，从而为中国人利用海上运输方式开展对外贸易活动提供了可能。随着航海、造船水平的提高，东南沿海地区日益显示其在对外交往上的优势，而昔日中外交流的孔道西北丝绸之路不再具有地域上的比较优势了。

随着陆上丝绸之路的衰落，远离海洋的中国丝绸之路沿线地区逐渐由中国对外开放的前沿地带变为封闭的区域，其经济发展速度也日益迟缓，《资治通鉴》在“天宝十二年”（753 年）条中说：“是时中国盛强，自安远门西尽唐境万二千里，闾阎相望，桑麻翳野，天下称富庶者，无如陇右。”而随着陆上丝绸之路的衰落，西北地区经济的繁荣地位日渐让位于江南了。中国对外开放的重心也从西北逐步转向东南沿海地区了。

---

①（唐）玄应《一切经音义》卷 1。

第四节　中外贸易的发展

唐代中国创造的物质和精神文明，吸引着各国的商人、政治家、艺术家等各类人物，唐朝的开放政策又将中外经济文化交流推向高潮，往来国家众多，中外商人络绎不绝，中外商品交流规模空前扩大，唐太宗时已出现“百蛮奉遐赆，万国朝未央”（唐太宗《正日临朝》）的盛况，唐玄宗时“开元太平时，万国贺丰岁”（李肱《省试霓裳羽衣曲》），“梯航万国来，争先贡金帛”（王贞白《长安道》）[①]，而对外开放的直接成效即体现为对外贸易的发展。

一、陆路贸易的发展

（一）中外贸易关系的推进

在开放政策下，隋唐时期的中外陆路贸易日趋兴盛，隋炀帝大业年间史载：西域高昌、康国、安国、石国、焉耆、龟兹、疏勒、于阗、钹汗、吐火罗、挹怛、米国、史国、曹国、何国、乌那曷、穆国、漕国等“相率而来朝者三十余国，帝因置西域校尉以应接之”。[②]吏部侍郎裴矩被派往河西推行发展丝路贸易后，胡商来隋贸易更加踊跃，“自是西域胡往来相继”。[③]

唐前期陆上丝绸之路空前繁荣并进入了发展的黄金时期。

这一时期，沿着丝绸之路来华的外商主要来自中亚、西亚地区。

隋代中亚各国与中国保持密切的政治经济往来，《隋书·西域传》记载，大业年间即有钹汗、吐火罗、挹怛、米国、史国、曹国、何国、乌那曷、穆国、安国及石国等“频贡方物”。

公元 7 世纪后，中亚各国受到阿拉伯人的威胁，其中的米国、史国、石国、大小安国、曹国、康国、何国、穆国等传说其祖先来自河西的昭武地区（今甘肃高台），故被称为“昭武九姓国”。他们为寻求唐朝的保护，纷纷要求内附大唐。唐朝为此在中亚驻军设防，使丝绸之路自中亚到中原空前畅通，中亚各国与唐朝的贸易高度繁荣。

这一时期沿着陆路与中国贸易关系密切的西亚国家主要有波斯和拂菻。

公元 651 年，波斯被阿拉伯帝国吞并，中国与波斯的关系出现新的变化。一方面，唐朝与波斯残余的抵抗政权之间仍保持官方交往；另一方面，大量波斯人移居中国，唐朝政府对他们予以妥善安置，在长安设有波斯寺，以利于波斯人从事宗教活动。波斯王族多在唐朝担任官职，如波斯王泥涅斯被授以左威卫将军。此外，曾任陇右节度使的安元谅、“拂菻国诸蕃招慰大使”的阿罗喊均是波斯人。更多的波斯人则在长安西市、洛阳

---

①《全唐诗》卷 1、卷 542、卷 701。

②（唐）魏征，等. 隋书：卷 83 西域传. 北京：中华书局，1973.

③（宋）司马光. 资治通鉴：卷 180. 北京：中华书局，1976.

丰都等地开设店铺——波斯邸，并从事贸易活动。其中许多人以贩卖珠宝为业，以至唐朝许多文献，如《太平广记》中记载了许多波斯胡善于鉴赏宝物之事。

拂菻即东罗马帝国。这一时期，中国与东罗马之间的贸易既有直接的官方贸易，也有间接的转口贸易。直接贸易主要是通过互派使臣交换各种奢侈品，如公元643年，拂菻国王多波力遣使长安，带来赤玻璃、绿金精等物，唐太宗回赠以大量绫绮。间接贸易主要是通过西突厥转运，唐朝对突厥实行怀柔政策，与突厥开展互市贸易，突厥由此获得大量的丝绸。为避开大食，西突厥人经天山北、咸海、里海及黑海北面抵达地中海，将中国丝绸等物运至东罗马。

（二）民间贸易兴盛

除官方贸易外，民间贸易更加发达，北宋宋敏求《唐大诏令集》载，唐代“自伊吾以西，波斯以东，商旅相继，职贡不绝”。唐诗人张籍的《凉州词》称：“边城暮雨雁飞低，芦笋初生渐欲齐。无数铃声遥过碛，应驮白练到安西。”这生动地反映了丝绸贸易兴盛的景象。

《旧唐书·西域传》记载康国（今乌兹别克斯坦撒马尔罕）人“善商贾，……，男子年廿，即远之旁国，来适中夏，利之所在，无所不到”。唐初，康国商人一次来华贸易即运来马匹四千余匹。中亚各国商人除向中国贩运各种战马、毛制品外，还大量转口西方的珍宝、奇禽异兽等。唐代文献记载，中亚商使多次运来狮、豹及鸵鸟等，同时从中国购买大量的丝绸、铁器、漆器等物品。

这一时期不仅中外商人往来不断，而且还出现了大量外商长期居留中国的现象，《旧唐书·西域传》称，长安“大蒙之人，西方之国，……，贞观、开元，藁街充斥”。在华居留的外商不少从事各种工商服务业，如在当时商业都会长安和洛阳等地即有中亚或波斯商人开设的珠宝店、食店、酒肆、邸店（兼有仓库和旅馆的双重功能）。唐代文献中对在长安和洛阳一带以开设酒店为生的胡商酒家多有记载。在洛阳北市开店的外商还仿效唐人组织同业的“行”“社”。迄今，在洛阳龙门石窟古阳洞北，仍保留有唐代外商团体之一“北市香行社”[①]修造的佛龛。唐三彩中大量的胡商牵驼俑的造型也反映了这一时期沿丝绸之路中外贸易的盛况。

除长安、洛阳外，其他一些内地中小城市也有外商活跃的身影。如饶州上饶“颇通商外夷，波斯、安息之货，国人有转估于饶者”[②]。“安史之乱”时，洪州（今江西南昌）由胡商协助唐军平乱，“胡乐输其财”[③]。陈留（今河南陈留）的唐人可以“夜闻胡斗宝”[④]。湖北江陵城内有长期定居的高丽商修建的高丽邸。这些都说明外商在唐朝各地分布广泛，对当地商品经济的活跃均有一定影响。

“安史之乱”后，西北丝路基本上被吐蕃切断。唐在陆路西北道上的对外贸易只得通过与吐蕃、回鹘的互市贸易转手进行。陆路对外开放虽未断绝但已不再占据主要地位了。

① 从事香料贸易的商人组织。

②（宋）李昉. 文苑英华：卷371. 北京：中华书局，1996.

③（宋）李昉. 太平广记：卷403. 北京：中华书局，1981.

④（宋）李昉. 太平广记：卷402. 北京：中华书局，1981.

二、海路贸易的发展

在六朝的基础上，唐代海上丝绸之路渐趋繁荣，到唐后期在各种因素的综合作用下，中国对外贸易重心逐渐由陆路转移到海路，中国对外开放的路径愈益倚重海上丝绸之路，中国与海上丝路沿线国家的贸易关系进一步发展，中国的对外贸易口岸进一步增加。

（一）海外贸易关系的发展

唐代沿着海上丝路不仅有西亚、东北亚、东南亚商人络绎来华兴贩，中国商人也走出去远赴海外贸易。

1. 西亚

唐代中国通过海上丝绸之路与西亚的阿拉伯各国及波斯贸易往来相继。阿拉伯帝国自公元 6 世纪后半叶兴起到 7 世纪，已成为一个地跨欧、亚、非的大帝国。公元 651 年（高宗永徽二年），阿拉伯第三代哈里发奥斯曼遣使来唐，与中国开始了官方交往。此后，两国不断通过互派使臣开展官方贸易。不过，由于阿拉伯人不断向东方扩张，与唐朝在中亚发生冲突，唐前期两国关系比较紧张，双方贸易关系未能得到长足发展。

公元 8 世纪中叶以后，中国对外开放重心转移到东南沿海，中国与阿拉伯之间的冲突关系结束。在唐朝的开放政策下，大批阿拉伯商人来华贸易，中阿贸易关系日趋发展，并在中国对外贸易中占据愈益重要的地位。英国科学史学者李约瑟在其《中国科学技术史》中称："从 8 世纪至 13 世纪是中国与阿拉伯交往的伟大时代。"

唐后期，中国对外贸易第一大港广州已集聚了大量阿拉伯商人，据阿拉伯史籍记载，公元 9 世纪中叶的 70 年代，广州的大食人、波斯人、犹太人及其他外国人有 12 万人之多。这一记载显然有夸大之嫌，但反映了广州外商尤其是阿拉伯商人众多。广州设有专供阿拉伯人居住的蕃坊，阿拉伯人在此建有伊斯兰教寺院怀圣寺。唐末黄巢起义使中阿贸易受到严重影响，据阿拉伯人记载："中国的事变波及于海外万里的希拉夫港（今伊朗的塔黑里）及瓮蛮省（今阿曼）两地的商人，以前营商中国为生而今日破产者，比比皆是。"阿拉伯商人来华贸易的史实还反映在阿拉伯故事集《天方夜谭》中，书中描述了商人辛德巴德扬帆中国的经历。唐代也有大量中国商人西去阿拉伯，在其首都巴格达，几里长的码头上停泊着数百艘外国船，其中有不少中国船。街市上专设有出售中国丝织品、瓷器、纸张、麝香等商品的市场。

2. 东北亚各国

唐代中国与朝鲜半岛国家及日本的贸易关系尤为密切。

唐初，朝鲜半岛上仍然是三国鼎立的局面，高丽、百济、新罗三国纷纷与唐开展官方的朝贡贸易。到公元 668 年，新罗先后灭掉百济和高丽，统一了朝鲜半岛。新罗与唐朝的贸易沿着陆路和海路两线进行，沿海路来唐的新罗人主要集中于山东半岛和淮河下游一带，人数众多，以致在登州文登设有专门接待新罗商使的新罗馆、新罗院及新罗寺庙，在楚州也设有"新罗坊"。这一时期两国交换的商品种类更加丰富，中国出口到朝鲜的商品主要有丝绸、服装、瓷器、茶、铁器、书籍、文化用品等。中国茶树的种子大体于公元 828 年左右传入朝鲜，开始了朝鲜半岛植茶的历史。唐朝自朝鲜进口商品主要有人参、铜、手工艺品等。

这一时期中日官方贸易往来以日本“遣唐使”活动为主，自隋代开始，日本即派出大批使团来中国交换物品，学习中国先进的文化、典章制度及生产技术等。“大化革新”后，日本向中国学习的力度进一步加大，唐代来华的日本使团规模空前扩大。唐后期，随着遣唐使活动的停止，中日民间贸易开始发展起来。其中以中国商人赴日为主，如明州海商李麟德、张友信及李延孝等商团常年往来于明州与日本的博多港之间，咸通三年（862 年），“大唐人李延孝等 43 人来，敕大宰府，安置供给”[①]。日本为此专设有管理日中贸易的官员“交易唐物使”。

双方交换的商品主要有中国的丝绸、瓷器、茶、铜钱、儒家及佛家典籍等，日本输出的货物有沙金、珍珠、木材、牛角等。

3. 东南亚

与唐朝贸易关系密切的东南亚国家主要分布在今天的柬埔寨、缅甸、印度尼西亚等国。

自隋唐开始，柬埔寨被称作真腊国，与中国朝贡贸易频繁。公元 8 世纪初，真腊分裂为陆真腊、水真腊两部，与中国关系均较为密切。玄宗天宝十二年（753 年），陆真腊王子率王族 26 人来访，可称为中柬首次高层访问，唐玄宗授其“果毅都尉”的官衔。唐代宗时（762—779 年）真腊副王又率团访华，进献 11 只驯象。

唐代称缅甸为骠国，除通过海路与唐朝交往外，还经陆路与云南的南诏政权保持通商贸易关系。

唐代与印度尼西亚苏门答腊岛上的室利佛逝国、爪哇岛上的阇婆国官方贸易关系较密切。来华的印尼商人众多，主要集中于广州，故唐朝特在广州设有印尼商人居住的蕃坊，印尼大商人蒲高粟曾担任蕃长。这一时期双方交换的商品主要有中国的丝织品、瓷器、铜钱、铁器、农具等，印尼输出的商品主要是胡椒等各色香料、贵重木材、珠宝、玳瑁、象牙、犀角等。

4. 南亚各国

唐代中国与位于今日南亚的印度和斯里兰卡也有着频繁的贸易往来。

唐代中印海路贸易进一步发展，《唐国史补》记载：“南海舶，外国船也。每岁至安南、广州。师子国舶最大，梯而上下数丈，皆积宝货。”在南亚诸国来华的同时，中国商船也不断西去，如唐代贪官王锷违禁经商，将其货船混迹在民船中前往天竺贸易，“日发十余艇”。这说明这一时期唐朝海商前往南亚贸易规模颇为可观。唐玄奘在《大唐西域记》中记述他在中天竺时见到来自广州的大商船，船长达二十丈，能载六七百人。

天竺国及狮子国贩运来的商品主要是犀角、玳瑁、胡椒、香料、药材、蔗糖、宝石、象牙、珍珠、玉佛像、佛经等，中国输出的商品主要有丝织品、瓷器、药材等。

---

①《头陀亲王入唐略记》东寺观智院藏版本//林士民．唐代明州港与日本博多港对比研究．三江论坛，2009（6）．

（二）海路贸易港口的兴盛

隋唐时期随着中外海上交往的频繁，沿海的对外贸易港口数量增加，在传统外贸口岸进一步发展的同时，一些新的沿海口岸也加入到了对外贸易的行列。文献记载的唐代繁荣的对外贸易港口主要有广州、明州（今宁波）、扬州、交州、越州（今绍兴）、楚州（今淮安）、苏州、杭州、福州、泉州、登州等。其中以广州、明州、扬州、交州最为重要，被誉为唐代四大贸易港。

1. 广州港

唐代是广州海路贸易发展的黄金时代。从唐代地理学家贾耽在其《道里记》中所记“广州通海夷道”可见，唐代通向波斯湾并继航至东非的航程正是以广州为起始点的。沿此航线，从广州启航的商船，经印度支那半岛、马来半岛、马来群岛，再经印度半岛，西抵波斯湾，再南航至阿拉伯半岛和东非。

唐后期，陆上丝绸之路的衰落使中国对外贸易愈益集中于海路，广州凭借其有利的地理位置及悠久的海外贸易传统成为中国对外贸易的第一大港。特别是阿拉伯对华贸易的迅速发展，进一步推动了广州港的兴旺，阿拉伯文献《中国印度见闻录》记载：“广府（广州）是船舶的商埠，是阿拉伯货物和中国货物的集散地”，是“阿拉伯商人荟萃之地”。

海上丝绸之路沿线各国前来广州的商船络绎不绝。日本真人元开所著《唐大和上东征传》记载：“广州……江中有婆罗门、波斯、昆仑等舶，不知其数；并载香药、珍宝，积载如山。”“源源不断的香料船，使广州成了当时世界上最大的香料市场之一。”韩愈在《送郑尚书序》中也称，广州港“外国之货日至，珠、香、象、犀、玳瑁、奇物，溢于中国，不可胜用”。

海外贸易的发展促进了广州市场的繁荣，“南海舶，外国船也。每岁至安南、广州。狮子国舶最大，梯而上下数丈，皆积宝货。至则本道奏报，郡邑为之喧阗”[①]。

因外商云集广州，其留居者亦为数可观，而尤以阿拉伯商人为众。

为适应广州海路贸易迅速发展的需要，唐朝率先在此设置了管理海路贸易的官吏——市舶使，揭开了中国古代海路贸易管理制度——市舶制度的序幕。

2. 明州港

明州港（今宁波），地处东海之滨，濒临西太平洋，地势平坦，气候适宜，航道畅通，经济繁荣。历代皆为浙东政治、经济和文化的中心。

唐代的明州，已跨入全国四大贸易港的行列。由距明州 70 多里的甬江口望海镇出海的船只，常驶抵新罗和日本。自 8 世纪起，日本遣唐使船多循南岛路（即南路南线）或南路（即南路北线）往返，亦多在明州登陆或启碇。自遣唐使船停航之后，日本民间商船常常往返于明州和筑紫之间。可以说，明州港是同东方的日本和朝鲜进行贸易往来的门户。与此同时，也有不少中外商船自明州向南，通过和广州、交州的联系，沿西方航线远航东南亚和西亚等地。可见，明州港连接了东西方两条航线，在中国海外贸易史上具有至关重要的地位。

---

①（唐）李肇《唐国史补》卷下。

3. 扬州港

隋唐时期扬州临江濒海，隋代大运河的开凿进一步凸显扬州优越的地理位置，使其迅速成为南北水陆交通的枢纽和货物的集散地，商品经济日趋活跃。到唐代扬州已成为全国最繁荣的商业城市，中唐诗人徐凝在其《忆扬州》诗中盛赞扬州称：“天下三分明月夜，二分无赖是扬州。”不仅国内商贾云集，沿丝路前来的各国商人也是络绎不绝，杜甫《解闷十二首》之二云：“胡商离别下扬州，忆上西陵故驿楼；为问淮南米贵贱，老夫乘兴欲东游。”这说明扬州已成为一国际性大都会。

地处我国东部海岸线中间地带的扬州兼济南北之利，即可通过东海丝路也可通过南海丝路连接海外。

隋唐时期，扬州同朝鲜和日本的交通有南北两条航线。北线，由日本九州航抵朝鲜半岛南部，沿西海岸北上，再西至山东半岛北部登州（今蓬莱）登陆，转由济水入淮河，沿淮南运河直抵扬州；或由江苏北部的楚州及其附近沿海登陆，转由淮南运河抵达扬州。扬州同朝鲜的交通，多取北线。该线在盛唐之前亦是中日两国通航的早期航线。南线由日本九州岛南部的萨摩半岛或由北部的博多湾一带渡海，直航扬子江口岸，驶抵扬州，再沿长江转至襄鄂，或沿运河转至京洛。日本历次的遣唐使节，鉴真和尚的历次东渡，多取此道。

扬州同东南亚、西亚和北非的交通，一是循丝绸之路，先至京洛，再沿汴水、淮水，至扬州，或再转至湘鄂或闽粤；二是沿海上丝绸之路，至广州或福建沿岸登陆，再由梅岭等通道，经洪州（今南昌）、江州（今九江），沿长江而至扬州，或沿海上丝绸之路，直接驶向扬子江口，而至扬州。

中外商贾不仅频繁往来扬州贸易，而且还有不少外商长期居住在扬州开展贸易活动。《太平广记》中不少篇章描述了外商在扬州经营珠宝店的事迹，如卷四百零二《守船者》引《原化记》记载，元和初，有守盐船者得一宝珠，“至扬州胡店卖之”。卷三十三《韦弇》引《神仙感遇传》记载，开元中，韦弇在蜀地得到三件宝物，“东游广陵（扬州），胡商诣弇，……以数十万金易而求之”。这些胡商大多来自西亚的波斯和阿拉伯各地。唐肃宗时，扬州的外国商人竟达数千人之多。据《旧唐书·邓景山传》记载田神功之乱：“神功至扬州，大掠居人资产，鞭笞发掘略尽，商胡大食、波斯等商旅死者数千人。”

唐代前来扬州的朝鲜和日本人为数更多，除使节和商人外，还有数量可观的留学生和学问僧。如日本前来扬州的遣唐使团达 9 次之多。学问僧荣睿在华 18 年，曾四下扬州；普照在华 21 年，曾八下扬州。

在中外贸易推动下，唐代扬州经济高度繁荣，特别是到唐后期起在全国经济中处于遥遥领先的地位，有所谓“扬一益二”之说。

自唐开成年间（836—840 年）以后，因长江不断地沉积，江口逐渐东移，扬州距海愈来愈远。宋元时期及其以后，江口逐渐向东南移至江阴和华亭（今上海市松江区）一带，扬州作为国际贸易港的地位，逐步为单一的国内内河港所取代。

4. 交州港

唐代的交州，有南北两个海口，南为北景，北为龙编。龙编又曾为交州的治所。《旧唐书·地理志》记载："隋平陈，置交州。炀帝改为交趾，刺史治龙编。"北景是唐代同南海往来的必经之港。经北景至广州的航程，既简捷，又便利。北景是唐代中国最南的一个海口，也是唐代东南沿海诸港口中的第一重门户。

唐中后期，因广州港官吏"侵刻过深"，海外商船多移至交州港进行贸易活动。其结果促进了交州港的繁荣。《唐国史补》卷下"狮子国海舶"亦称："南海舶，外国船也，每岁至安南广州。"这里所说的安南，即指交州北景港。

第五节　对外贸易与中外经济文化交流

在唐朝高度开放的政策下，频繁的贸易往来推动了中外政治经济文化交流，域外各国广泛吸收中国文明的成果，促进了社会经济的进步。与此同时，唐朝也以开放的姿态，积极学习吸收域外优秀文化。

一、主要出口商品及其制造技术的输出

（一）丝绸及其织造术的外传

唐代的丝绸继续沿陆、海两路输往东西方各国。在唐代的对外贸易中，丝绸不仅是官方贸易中的赠品或回赠品，亦是民间贸易中的重要商货。

唐代之前，波斯丝织品已返销中国，不久，其仿制品亦应运而生。至唐、五代时，情况依旧，地下实物为此提供了有力的证据。在隋唐时期的墓葬中，发现了一些具有典型波斯萨珊朝纹锦式样的中国丝织品。[①]日本正仓院收藏的部分唐锦，其图案设计也明显地受到萨珊风格的影响。同时，在丝织工艺上，也采用了中亚和西亚在纬线上起花的新技术。日本的丝织品也不断输入中国。日本史籍《延喜式》卷三十《大藏省》记载了遣唐使出发前日本政府颁发给各级人员数量不等的絁、绵、布等物。日本来唐的留学生和学问僧，正是用这部分丝织品充作"学问粮"的。日本遣唐使也用这些丝织品和其他土特产品同中国商人进行交易。流入唐朝的日本丝织品为数可观，并博得了唐人的赞许。其中，珍珠绢颇具特色，深受唐人的欢迎。

公元8世纪，正是唐朝与阿拉伯交往的盛世，中国的丝织技术随之传入阿拉伯世界。公元751年，怛逻斯战役之后，被俘的中国织匠、络匠到达了两河流域。从此，在西亚织造锦缎等高级丝织品的手工业迅速发展起来，并办起了宫廷作坊和官府作坊，生产兑拉兹等供王室和上层使用的丝织物。兑拉兹是指绣出或织出哈里发名字或苏丹名字，供缝制帝王御用袍服或赏赐有功大臣的荣誉袍服的织物。其后，欧洲所需丝绸品种，有相当部分即购自阿拉伯。

（二）瓷器及其制造术的外传

唐代瓷窑有二十多个，以邢窑（河北内丘县）、越窑（浙江余姚市）、昌南窑（江西

---

① 夏鼐. 新疆新发现的古代丝织品——绮、绵和刺绣. 考古学报，1963（1）.

景德镇）、邛窑（四川邛崃市）、定窑（河北曲阳县）、潮州窑（广东潮州）最为著名，其产品亦最多。自8世纪起，唐代越瓷（青釉瓷）的出口标志着中国瓷器的外销进入了一个新阶段。中国瓷器以造型精巧、色彩绚丽、风格别致博得了世界各国的珍视，他们称中国为“China”（瓷器），即“瓷之国”。唐代瓷器，沿陆海两路输往东西方各国，给他们带去了文化、科技和美的享受。

早在南北朝时期，中国初兴的瓷器就已传入朝鲜半岛。唐代随着中国瓷器制造业的大发展，沿着海上丝路陶瓷产品大量出口到朝鲜半岛。近代以来，朝鲜半岛有不少唐代陶瓷的发现。如在今韩国庆州附近朝阳洞出土了一件完整的唐三彩三足鍑，其造型彩斑同扬州出土的极其相似。[①]此外，在青洲、全罗南道等地发现的越州青瓷数量可观。新罗人模仿唐三彩，烧制成“新罗三彩”，并于吴越天宝十一年（918年）在全罗南道的康津等地设窑，仿造中国越窑青瓷器，被称作“新罗烧”或“翡色”瓷器。[②]

隋唐时期是中日交通贸易往来的活跃阶段，隋代已有中国瓷器出口到日本。唐代中国陶瓷开始批量输往日本。迄今，日本已发掘出唐三彩、越窑青瓷、邢窑白瓷和长沙窑瓷。唐三彩于盛唐时即流入日本，在奈良、福冈等地均有发现。越窑青瓷，也先后在日本近五十处遗址中被发现。长沙铜官窑器于中晚唐时期大量输往日本，在今奈良、京都、九州的博多湾和久留米、种子岛以及日本最西端的西表岛等处的寺庙、居民遗址和古墓中均有发现。唐代邢窑昌南窑瓷器，在日本的奈良、京都、福冈等十多处官衙、寺庙和坟墓中出土。[③]

唐、五代瓷器流入日本，对其陶瓷业的发展产生了深刻的影响。唐三彩一经同日本人见面，就博得了他们的高度赞赏，但因供不应求，日本政府特下令进行仿造。其仿制品在造型、釉色、花纹和风格上，都近似唐三彩，被称作“奈良三彩”；又因仿制品的相当部分入藏于正仓院，并保存至今，故而又被称作“正仓院三彩”。随着越窑瓷器、长沙窑瓷器和南北窑系白瓷的大量输往日本，烧窑技术亦同时流入。至9世纪末，日本利用越窑烧制技术改进窑炉结构，连窑具也模仿唐、五代造型。爱知县的猿投窑（日本古名窑）仿制的越窑青瓷，无论造型、釉色和装饰手法均同越窑产品相似。[④]

唐瓷还输往南亚各国，在今印度、巴基斯坦和斯里兰卡都曾发现唐瓷的地下实物。印度南部迈索尔邦博物馆藏有晚唐、五代时期的越窑青瓷和长沙窑瓷；印度南部科罗曼德海岸的古港遗址出土了唐末、五代越窑青瓷碟残片[⑤]。巴基斯坦卡拉奇东南的斑波尔古港遗址，出土了晚唐越窑水注和长沙窑黄褐釉上绿彩花草纹碗残片。[⑥]

唐瓷沿陆、海两路还流向西亚的波斯和阿拉伯。波斯湾的古希拉夫港（今伊朗塔黑里）出土了大量中国陶瓷片，最早的是中晚唐时期的越窑青瓷和邢窑白瓷。在今伊朗东

---

① 冯先铭. 元以前我国瓷器销行亚洲的考察. 文物，1981（6）.

② 日本小学馆《世界陶瓷全集·11·隋唐》。

③［日］三上次男. 从陶瓷贸易看日中文化的友好交流. 社会科学战线，1980（1）.

④ 日本小学馆《世界陶瓷全集·11·隋唐》。

⑤《史学情报》试刊本，第159页。

⑥［日］三上次男. 陶瓷之路. 李锡经，高喜美，译. 北京：文物出版社，1984.

北部霍腊散省古丝路必经之地的纳沙普尔遗址中，发现有晚唐越窑深碗、长沙窑彩绘罐以及邢窑白瓷盖罐的残片。[①]德黑兰南面的赖依遗址，出土了唐、五代越窑系青瓷和长沙窑彩绘盘。[②]此外，在伊朗还出土了唐三彩。伊朗人是善于汲取外来文化的民族，他们从唐瓷中得到了启发，仿制了“波斯三彩”和白瓷。纳沙普尔、里伊、阿莫勒、阿格罕等地都曾发现仿唐三彩的陶器。[③]

据阿拉伯裔美籍学者希提《阿拉伯通史》记载，8 世纪中叶至 9 世纪中叶是阿拉伯阿拔斯王朝的全盛时代，其首都巴格达，“市场上有从中国运来的瓷器，丝绸和麝香”，“城里有专卖中国货的市场”。

唐瓷还输往非洲。埃及开罗南郊的福斯塔特古城遗址，在出土的六七十万残片中，中国陶瓷竟有 12 000 片，其中最早的有唐、五代的唐三彩、越窑青瓷和邢窑白瓷，以越窑青瓷居多。埃及人一方面输入中国瓷器，一方面生产仿制品。据估计，福斯塔特遗址中出土的埃及本地生产的陶瓷中，大约 70%～80%是中国陶瓷的仿制品。此外，红海岸边苏丹境内爱札布遗址、非洲东海岸坦桑尼亚的基尔瓦岛等地也都发现了唐、五代瓷器的地下实物。[④]中世纪时期的开罗居民，几乎家家户户都普遍使用质地优良的中国瓷器。埃及人将瓷器称为“绥尼”，意为“中国的”。

（三）茶及植茶、制茶技术的外传

唐代是中国茶产业开始兴旺的时期，中国茶、茶籽及植茶、制茶技术此时也已开始向周边国家和地区扩散。文献记载，唐初来华留学的新罗僧人已将茶种带回国种植，不过传播范围还较有限。唐文宗太和后期（公元 9 世纪前期），新罗使节来华，获得唐文宗赏赐的茶籽，朝鲜的茶树种植业开始出现。朝鲜《东国通鉴》载：“新罗兴德王之时，遣唐大使金氏，蒙唐文宗帝赏赐茶籽，始种于金罗道之智异山。”[⑤]另据朝鲜《三国本纪》卷十、《新罗本纪》兴德王三年云：“入唐回使大廉，持茶种子来，王使植地理山。茶自善德王时有之，至于此盛焉。”

唐代中国茶种传入日本主要是由来华僧人主导。唐后期日僧最澄到浙江，先后在天台山及越州龙兴寺学习天台宗和密宗，唐顺宗永贞元年（805 年）最澄携带浙江天台山茶种归国。据《日本社神道秘记》记载，最澄从中国传去茶种后，植于日吉神社旁（现京都日吉茶园）。另一位在唐朝长安青龙寺学习密宗的日僧空海和尚，806 年回国，不仅将中国茶籽带入日本，同时还带去了制茶工具和饮茶技艺。

（四）纸及造纸术的外传

早在东汉末年，中国的纸已传至朝鲜半岛。至魏晋南北朝时，朝鲜半岛上已流传着许多中国书卷，并揭开了造纸业的序幕。到了隋唐时期，朝鲜的造纸业已很发达，并能制造闻名于世的以桑皮为原料的皮纸。

---

① [日] 三上次男. 陶瓷之路. 李锡经，高喜美，译. 北京：文物出版社，1984.

② 冯先铭. 元以前我国瓷器销行亚洲的考察. 文物，1981（6）.

③ 欧志培. 中国古代陶瓷在西亚. 文物资料丛刊：第二辑，1978.

④ [日] 三上次男. 陶瓷之路. 李锡经，高喜美，译. 北京：文物出版社，1984.

⑤ 程启坤，庄雪岚. 世界茶业 100 年. 上海：上海科技教育出版社，1995.

隋唐时期，高丽僧昙徵将中国造纸术引入日本，日本开始了造纸业。当时造纸的原料多为破麻布和楮皮，其制浆技术和中国完全相同。8 世纪以后，日本的造纸业得到了进一步发展，纸厂分布于全国各地，纸张品种日趋多样化。在中国纸继续输入日本的同时，日本纸也流入中国，并受到好评。

当中国纸广泛应用并进入商品流通之后，即随丝织品一道沿丝绸之路传入印度。至 7 世纪末，造纸术传入印度和其他南亚国家。7 世纪中叶至 8 世纪初中国纸作为出口货物输入阿拉伯。8 世纪中叶怛逻斯战役后，被俘的中国工匠，其中包括造纸工匠，又将造纸术传入撒马尔罕，阿拉伯在此办起了第一个造纸厂。从此，“撒马尔罕纸”传播于哈里发统治下的亚洲各地。不久，阿拉伯又在其首都巴格达办起了第二个造纸厂。10 世纪阿拉伯东南海岸和大马士革又分别建立起造纸厂。从此，几百年间，大马士革成为欧洲用纸的主要供应地，所以欧洲一般称纸为“大马色纸”。10 世纪初，造纸术从阿拉伯传入埃及。至 12 世纪初，造纸术又从阿拉伯传入摩洛哥。

（五）印刷术的外传

印刷术是中国古代的四大发明之一，唐代发明雕版印刷术，不久即传至邻近各国，朝鲜半岛首先引进了这一技术。唐代印刷的书籍，或以赠品的形式，或以商品的形式，大量流入朝鲜半岛，直接刺激了朝鲜半岛对印书业的需求，并由此掌握了中国印刷技术。日本在派遣遣唐使、留学生和学问僧学习唐文化的同时，亦引进了雕版印刷术。至宋代，日本已办起了自己的刻书业。

公元 10 世纪以后，印刷术步造纸术之后亦传入阿拉伯和埃及等地。

除上述商品和技术的输出外，中国出口货物中还包括沉香、樟脑肉桂及麝香等香料[①]。

二、域外物质文明的引进

据研究，唐代进口商品种类达 170 余种，但其中主要的是各种香药和珠宝。日本真人元开的《唐大和上东征传》记载，广州“江中有婆罗门、波斯、昆仑等舶，不知其数。并载香药、珍宝，积聚如山，舶深六七丈”。

（一）香药的输入

香料和药材是中国古代的主要输入品之一，而唐宋时期正是香药输入的盛期。中国进口的香料主要来自印度支那半岛、马来半岛、印度半岛以及阿拉伯海沿岸和东非的一些国家和地区。其中，阿拉伯既是唐代的主要贸易国家，又是香药的主要输出国。史载，“开元十二年（724 年）三月，大食遣使献……龙脑香”“开元十八年正月，波斯王子继忽娑来朝，献香药、犀牛等”。[②]“穆宗长庆四年（824 年）九月丙午朔，丁未，波斯大商李苏沙进沉香亭子材”。[③]

① [阿拉伯] 伊本·胡尔达兹比赫. 道里邦国志. 宋岘，译注. 北京：中华书局，1991.

②（宋）王钦若，等. 册府元龟：卷 971. 北京：中华书局，1960.

③（后晋）刘昫. 旧唐书：卷 17 敬宗本纪上. 北京：中华书局，1975.

大量香药的输入，除满足封建贵族的奢欲外，无论是对中国的物质生活还是精神生活均有较大的影响。唐代输入的香药多用于医药、环境卫生、饮食以及宗教活动等方面。

（二）农作物新品种的流入

唐代循陆、海两路引进的域外农作物主要有：波斯枣（又名海枣）、扁桃（又名巴旦杏），产自波斯；婆那娑（即树波罗，又名波罗蜜）、齐暾果（即油橄榄），产自波斯和拂菻（即东罗马）；胡椒，产自摩伽陀国（今印度东北部）；底称实（即无花果），产自波斯和拂菻；菠菜（即菠薐菜），产自泥婆罗（今尼泊尔）；莳萝（又称小茴香），产自室利佛逝国（今苏门答腊岛）。域外农作物品种的引进扩大了中国农作物尤其是果树和蔬菜的种类，直接有益于人民的生活。

（三）良种马的引入

到隋唐时期，中原战马仍然主要来自西域。隋文帝时，“大宛国献千里马”。《唐会要》记载：“武德中（唐初），康国献四千匹，今时官马，犹是其种。”著名的昭陵六骏[①]，据考证它们均来自我国新疆北部、中亚和西亚的伊朗。

（四）印度榨糖法的引进

中国很早就能制糖，5 世纪末 6 世纪初，江南已知用甘蔗汁制砂糖。唐代，随着同印度交往的密切，又从印度引进了制糖法。公元 647 年，印度半岛上的摩伽陀国（今印度东北部）遣使来唐通好，并向唐太宗夸耀其砂糖色佳味美。太宗大为赞赏，即派人前去学习熬糖法。他们归国后，选取扬州甘蔗进行熬制，获得成功，砂糖色味超过印度。

三、外来文化的输入

唐代伴随着中外贸易的开展，大量胡人来华，不仅有大量货物进口，而且异域科学技术、文化及宗教习俗等随之传入。唐朝政治经济的开放、发展环境的宽松形成了巨大的对外吸引力，不少外国学者、艺术家、工商业者慕名来华，这些外来侨民或移民在唐代广泛的领域内得以发挥着积极作用。

唐代的长安、洛阳、广州、扬州等地均有不少外国侨民，其中长安城有外国侨民 10 余万，唐末时，定居于广州的外国侨民也有 10 余万。侨民中除商人外，还有僧侣、学者、画家、匠人、艺人等，他们在中国从事有其本民族特色的文化艺术活动，对中国社会生活产生了广泛的影响。开元二年，“时右威卫中郎将周庆立为安南市舶使，与波斯僧广造奇巧，将以进内”。[②]除大城市及沿海港口城市外，内地一些交通相对便利的市镇也有外商活动，《太平广记》卷四百零四引《稽神录》记载：有临川人岑氏得到两块宝石，至豫章（今江西南昌），“有波斯胡人，邀而问之，……胡人求以三万为市”。此外，洪州（今江西九江）、义兴（今江苏宜兴）、陈留（今河南开封陈留）、魏郡（今河北临漳）等地均

---

① 唐太宗打天下时先后骑乘过六匹战马，唐朝建立后，李世民令人以之为原型，制成六块石刻浮雕，后被立于唐太宗的陵墓前。

②（后晋）刘昫. 旧唐书：卷 8 玄宗本纪. 北京：中华书局，1975.

有胡商开设的邸店。遍布各地的胡商对周边社会风尚均有着广泛的影响。

天竺、拜占庭、波斯与阿拉伯等国和地区的天文历法学和医药学典籍及相关知识也传入中国。唐代药学著作《千金要方》《千金翼方》《外台秘要》等收录了不少来自外国的医方。而《海药本草》的作者李珣即是波斯香药商的后裔。由于唐朝政府对外国人在华的经济文化活动不加限制，因而有不少来自域外的医生在中国各地行医，使外来医学的传播更加广泛深入。

还有外国天文学家在唐朝的司天监中担任官职，如来自天竺的瞿昙家族，自瞿昙罗开始，祖孙三代曾担任过唐朝太史令、太史监、司天监，领导和主持唐朝官方的天文机构，先后达 110 余年之久，他们将印度天文历算和中国传统的天文学结合，编制了《经纬历》《光宅历》《甲子元辰历》，对中国天文历法的进步做出了贡献。[①]

汉代传入的佛教，在唐代日臻兴盛。此外，一些新的宗教如袄教由波斯人传入、景教（基督教的一支）也经西域传入长安。在长安的布政坊、礼泉坊、普宁坊、靖恭坊等地均建有“袄祠”，即袄教寺庙。东都洛阳的会节坊、立德坊、南市西坊等处也有四座“袄祠”。长安义宁坊、礼泉坊有“波斯寺”，各地也有不少景教寺庙，名称不一，故而天宝四年，玄宗下令两京及各州的景教寺一律改称“大秦寺”。此外，摩尼教、伊斯兰教也由波斯、大食人传入，并在唐朝开始盛行起来。

唐代长安、洛阳云集了大批歌舞、绘画艺人，西域乐舞同样在长安、洛阳等地流行，史载唐中宗曾经“御洛城南门楼观泼寒胡戏”。[②]胡旋舞、胡腾舞同样风靡朝野。甚至唐玄宗还在吸收西域音乐的基础上创作了著名的《霓裳羽衣曲》。来自印度、东罗马的杂技、魔术在长安市井亦寻常可见。

在服务业的开放下，胡人在长安等地开设酒馆、饮食店，使西域的饮食文化在唐境得以流行，文宗时，“命赐胡饼寺粥。时行胡饼，俗家皆然”。[③]这说明胡饼等食品已深入民间了。众多胡人东来，汉人着胡服蔚然成风，中宗时，清源尉吕元泰上书言“比见坊邑相率为浑脱队，骏马胡服，名曰苏莫遮”。[④]玄宗开元初，“从驾宫人骑马者皆著胡帽，……太常乐尚胡曲，贵人御馔，尽供胡食，士女皆竞衣胡服”。[⑤]

外来物质文明及精神文明的输入，有助于丰富唐朝人民的生活内容，改善了他们的福利。

四、对外贸易与唐代中国经济发展

随着国际交往的频繁，隋唐时期一些外商云集的城市逐步呈现出国际性都市的特征，在对外贸易刺激下，这些城市的工商业更趋繁盛。与此同时，作为中国经济重心的江南一带获得了更大的开放利益，加速了其自身经济的发展。

---

① 张惠民. 唐代瞿昙家族的天文历算活动及其成就. 陕西师范大学学报（自然科学版），1994（2）.

②（后晋）刘昫. 旧唐书：卷 7 中宗纪. 北京：中华书局，1975.

③［日］圆仁. 入唐求法巡礼行记：卷 3. 顾承甫，何泉达，点校. 上海：上海古籍出版社，1986.

④（宋）欧阳修，宋祁. 新唐书. 卷 118 宋务光传. 北京：中华书局，1975.

⑤（后晋）刘昫. 旧唐书：卷45舆服志. 北京：中华书局，1975.

（一）城市经济的兴盛

隋朝时洛阳为全国的商业都会，国内外贸易高度繁荣。城内设有三大市场——东市丰都、北市通元、南市大同，其中丰都市场规模最大，“东西南北居二坊之地，四面各开三门，邸凡三百一十二区，资货一百行”[①]，大同市“凡周四里，市开四门，邸一百四十一区，资货六十六行”。[②]洛阳成为商业都会后，隋代的对外开放发展到一个新的高峰，大量胡商东来，他们被安排在洛阳城“三市”经营，以致“洛阳城内胡商充盈”。随着胡商云集，他们所信奉的宗教也随之传入，以致在胡商聚居地区出现了许多寺庙，其中仅祆教寺庙就有四所。

唐朝的长安作为政治经济中心，是当时最大的城市，常居人口超过百万，在唐朝的开放政策下，长安成为领先于世界的国际化大都市。长安的繁华直接表现为商业的兴盛。长安设有东西两市，规模庞大，商贾云集，商品荟萃。除大量行商外，还有很多坐贾在两市开设各种店铺。史载东市“市内货财二百二十行，四面立邸，四方珍奇，皆所积集”；西市“市内店肆如东市已制”。[③]市内店铺鳞次栉比，据日本圆仁《入唐求法巡礼行记》记载，“会昌三年（843 年）六月二十七日，夜三更，（长安）东市失火，烧东市曹门已西十二行四千余家”。有学者据此估算，东市店铺可能达 8 万余家。[④]除本地商人外，长安还汇聚了全国各地的富商大贾、边境少数民族商人及大量外商，其中外商主要集中于西市，他们或往来贸易，或开设店铺，中外交易十分兴盛。《新唐书·回鹘传》记载，来自波斯的一些信奉摩尼教的商人“摩尼至京师，岁往来西市”。胡人在长安西市开设的酒肆、胡饼店、珠宝店随处可见，李白《少年行（其二）》诗云“落花踏尽游何处？笑入胡姬酒肆中”。唐人段成式《酉阳杂俎》记载，有一长安僧人得一“宝骨”，长数寸，状如朽钉，“遂携至西市，示于商胡”，有胡商竟以一千万钱买之，胡商在长安西市经营规模由此可见一斑。

长安两市不仅商贾云集、店铺众多，经营规模可观，而且商品种类极其丰富，不仅有衣食住行的各种日用消费品，而且也充斥着珍珠、玛瑙、水晶、玳瑁以及各种金器、银器、玉器和香料等大量奢侈品，其中不少是舶来品。在纺织品中，不仅有中国传统的丝、麻织物，而且还有来自西域的白叠布（棉织品）及各种毛织品。

长安的商业活动不限于两市，全城各处街坊里巷都有店铺设立，如升平坊中就有胡饼店“胡人鬻饼之舍”；长兴坊则有胡商经营的毕罗店；延寿坊有珠宝店。其中最兴盛的是崇仁坊，因为其“与尚书省选院最相近，又与东市相连接，选入京城无第宅者，多停憩此。因是工商辐凑，遂倾两市。昼夜喧呼，灯火不绝。京中诸坊，莫之与比”。[⑤]

长安的商业活动还突破了传统的日间经营限制，出现了夜市。武宗时，王式任京兆少尹，“长安坊中有夜拦街铺设祠乐者，迟明未已，（王）式过之，驻马寓目。巫者喜，

---

①（唐）韦述，杜宝．两京新记辑校·大业杂记辑校．辛德勇，辑校．西安：三秦出版社，2006.

②（清）徐松，张穆．唐两京城坊考．方严，点校．北京：中华书局，1985.

③（宋）宋敏求《长安志》卷 8 唐京城二·东市，卷 10 唐京城四·西市。

④ 杨德泉．唐宋行会制度之研究//邓广铭．宋史研究论文集．上海：上海古籍出版社，1982.

⑤（宋）宋敏求《长安志》卷 8 唐京城二·东市。

奉主人杯，跪献于马前……（王）式取而饮之”。[①]由此可见一派通宵达旦、歌舞升平的气象。

中外贸易的开展及外来商人在长安开设各类商业店铺从事经贸活动，大大促进了长安工商业的活跃与繁荣。各种胡风胡俗的流行，使长安都市文化更加多元化，也愈益具有了国际性都市的色彩。

安史之乱后，“回纥留京师者常千人，商胡伪服而杂居者又倍之”。居留长安的胡商“殖货产，开第舍，市肆美利皆归之”，[②]获得可观的商业利益。不仅如此，有些胡商还在长安经营高利贷业，且规模庞大，以至“京城内衣冠子弟及诸军使并商人百姓等，多有举诸蕃客本钱”。[③]

除长安、洛阳外，在对外开放政策推动下，丝路沿线的一些城镇也得以兴旺，如地处西北的凉州（甘肃武威）“为河西都会，襟带西蕃、葱右诸国，商旅往来，无有停绝”。[④]

（二）南方经济的加速发展

中唐以前，我国经济重心在北方，陆上丝绸之路的繁荣进一步加强了北方经济的优势，唐玄宗开元年间“自开远门西行亘地万余里，入河湟之赋税。左右藏库财物山积，不可胜较”。[⑤]天宝年间（742—755 年）“中国盛强，自安远门西尽唐境凡万二千里，闾阎相望，桑麻翳野，天下称富庶者无如陇右”。[⑥]这说明西北陆路贸易的开放与区域经济发展的互动关系。前述河北定州丝织业发达，从而吸引外商前来贸易，而中外贸易的开展也使定州丝绸产销两旺，进一步促进了当地丝织业的发展，如著名大商人何明远，“主官中三驿……专以袭胡为业，资财巨万。家有绫机五百张”。[⑦]

海上丝绸之路从唐代渐趋繁荣，唐前期陆海丝绸之路几乎连为一体，一些从陆上丝绸之路来唐的胡商也多从洛阳沿运河南下到扬州、广州等口岸城市开展贸易活动，从而实现了陆海丝绸之路的一体化发展。杜甫诗云“胡商离别下扬州，忆上西陵故驿楼”，描述胡商从西北陆路来唐后又沿运河到达扬州贸易的事迹。阿拉伯文献记载，有从中亚撒马尔罕来的商人从西北入境穿越中国诸多城镇到达广府（即广州）。[⑧]

中唐以后，中国经济中心逐步向南方转移，特别是东南沿海地区在全国经济中的地位尤为突出，史称“天宝之后，中原释耒，辇越而衣，漕吴而食”。[⑨]经济发达地区自然也是国家赋税的主要来源地，韩愈曾说：“当今赋出于天下，江南居十九。”[⑩] 海外贸易

---

①（宋）王谠．唐语林：卷 2．上海：上海古籍出版社，1978.

②（宋）司马光．资治通鉴：卷 225．北京：中华书局，1976.

③（宋）王钦若，等．册府元龟：卷 999 外臣部·互市．北京：中华书局，1960.

④（唐）慧立，彦棕．大慈恩寺三藏法师传：卷 1．北京：中华书局，1983.

⑤（唐）郑綮《开天传信记》。

⑥（宋）司马光．资治通鉴：卷 216．北京：中华书局，1976.

⑦（宋）李昉．太平广记：卷 243 何明远条引《朝野佥载》。

⑧ 阿布·赛义德·哈桑．中国印度见闻录．穆根来，等译．北京：中华书局，1983.

⑨（宋）李昉《文苑英华》卷 901，吕温《故太子少保赠尚书左仆射京兆韦府君神道碑》明刻本。

⑩（唐）韩愈．韩昌黎文集校注：卷 19 送陆歙州诗序．马其昶，校注．上海：上海古籍出版社，1987.

的发展直接推动东南沿海经济的繁荣，“海外诸国，日以通商……上足以备府库之用，下足以赡江淮之求”。[①]东南沿海的扬州、明州及广州等地凭借便利的地理位置通过发展海外贸易逐步成为繁华的港口城市。史称广州海外贸易的发展“广人与夷人杂处，地征薄而丛求于川市”。[②]

与陆路贸易比较，海路运输成本大大降低，更多货物进入海外市场流通，从而大大扩展了可贸易品的范围。由此改变了陆路贸易时期以奢侈品贸易为主的局面，一些一般性的农产品及手工业品也成为对外贸易品，与他们相关的行业也就受到更大需求的刺激得以更加快速发展。在海外贸易的推动下，东南沿海地区的制瓷业、缫丝业及造船业更趋兴盛，外贸口岸城市经济更加繁荣，《新唐书·天文志》称：“吴越，负海之国，货殖之所阜也。”海外贸易的发展使沿海局部地区生产具有了一定的外向型特征，为了便于外销，手工业者专门制作具有外域文化特征的产品，如为销往西亚而专门纺制的对鸟、对兽纹锦；扬州专用于外销的“蕃客袍锦”；扬州出土的有“真主至大”阿拉伯铭文的唐代瓷器，甚至有伊斯兰商人在广州附近窑场订制自己的专用产品。

综上所述，唐代以其恢宏开阔的气度确立了空前对外开放的方针，对域外文明兼收并蓄，陆海贸易均高度发达，与更多的域外国家和民族进行了广泛的经济技术交流，使中华文明的优秀成果输出海外造福世界的同时，也吸纳了域外文明的先进成分。但唐代中国依然是封建小农经济占据统治地位，这种经济形态的封闭保守性使其在对外开放上具有很大的局限性。其开展对外贸易活动的主旨在于获得政治利益，即通过吸引外商来华造就“万国来朝，四夷咸服”的封建盛世景象，经济利益被置于次要的地位，从而其得自于贸易的利益被明显弱化了。

---

①（唐）张九龄《曲江集》卷 17 开凿大庾岭，文渊阁四库全书影印本。

②（后晋）刘昫. 旧唐书：卷 151 王锷传. 北京：中华书局，1975.

第五章
宋代的对外贸易

两宋时期，中国北方少数民族迅速发展，宋与北方少数民族之间及各少数民族间冲突剧烈，民族矛盾和民族斗争复杂、尖锐。北宋时期中国的中原地区相对统一，但北方长期被辽、西夏、金等少数民族政权控制，对外陆路交通受阻，丝路贸易难以为继。到南宋时期，宋朝退居江南。宋金之间、宋与蒙古间的冲突长期持续，西北丝绸之路贸易进一步式微。

造船航海业的进步为海外贸易的发展提供了重要的前提条件，在前代的基础上，海上丝绸之路进一步向前延伸。

两宋政府要应对长期的战争，财政压力空前巨大，因而海外贸易受到高度重视。两宋政府先后采取了一系列鼓励海外贸易发展的政策，从而使中国古代的对外开放进入了一个新的阶段。

在对外开放总方针之下，东南亚、南亚、阿拉伯半岛及东非各国商人纷纷来华贸易，使这一时期的海外贸易得到长足发展，中国与海外各国的经济文化交流达到了一个空前繁荣的水平。

第一节　宋代社会经济的发展

社会经济发展水平是一国对外贸易发展的基础，商品经济的发展、市场化程度及交通运输技术影响着一国对外贸易的水平。对海外贸易的政治经济需求决定着各个时期的政策走向。宋代这种供求条件发生了显著的变化，从而决定了这一时期对外贸易政策的取向和对外贸易的发展水平。

一、社会经济发展概况

自晚唐以来，中国经济重心即开始逐步南移。到两宋时代，由于北方的民族冲突，中国的政治经济重心进一步从黄河流域南移至长江流域。

宋代农业生产工具在前代基础上有了显著的改进，使用范围也进一步扩大，如唐代出现的曲辕犁在宋代已推广至江南两浙一带，灌溉工具“筒车”已普遍使用。

新型耕作制度的出现提高了土地的复种指数。在江苏、浙江、安徽、江西、福建及四川等南方重要的农业区，一年两熟的复种制的耕作制度已广泛实行，粮食产量倍增，大量粮食成为商品进入市场。如宋代的长江三角洲地区“苏湖秀三州，号为产米去处，丰年大抵舟车四出”[①]。江西吉州大土地所有者提供给市场的粮食数量亦颇为可观，如抚州一位大户出售的粮食多达 34 617 石，另一户也达 31 217 石。

随着农业生产技术的进步，宋代的农业生产率显著提高，农产品剩余大幅度增加，农产品商业化率随之提高，商业性农业的发展，促进了商品生产的专业化。宋代商品经济的发展明显超过了前代。

粮食产量的提高也为经济作物的种植腾出了更多的耕地，并为经济作物的种植者提供商品粮，从而形成农业内部的专业化。东南地区地狭人众的情况也在逼迫当地农户寻求效益更高的经济作物，促进了商品性农业的发展。以茶叶、甘蔗、桑麻、竹子、水果、蔬菜、花卉等经济作物为主体的商品性种植业加速扩展，特别是太湖流域、成都平原和福建沿海地区均成为一些经济作物的商品生产基地，专业茶农、果农、蔗农、菜农大批涌现，他们以市场为导向的生产，大大促进了宋代商品经济的繁荣。

商业性农业的发展为工商业发展提供了粮食的同时，还准备了原材料及劳动力，工商业专业户大量增加，促进了宋代工商业的兴盛和商品货币经济的繁荣。东南沿海地区丝织、陶瓷等手工业发展迅猛，尤其是面向市场生产的民营手工作坊的发展，产品种类丰富，质量不断提高，大大扩大了国内商品流通，并为海外贸易提供了充足的货源。

中国大宗出口商品丝绸、瓷器的生产在这一时期出现了飞跃性发展。这一时期的纺织业，除作为家庭副业继续发展外，还在江南的湖州、严州、临安等地出现了大批“以蚕桑为岁计”“谷食不足，仰给他州，为蚕桑是务”的专业蚕桑户。宋代陈敷《农书》记

---

①（宋）王炎《双溪类稿上赵丞相》卷 21，钦定四库全书本，集部 4。

载：湖中安吉人“惟藉蚕桑办生事，十口之家，养蚕十箔，每箔得茧一十二斤，每斤取丝一两三分，每五两丝织成小绢一匹，每匹易米一石四斗，绢价与米价侔也，衣食之给极有准也。以一月之劳，贤于终岁勤动，且无旱干水溢之苦，岂不优裕哉”。与此同时，种桑、养蚕、缫丝、纺织、印染等丝织行业内的分工也出现了进一步细化，专业化程度提高，如湖州地区“本郡山乡以蚕桑为岁计，富室育蚕有至数百箔，兼工机织”。[①]由此可见宋代专业化从事丝织的家庭“机户”大量涌现。据估计，北宋各地约有 10 万机户，约占全国总户数的 0.5%～0.7%，数量可观。[②]“机户”是独立的小商品生产者，通常由家庭成员充当劳动力，也有少数机户实行雇工生产，成为专以纺织为生的家庭作坊。这些机户除少数在城市，如浙东金华“城中民以织作为生，号称衣被天下，故尤富”[③]。多数机户分布在乡村，成为以纺织丝绸为业的专业户，如婺州义乌“山谷之民，织罗为生”，[④] 建康句容县“俗纺纱为业”。[⑤]他们生产的产品由中间人（包买商）将之集中起来，源源不断地运到市场，使宋代丝织品交易蔚为可观。随着专业化程度的提高，江南地区丝织业的生产效率大大提高，从而超越了北方成为中国丝织业发达的地区。

陶瓷生产在宋代进入成熟期，除传统名窑外，这一时期还出现了不少新窑。如浙江龙泉的龙泉窑、哥窑、弟窑，河南临汝的汝窑、禹县的钧窑，河北磁县的磁州窑、耀州窑均颇负盛名。南宋时期，北方窑工大量南迁，南方的制瓷技术日见精进。浙江、福建、广东等地的制瓷业均有长足发展。迄今为止所发现的宋代瓷窑遗址，遍布全国 17 个省份和 130 余县，其中绝大多数都是民窑性质。特别是福建的德化窑和晋江、厦门等地瓷窑，以及泉州磁窑，安溪、南安、同安等窑，都是泉州刺桐港大宗外销瓷器的生产基地。北宋时，广东陶瓷业蓬勃发展，形成了以广州为中心，东至潮汕、梅县，西至肇庆，北至韶关，南至惠阳等地的陶瓷生产网。宋代瓷器制造规模不断扩大，品质日益精良，不但满足了国内市场的需求，而且瓷器大量出口海外市场，并成为中国占主导地位的大宗出口货物。

宋代中国的城市经济发展也日渐加速。城镇数量大幅度增加，城市人口膨胀，城市中工商业从业者增多，地域性经济中心城市层出不穷，导致传统的政治性城市向经济性商业城市转化，都市化势头日见明朗。与此同时，城市格局因古典坊市制的崩溃而有重大改观，城市商业突破地域和时间限制，临街设店的近代型城市风貌已可初见端倪。社会商品构成发生重大变动，越来越多的生活资料（如粮食、布匹、茶叶等）和生产资料（如土地、耕牛、木材、煤炭、农具等）进入流通领域。原先主要为社会上层服务的、以奢侈品和土特产为主的贩运型商业，开始转变为以普通百姓的日常生产和生活用品为主的规模型商业。

在经济发达或人烟稠密的乡村地区，以及水陆码头和交通孔道沿线，“草市”成批涌现，以草市、镇市、区域经济中心为三级构成的地方性市场开始形成。

商业交易规模和交易地域的扩大，对交换的媒介货币提出了更高的要求，中国传统

---

①（宋）谈钥《嘉泰吴兴志》卷 20。

② 漆侠. 求实集. 天津：天津人民出版社，1982.

③（宋）刘敞. 公是集：卷 51 先考益州府君行状. 上海：商务印书馆，1937.

④（清）徐松. 宋会要辑稿·食货. 北京：中华书局，1981.

⑤（元）方回《桐江续集》卷 14 夜宿白土市，钦定四库全书本。

铸币铜钱由于其质量大价值低，已不适应大规模交易的需求，从而催生了世界历史上最早的纸币和白银的货币化。“交子”在北宋前期的川蜀地区率先登上商品交换的历史舞台。稍后，以白银为代表的贵重金属称量货币亦开始跻身于流通领域，从而形成了铜钱、铁钱、楮币、银两并行的过渡性货币体系。遍布于汴京、临安城内的“金银盐钞引交易铺”就是各种不同货币的兑换处，仅临安城内这种金银交易铺就有 100 多家。

商业的发达，商业在国家经济中地位的提高，推动了商人阶层及商人群体的崛起。与此同时，体现商人意识的谋利观念（所谓“市道”）对传统观念的冲击日益增强。以叶适、陈亮为代表的浙东功利主义学派的崛起，表明传统儒家义利对立论的一统天下裂开了缝隙。“谋利”观念的盛行，越来越多的官僚、地主、士人、农民投入经商活动，沿海农民甚至集资投入海外贸易（所谓“带泄”）。随着商人队伍的扩大、商业资本的雄厚，商人阶层的实际地位有所提高，商人的社会影响亦在扩大。

宋代海外贸易不断拓展。汉唐时期的陆上丝绸之路此时已被海上“香料之路”“陶瓷之路”所取代，其规模之大是陆上中西交通所无法比拟的，而且范围更广，与宋朝建立外贸联系的国家和地区已达 60 多个。与此同时，宋朝与辽、夏、金、吐蕃、大理等周边政权的物资交流和经济联系不仅一刻也没停止过，而且规模不断扩大，形式日趋多样，榷场贸易、走私贸易、茶马贸易和朝贡贸易等形式各显神通，互相补充。宋代每年所铸数百万贯的铜钱亦因之流向周边地区，几乎成为“国际货币”。

此时我国商品经济的繁盛，无论就规模还是水平而言，依然遥遥领先于当时世界上的任何一个国家和地区。

二、造船与航海技术的进步

在社会经济向前发展，特别是南方经济长足进步的基础上，宋代的造船业呈现出蓬勃发展的态势，一方面所造船舶数量增加、载重量上升。宋代造船工场广泛分布于江浙闽粤沿海各地，苏州、扬州、杭州、宁波、温州、泉州及广州均是当时的造船业重地，所造船舶，数量可观，如宋太宗治道三年（997 年）“诸州岁造运船，……三千二百三十七艘”。[①]宋代出海船舶载重量在当时世界上也是高度领先的。南宋吴自牧《梦粱录》卷十二“江海船舰”记载：“海商之舰，大小不等。大者五千料，可载五六百人；中者二千料至一千料，亦可载二三百人。”一料等于一石，即 60 千克。五千料即 300 吨，二千料即 120 吨。由此可见当时海船的载重量已颇为可观了。宋徽宗时出使高丽的船舶被称为“万斛船”，抵达高丽时引起了“倾国耸观，欢呼嘉叹”的轰动场面。另一方面宋代船舶制造技术有了进一步提高，比如使用船模放样法建造船体、干船坞的使用、水密隔舱与平衡舵的使用等，使出海船舶的抗沉性和稳定性显著增强。

与此同时，宋代的航海技术也有了飞跃性进步，一方面，宋人已熟练地掌握了海洋季风的规律，前往南亚、东南亚及西亚各地，“每遇冬汛北风发舶”“夏汛南风回帆”；去高丽则乘夏至后南风，乘北风返回；去日本一般利用初夏的西南季风，返航则利用春季

---

①（元）脱脱. 宋史・食货志・漕运：卷 175 志 128 食货上 3. 北京：中华书局，1977.

的东北季风。另一方面，指南针应用于航海，成为航海技术上的重大突破，宋代朱彧所著的《萍洲可谈》中称北宋时航海“舟师识地理，夜则观星，昼则观日，阴晦观指南针”。随着指南针的改进，其应用日趋普遍，到南宋时远洋航行基本取代了星宿定位法，南宋赵汝适《诸蕃志》卷下称：“渺茫无际，天水一色，舟舶往来，惟以指南针为则。”英国学者李约瑟认为指南针的应用把“原始航海时代推到终点，预示计量航海时代的来临”。同时这一时期还出现了以量天尺为测星工具的大洋天文定位术（即观星术），以此用来测定海船所处的纬度。指南针与观星术的配合使用即可确定船舶在海洋中的位置，由此大大提高了航行线路的准确率，宋代船舶不再仅仅沿岸航行，而是可以横渡大洋了，从而使航程缩短，风险降低。

在造船航海技术进步的基础上，宋代海船航行速度大大加快。如从广州到爪哇，东晋时需时约 50 天，宋代缩短为 30 天。从广州到苏门答腊，东晋时需时约 30 天，宋代缩短为 20 天。随着海上航行风险的降低，运输成本的下降，海外交通贸易的范围进一步拓宽，对外贸易港口广州、泉州高度繁荣。海上丝绸之路进一步向前延伸，英国学者戴维逊认为：“12 世纪前后，中国船就技术上来讲，已经能够航行到任何船只所能到达的地方了。”这一时期远航到阿拉伯半岛西端的亚丁及东非沿岸的宋船已经颇为常见了。宋船远航东非的航线是从广州（或泉州）出发，经兰里（今苏门答腊岛班达亚齐），再经麻离拔（今阿拉伯半岛南部卡马尔湾头），越过亚丁湾，至索马里、桑给巴尔海岸一带。或从广州（或泉州）出发，经兰里，再经故临（今印度奎隆），或经马尔代夫群岛，横渡北印度洋，直航东非海岸。

三、民族矛盾与财政危机

宋代处于北方少数民族迅速发展、壮大的时期，民族矛盾和斗争复杂、尖锐，加之封建专制主义中央集权的加强及宋朝统治者推行的“防弊之政”“守内虚外”的国策，使宋一代始终无法摆脱积贫积弱的困境。

“积贫”是指两宋所面临的财政困境。叶适曾对宋初至真宗时期的财政状况做过概括：“太祖之制诸镇，以执其财用之权为最急。既而僭伪次第平一，诸节度伸缩惟命，遂强主威，以去其尾大不掉之患者，财在上也。至于太宗、真宗之初，用度自给，而犹不闻以财为患。及祥符、天禧以后，内之蓄藏稍已空尽。”[①]太祖时削弱藩镇割据势力，加强了中央对地方财政的控制权。太宗到真宗初年仍未有财政问题，但到真宗中后期财政赤字便开始出现了。到仁宗时，财政窘况比前朝更加严重。虽然“仁宗四十二年，号为本朝至平极盛之世”“而财用始大乏，天下之论扰扰，皆以财为虑矣”。[②]司马光在仁宗晚年上的一个札子中也曾表示出对这种情况的忧虑：“当天下无事之时，遑遑焉专救经费而不足”[③]“公私财用率皆穷窘，专奉目前经费犹汲

① （宋元）马端临《文献通考》卷 24 国用考二，《摛藻堂四库全书荟要》本。

② （宋元）马端临《文献通考》卷 24 国用考二，《摛藻堂四库全书荟要》本。

③ （宋）司马光. 司马文正公传家集：卷 25 论财力疏，万有文库. 上海：商务印书馆，1937.

汲不足”[①]。造成此种危机的根本原因在于支出的增长速度超出了收入的增长速度。那么，导致这种局面的主要原因又体现在哪些方面呢？苏辙对此做过分析，认为：“夏贼窃发，边久无备，遂命益兵以应敌，急征以养兵，虽间出内藏之积以求纾民，而四方骚然，民不安其居矣。其后西戎既平，而已益之兵遂不复汰，加以宗子蕃衍充牣官邸，官吏冗积，员溢于位，财之不赡，为日久矣。”[②]虽然苏辙所说并非全面，但他指出了导致“冗费”的两个重要因素即“冗兵”和“冗官”的问题。

宋朝是中国历史上第一个较全面地实行募兵制而养兵基本上靠朝廷财政解决的朝代，而且由于专制集权和战争的需要，宋代维持了一支前朝未有的庞大而冗滥的军队，这些无疑给财政带来了巨大的负担。宋太祖开宝时（968—976 年）有禁军 19.3 万人，厢军 18.5 万人。宋仁宗时，激增为 80 多万人，到皇祐元年（1049 年），总计达到了 140 万人，相当于宋初的四倍。有学者曾做过估算，如按禁军一卒岁费七十贯，厢军一卒岁费三十七贯，禁、厢军平均每卒岁费五十贯，那么 140 万人则要花费 7 000 万贯。[③]所以当时就有人指出：“一岁所用，养兵之费常居六七，国用无几矣。”[④]

宋朝的官僚机构同样是日益庞大。真宗景德年间，文武百官为 9 700 余员，不到一万人。到哲宗元祐三年（1088 年），官员增至三万四千多人，而徽宗宣和元年（1119 年）官员则猛增至五万一千多人，还不包括未受差遣的京官、使臣和守选的选人在内，其实正官之外等候差遣空缺的人员多到不计其数。虽然宋代是中国古代科举制度发展、完善的重要阶段，取士的人数之多也是空前的，但除了科举取士之外，宋人入仕还有许多其他途径，如名目繁多的恩荫补官、胥吏出职、军功补授、进纳补官等。科举取士平均每年 360 人，而恩荫补官平均 500 人以上，如果加上其他的几种，则是科举取士的两倍。到宋宁宗嘉定六年（1213 年）时，吏部四选达到 38 870 员，其中科举取士 10 925 员，占总数的 28%，而恩荫补官达到 22 116 员，占总数的 57%，光恩荫一项就是科举的两倍。如此庞大的官僚机构必然使得宋政府的财政承受沉重的负担。

马端临还曾指出宋财政“所以疲弊者，曰养兵也，宗俸也，冗官也，郊赉也。而四者之中，则冗官、郊赉尤为无名”。可见宋朝在祭祀方面的开支也是巨大的。[⑤]真宗景德时的一次南郊的内外赏赉的缗钱、金、帛总计就达到六百万缗。而且祭祀的开支不断增长，英宗治平时已经“一倍于景德”。[⑥]虽然仁宗时大加裁减，但仍有人指出：“道场斋醮无日不有，若七日，若一月，若四十九日，各挟主名，未始暂停。至于蜡、蔬、膏、面、酒、稻、钱、帛，百司供亿，不可赀计。”[⑦]

除此之外，由于宋朝统治者为避免宗室之祸，对宗室采取给予优厚的物质条件而不

---

①（宋）司马光. 司马文正公传家集：卷 26 乞施行制国用疏上殿札子，万有文库. 上海：商务印书馆，1937.

②（宋）苏辙. 栾城后集：卷 15 元祐会计录叙，万有文库. 上海：商务印书馆，1937.

③ 汪圣铎. 两宋财政史（上）. 北京：中华书局，1995.

④（宋）蔡襄. 蔡襄集：卷 22 论兵十事. 吴以宁，点校. 上海：上海古籍出版社，1996.

⑤（宋元）马端临. 文献通考：卷 24 国用. 北京：中华书局，1986.

⑥（宋）曾巩《元丰类稿》卷 30 议经费札子，文渊阁四库全书影印本。

⑦（宋）宋祁. 景文集：卷 26 上三冗三费书. 丛书集成初编本. 北京：中华书局，1985.

任用实职的政策，因此随着宗室人数的增多，除了皇室外，供养宗室的费用也成为宋财政的一大负担。

因此，宋政府始终无法摆脱财政危机的困扰。自仁宗庆历以后，每年入不敷出，差额在三百万缗以上，到英宗治平时则已是一千五百七十万余缗，两税正赋早已不能应付如此庞大的开支。为了应付高额的财政赤字，宋朝统治者一方面在正税之外巧立各种名目，不断翻新花样压榨农民，如和籴、和买、折变等；另一方面，与商人争利，通过对一些重要的消费品如盐、茶、酒、矾等实行垄断经营，形成禁榷专卖制度，获取垄断利益。同时通过一系列鼓励措施扩大税源、税基，其中发展海外贸易及边境互市贸易也是其缓解财政压力的重要举措之一。这些措施极大地提高了宋政府的财政收入，如从真宗景德到仁宗庆历近四十年间各项税收从 1 233 万贯增加至 4 400 万贯。

综上所述，宋代江南经济的发展特别是瓷器制造业的长足进步以及造船航海水平的提高，为这一时期沿着海路的对外开放提供了经济基础和技术支撑。巨大的财政压力使对外贸易税收上升到前所未有的重要地位，从而强化了对外开放、发展海外贸易的官方意愿。

第二节　宋代的对外贸易政策

面对巨大的财政压力，北方民族对宋朝领土的侵夺，使得来自传统的农业税收难以稳固，宋朝的统治者必须开辟新的财源缓解财政危机。在南方经济活跃、造船航海技术提高，同时北方强敌压境的情势下，以东南沿海为重心面向海洋的开放成为两宋王朝的现实选择。

一、对外贸易总政策的制定

宋朝统治者对海外贸易在国家财政收入中的地位有了明确的认识，如宋神宗从对历史经验的总结中充分认识到海外贸易对国家财政的作用，他曾明确指出："东南利国之大，舶商亦居其一焉。昔钱、刘窃据浙、广，内足自富外足抗中国者，亦由笼海商得术也。"亦即海外贸易收入是支撑五代时期吴越、南汉等江南割据政权的重要力量。有鉴于此，他要求臣下"创法讲求"，以期"岁获厚利，兼使外藩辐辏中国，亦壮观一事也"。[①]可以看出，宋神宗对于海外贸易增加财政收入的高度重视，而"外藩辐辏中国"虽然是"壮观一事"，但也仅仅是"岁获厚利"的副产品，亦即发展海外贸易的经济功能是这一时期对外开放的主旨，政治功能退居次要地位了，由此决定了这一时期海外贸易政策的基本方向，即鼓励发展民间海外贸易，限制官营朝贡贸易，插手利润丰厚的奢侈品贸易。

南宋时期，宋朝偏居东南一隅，北方大军压境，财政支出更加困难，对海外贸易的

① （清）黄以周. 续资治通鉴长编拾补：卷 5 神宗. 顾吉辰，点校. 北京：中华书局，2004.

依赖性进一步增强。宋高宗明确宣称："市舶之利最厚，若错置合宜，所得动以百万计"，"市舶之利，颇助国用，宜循旧法，以招徕远人，阜通货贿"，[①]将对外贸易置于前所未有的重要地位。

为在短期内迅速增加政府财政收入，对外贸易受到高度重视与鼓励，且其政策导向以财政利益为转移，因而笼络海商、招徕外商成为两宋时期对外贸易的基本方针。

二、对外贸易基本政策及其演变

宋朝的对外贸易政策主要涵盖三方面的内容：一是限制得不偿失的官方朝贡贸易的发展，努力降低政府的财政损失；二是加强奢侈品贸易的国家垄断，通过政府专营直接获取对外贸易的超额利润；三是鼓励商人出海贸易、招引外商来华，通过对外贸易规模的扩大，增加税收。

（一）限制朝贡贸易

以朝贡名义开展的官方易货贸易即朝贡贸易，在两汉以来的中国对外贸易中长期占据主导地位。由于中国历代封建王朝长期自视为"天朝上国"，秉承"不与外人争利"的传统理念，对朝贡贸易不讲求经济效益，以"厚往薄来"作为交换原则，因而朝贡贸易尽管具有中外互通有无的贸易特征，但中国封建政府开展这一贸易活动的主旨在于以牺牲经济利益，换取一个"万国来朝，四夷咸服"的政治成果。然而两宋王朝在与北方民族的争斗中长期处于劣势，一系列屈辱条约的签署已不可能维系其"天朝上国"的尊严，寻求生存机会是其首要目标，而朝贡贸易的发展势必加剧宋朝财政的窘迫，与其追求的首要目标相背离。

宋初对朝贡贸易未加限制，结果如苏轼所言："每一使至，赐予、贸易无虑得绢五万余匹，归鬻之，其直匹五六千，民大悦，一使所获率不下二十万缗。"[②]而宋朝为朝贡贸易支付的成本高昂"馆待赐予之费不可胜数，……朝廷无丝毫之益，而远夷获不赀之利"。[③]在巨大的财政压力下，这种贸易当然不可持续发展。不但如此，朝贡贸易的发展势必抑制民营贸易的发展，从而使宋朝海外贸易税收减少，使其遭受财政上的双重损失。为此，从宋真宗大中祥符九年开始，宋朝对朝贡贸易开始限制，规定"海外蕃国贡方物至广州者，自今犀象、珠贝、楝香、异宝听赍赴阙。其余辇载重物，望令悉纳州帑，估值闻奏。非贡奉物，悉收其税算"。[④]同时对来华朝贡人数加以限制，对无法验证真伪的朝贡使团一律拒绝入贡，对可以查证的假冒贡使予以治罪，甚至对出海贸易商人擅自承载外国人入贡给予"徒三年，财物没官"的严惩。[⑤]

对朝贡贸易的限制不但减少了宋政府的财政支出，而且为民间贸易的开展留下了更广阔的空间，进而为政府带来了更多的财政收入。

---

①（清）徐松. 宋会要缉稿·职官 44 之 20. 北京：中华书局，1981.

②（宋）吕祖廉. 宋文鉴：卷 55 因擒鬼章论西夏羌人事宜. 齐治平，点校. 北京：中华书局，1992.

③（宋）李焘. 续资治通鉴长编：卷 435 元祐四年十一月甲午. 北京：中华书局，1980.

④（宋）李焘. 续资治通鉴长编：卷 87 大中祥符九年七月庚戌. 北京：中华书局，1980.

⑤（宋）李心传. 建炎以来系年要录：卷 29 建炎三年十一月丙寅. 北京：中华书局，2013.

（二）对外贸易限制的放松

两宋时期由于始终面临北方民族的威胁，竭力通过对外贸易增加财政收入，同时为削弱敌对势力，宋朝力图阻止自身的信息、人员、物资流入辽、金等辖境，为此又不惜在一定时期、一定范围内限制对外贸易活动。宋朝的对外贸易限制体现在三个方面：一是对利润丰厚的奢侈品实行国家专营；二是禁止某些商品的出口；三是对与某些国家的贸易实行限制。随着时间的推移，一些限制性手段效果不佳，进而逐渐趋于松弛。

为通过发展海外贸易增加国家财政收入，宋朝自开宝四年（971 年）设立广州市舶司始，逐渐加强对市舶贸易的管理，甚至颁布“禁海贾”的诏令[①]，严禁民间海商出洋或与海外商人私相交易。如太平兴国初年（976 年）诏：“敢与蕃客贸易，计其直满一百文以上，量科其罪，过十五千以上黥面配海岛，过此数者押送赴阙，妇人犯者配充针工。”[②]

太平兴国二年（977 年），香药库使高唐、张逊建议：“请置榷易局，大出官库香药宝货，稍增其价，许商人金帛买之，岁可得钱五十万贯以济国用，使外国物所泄。上然之。一岁中果得三十万贯，自是岁有增益，卒至五十万贯。”[③]自此，对外贸易政策开始放松。太平兴国七年（982 年），进口商品被分为禁榷物和放通行物两部分，前者仅有珠贝、牙犀、乳香等八种，由政府专营。其余均为放通行物，由民间自由经营。端拱二年（989 年），“自今商旅出海外蕃国贩易者，须于两浙市舶司陈牒，请官给券以行”，[④]并逐渐确立了招徕海外入贡，同时也准许国人赴海外贸易的政策。

事实上，宋初政府试图通过禁止民间经营进口奢侈品而获得垄断利益，但禁令执行并不严格。天圣三年（1025 年）以前，每年都有二三只船到福州附近贸易，当地官吏百姓用“钱物、金银转买珍珠、犀象、香药等”违禁宝货。朝廷接报后，只是“申明条贯下本州”，没有任何惩罚性措施。另外，在一些贸易较发达的港口，市舶司垄断权似乎更无人理会。神宗即位之前，泉州“舶商岁再至，一舶连二十艘，异货禁物如山”。泉州的官吏并不出面制止，不少人还参与到贸易活动之中。

宋代中国货币经济发达，随着中外贸易发展，铜钱逐渐外流，东南亚一些国家由于冶铸技术落后，信用工具缺乏，因而中国铜钱被普遍接受为交易媒介，同时由于其价值稳定，外国人把宋铜钱当作财富珍藏，“得中国钱，分库藏贮，以为镇国之宝。故入蕃者非铜钱不往，而蕃货亦非铜钱不售”。而中国本身铜资源短缺，铜钱外流导致货币短缺，威胁宋朝的货币基础，因而宋朝禁止铜钱出口。宋太祖时即颁布诏令：“铜钱阑出江南、塞外及南蕃诸国，差定其法，至二贯者徒一年，五贯以上弃市，募告者赏之。”[⑤]到庆历元年禁令更加严格，“以铜钱出外界，一贯以上，为首者处死；其为从，若不及一贯，河东、河北、京西、陕西人决配广南远恶州军本城，广南、两浙、福建人配陕西”。到神宗时，大量纸币的发行在一定程度上缓解了宋朝的“钱荒”，为通过发展海外贸易增加财政

---

①（元）脱脱．宋史：卷5太宗本纪2．北京：中华书局，1977.

②（清）徐松．宋会要辑稿·职官44之1、2．北京：中华书局，1981.

③（宋）李焘．续资治通鉴长编：卷18太平兴国二年正月乙亥．北京：中华书局，1980.

④（清）徐松．宋会要辑稿·职官 44．北京：中华书局，1981.

⑤（元）脱脱．宋史：卷 180 食货志下二钱币．北京：中华书局，1977.

收入，宋神宗甚至打破前朝严格禁止铜钱外流的惯例，于熙宁七年（1074 年）开禁允许铜钱输出，“颁行新敕，删去旧条，削除钱禁，以此边关重车而出，海船饱载而回。……钱本中国宝货，今乃与四夷共用！”[①]铜钱出口的禁令一度废除。实行这一政策的直接意图就是促进外贸繁荣以增加市舶收入。

在宋辽对峙期间，宋朝对民间海商及与辽国有联系的国家开展贸易实施了不少限制措施。如严禁海商前往与契丹交界的国家和地区进行贸易以及禁止铜钱输往海外。《庆历编敕》中规定：“客旅于海路商贩者，不得往高丽、新罗及登、莱州界。若往余州并须于发地州、军，先经官司投状，开坐所载行货名件，欲往某州军出卖，许召本土有物力居民三名结罪保明，委不夹带违禁及堪造军器物色，不至过越所禁地分，官司即为出给公凭，如有违条约及海船无公凭，许诸色人告，捉船物并没官，仍估物价钱，支一半与告人充赏，犯人科违制之罪。”宋朝明文规定不许前往高丽及与其临界地贸易，并且要结保证明。如违反条约不但没收船物，还要按律论罪。

元丰八年（1085 年）针对海商往高丽贸易的禁令解除，规定“诸商贾由海道贩诸蕃，惟不得至大辽国及登、莱州。即诸蕃愿附船入贡或商贩者，听。”[②]此规定的限制仅针对辽国，宋海上前往包括高丽在内的其他国家贸易不再受限，同时欢迎海外各国前来开展官方及民间贸易，中外贸易自由化程度得以提高。

（三）对外贸易法制化管理

随着海外贸易规模的扩大，宋朝也逐渐加强了对海外贸易的管理。宋政府在各主要港口设置市舶司，专门掌管海外贸易事宜，并“置来远驿，与应用家事什物等，并定犒设馈送则例，及以置使臣一员，监市舶务门，兼充接引干当来远驿”，负责外商的接待。

自宋初以来，海外贸易规模不断扩大，而市舶管理无一定成法，海外贸易管理措施大多是因时、因事而制。随着贸易的发展，相关敕令越来越繁杂，互不统一，甚至出现相互矛盾的情况，由此造成诸多弊端，甚至官吏徇私舞弊，上下其手，损害对外贸易的发展。鉴于此，宋神宗痛感创立法规、统一法令以治之的必要性，多次强调市舶管理，宜先“创法讲求之”。而王安石变法的理财指导思想也是，“聚天下之众者莫如财，治天下之财者莫如法，守天下之法者莫如吏”[③]，即理财必须坚持法治，推行法治又必须依靠一批善于理财的官吏。经过多年的筹划详议，宋朝终于在神宗元丰三年（1080 年）制订了《市舶法》（“市舶条法”）。

此后，宋朝对市舶条法多次进行修订。依循《市舶法》，宋朝颁布了一系列海外贸易管理条例，不断规范海外贸易的管理。

随着海外贸易在国家财政收入中地位的上升，海外贸易政策也得到进一步调整。

熙宁九年（1076 年），曾任广州知州六年的程师孟上奏请罢废杭州、明州市舶司，建议海外贸易船舶全部集中到广州市舶司处抽解，试图以个别市舶司控制整个外贸，从

① （宋）李焘. 续资治通鉴长编：卷 269 熙宁八年. 北京：中华书局，1980.

② （宋）苏轼《苏东坡全集》卷58奏议乞禁商旅过外国状，文渊阁四库全书影印本。

③ （宋）王安石. 王文公文集：卷 10 翰林学士除三司使. 上海：上海人民出版社，1974.

而便于管理。朝廷令程师孟与其他三位官员共商此事，但是神宗未采纳他们的“抽解条约”，他指出“恐逐州有未尽未便事件，令更取索重详定施行”。元丰三年（1080 年），以程师孟方案为蓝本经过多次修订的外贸管理条例最终获得神宗的批准，被称之为“元丰市舶条”或“元丰广州市舶条”。根据学者的整理，其主要包括六条。其中，“一、只有广州、明州、杭州能放行外贸商船，非以上三州而放行外贸商船者，以违背皇帝命令论罪。二、所有前往东南亚及其以西地区的商船均由广州市舶司放行；一切到日本、高丽经商的船只皆由明州市舶司放行。非广州市舶司而放行前去南蕃的船舶，非明州市舶司而放行往日本、高丽的商船，以违背皇帝命令论罪，即使是大赦和官员离任，也不得减罪。三、外贸商船返回时，必须先到原放行市舶司纳税贸易。四、各市舶司负责管理各贸易区域内的外国朝贡船舶、贡使及其活动，贡船、贡使也应在主管市舶司的设置地点登岸和离港。五、各国的进贡物品不再运送京师，一律就地变卖。六、两广沿海前往海南岛的船只必须事先向广州市舶司申请出海凭证”。[①]“元丰市舶条”的颁布实施使市舶司权力进一步加强，由其按照法规统一管理中外贸易活动，使海外贸易的发展更加有序化。

（四）对市舶官员、出海贸易商人的激励政策

宋代在沿海主要口岸设立市舶机构对海外贸易进行管理，其中将海外贸易发展规模及由此带来的税收增益作为考核市舶官员政绩的指标。宋高宗绍兴年间诏令：“闽、广舶务监官抽买乳香，每及百万两转一官。”[②]宣和元年（1119 年），对有良好表现的提举泉州市舶给予奖励，“诏福建提举市舶蔡柏职事修举，可特转一官，勾当公事赵实转一官，令再任”。又如南宋时“广南市舶司递年有蕃商息钱，如及额，许补官”。[③]同时对于在海外贸易管理中出现的渎职或贪污受贿者则加以严厉处罚。如诏令：“市舶务监官并见任官诡名买市舶司及强买客旅舶货以违制论，仍不以赦降原减，许人告，赏钱一百贯，提举官、知通不举劾，减犯人罪二等。”

对于包括本国海商在内的在海外贸易往来中有突出贡献的商人，无论是本国纲首海商，还是蕃舶外商，一律给予奖励，甚至授予官职。如应泉州知府连南夫之奏请，规定“诸市舶纲首能招诱舶舟，抽解货物，累价及五万贯、十万贯者，补官有差”。[④]福建纲首蔡景芳因为“贩值收息九十八万缗”，被宋廷授予“承信郎”一职[⑤]，以此刺激蕃舶纲首积极经营海外贸易，以增加海舶收入。这也为民间海商树立了榜样，有利于海外贸易的进一步发展。

一些出海贸易的商人还不时被政府委以贸易或外交重任，如元丰七年，宋神宗曾下旨“募商人于日本国市硫磺五十万斤”。同时宋朝还经常委托海商充当使臣为政府代办外交事宜，北宋熙宁八年，曾“募海商三五人作经略司委曲，说谕彼（占城国）

---

①（清）徐松．宋会要辑稿•职官 44 之 6 至 11．北京：中华书局，1981．

②（元）脱脱．宋史：卷185食货志．北京：中华书局，1977．

③（清）徐松．宋会要辑稿•职官44之25．北京：中华书局，1981．

④（元）脱脱．宋史：卷185食货志．北京：中华书局，1977．

⑤（清）徐松．宋会要辑稿•职官 44 之 19．北京：中华书局，1981．

君长”。[①]南宋时出现“此年以来为奉使者不问贤否，……多是市廛豪富巨商之子”。[②]两宋向海外国家传递文件、信函、沟通信息大多也是由商人代为办理。政府不以官方使团而委托商人代办海外货物采购及外交事宜，固然与宋朝财政约束有关，有助于降低成本，同时也突显了商人的作用，提升了其海上的地位，客观上成为宋代对海商鼓励的政策。

随着宋代东南沿海地区商人出海贸易活动的普遍化，为应对海上航行的高风险，在浙江、福建及广东沿海一带逐渐形成了祈风祭海的习俗。南宋时将这一习俗制度化，每年冬夏两季当海商出海及返航时节由市舶司负责主持在广州、泉州等口岸的大型祈风活动。由官方负责主持这一具有宗教意义的活动体现了宋朝对发展海外贸易的政策取向。

（五）招徕、优待来华外商的政策

为吸引外商来华，两宋王朝采取了一系列积极的政策措施。

1. 主动遣使海外，招徕外商

招徕外商来华是汉唐以来中国沿着陆海丝绸之路对外开放的内容之一，但宋代以前，基于国势强盛，各朝基本致力于在国内为外商创造良好的贸易环境，以此吸引外商来华，两宋时期国势转衰，吸引外商政策较此前更为积极主动，重要举措之一是直接派人前往海外国家招引外商。北宋太宗雍熙四年（987 年），宋廷派出官方使团前往东南亚各地招徕外商，这在中国海外贸易史上是空前的举措。史称：“雍熙四年五月，遣内侍八人赍敕书、金帛，分四纲，各往海南诸蕃国，勾招进奉，舶买香药、犀、牙、珍珠、龙脑。”[③]天圣六年（1028 年）仁宗针对广州蕃舶罕至而下诏：令本司与转运司招诱安存之。徽宗政和五年（1115 年）福建市舶司就曾专门派人到占城、罗斛两国劝说当地政府和商人来华贸易。招募商人组纲出海，这种纲船“非特营办课利，盖欲招徕外夷，以致柔远之意”。纲首既是官方派遣的商人，又是朝廷特命的外交使臣，故兼有经济和政治两方面职能。但主要任务之一还是去海外劝说各国商人前来买卖，如泉州市舶司就曾“出给公据，付刘著等收执，前去罗斛、占城国，说谕招纳，许令将宝货前来投进”。

2. 免税让利吸引外商

宋代来华日商大多仅是中小商人，受雇于富室贵族贩运日本木材、硫黄等物来华，其自身通常会携带少量黄金，所获利润不高，宋政府为扩展中日贸易，免除了日商的黄金进口税，“倭船到岸，免抽博金子，如岁额不可阙，则当以最高年份所抽博之数，本司代为偿纳”。[④]结果“免将倭商金子抽博，施行所损无毫厘”，反而吸引了更多日商来华，增进了市舶收入。

3. 奖励对推进中外贸易有贡献的中外商人

宋朝对从事大规模进口贸易，从而带来大量税收的外商予以官职或爵位的奖励。如绍兴元年（1131 年）大食商人蒲罗辛“造船一只，般载乳香投泉州市舶，计抽解价钱三

---

①（宋）李焘. 续资治通鉴长编：卷 271 熙宁八年十二月. 北京：中华书局，1980.

②（宋）李心传. 建炎以来系年要录：卷 171 绍兴二十六年六月丙子. 北京：中华书局，2013.

③（清）徐松. 宋会要辑稿 • 职官 44. 北京：中华书局，1981.

④（宋）梅应发，等. 开庆四明续志：卷 8. 北京：中华书局，1990.

十万贯”，[①]由于贸易规模较大，宋廷认为其有功，故授予其“承信郎”的荣誉头衔，并“赐公服履笏”，同时请其回国后进行广泛宣传，使更多外商来宋贸易。[②]

4. 敦促、重用外商及其后裔

《宋会要辑稿》记载：南宋高宗时，有阿拉伯外商蒲亚里来广州贸易，“有右武大夫曾纳，利其财以妹嫁之，亚里因留不归”。宋高宗获悉后，令人劝其归国，继续往来贸易。

南宋理宗绍定年间（1228—1233 年）泉州海外贸易因经营不当出现停滞。南宋政府聘任阿拉伯人后裔蒲寿庚为泉州市舶司提举，经营管理泉州的海外贸易，蒲寿庚“擅蕃舶利者三十年”，使泉州海外贸易获得长足发展。阿拉伯商人大量涌向泉州，以致泉州有“回半城”之称。

5. 保护外商的合法权益

为确保对外开放政策的施行，宋朝对违反法规，损害外商利益的官员依法严惩。绍兴五年（1135 年）又“诏市舶务监官并见任官诡名买市舶司及强买客旅舶货以违制论，仍不以赦降原减，许人告赏钱一百贯，提举官知通不举劾，减犯人罪二等”。[③]绍兴十六年“亏损蕃商物价”的袁复一、嘉定六年“多抽蕃舶”的赵不熄均被降官一级。嘉泰三年（1203 年）“借法济贫”而“移易乳香”的曹格被“放罢”。[④]绍兴十六年，宰执上言“近年商贩乳香颇有亏损”，高宗对此极为重视，马上指派“右朝散大夫、提举福建路常平茶事”前去调查“前任广南市舶亏损蕃商物价”。[⑤]

宋朝规定，外商遇市舶司或地方官重征或强行收买舶货，有权越级上诉；对遭风浪袭击而漂流中国沿海的外国商船给予援救，并提供食宿和遣返的便利条件；对船舶损坏遭受海损的外国商船免征其进口税。若舶主遇难，市舶机构负责保管舶商货物，等待其亲属认还；在宋居留外商死后，若无合伙人、继承人，也无遗嘱，其遗产由市舶司按照“户绝法”管理与处置。

海盗是与海上贸易相伴而生的现象，构成海上贸易的重大风险。宋代在中国沿海已有不少海盗活动，“专俟番船到来，拦截行劫。……其徒日繁于番船”。[⑥]从北宋元丰年间开始，宋政府在广州、泉州等口岸设置望舶巡检司，在沿海地带建立军寨，派兵驻守，负责保障入港商船的安全，如广州“自小海至溽洲七百里，溽洲有望舶巡检司，谓之一望，稍北又有第二、第三望，……（商舶）还至溽洲，则相庆贺。寨兵有酒肉之馈，并防护赴广州”。[⑦]巡检司和兵寨的设立一方面打击了海盗的活动，提高了海上贸易的安全性；另一方面，它也起到杜绝走私、保障海外贸易规范化发展的作用。

---

①（清）徐松. 宋会要辑稿·蕃夷 4 之 91. 北京：中华书局，1981.

②（清）徐松. 宋会要辑稿·蕃夷 4 大食. 北京：中华书局，1981.

③（清）徐松. 宋会要辑稿·职官 44 之 19. 北京：中华书局，1981.

④（清）徐松. 宋会要辑稿·职官 74、75. 北京：中华书局，1981.

⑤（清）徐松. 宋会要辑稿·职官 44 之 24、25. 北京：中华书局，1981.

⑥（宋）真德秀《西山文集》卷 15 申尚书省乞措置收捕海盗。

⑦（宋）朱彧. 萍洲可谈：卷 2. 北京：中华书局，2007.

6. 优待来宋外商，为其在宋活动提供便利条件

当外国商船离港时，市舶司为外商举行宴会，“犒宴”送行，朝廷也派特使参加，如大中祥符二年“广州蕃商凑集，遣内侍赵敦信驰驿抚间犒设之”。[①]宴会中“其蕃汉纲首、作头、梢工等人，各令与坐，无不得其欢心”。这一举措集中显示了宋朝发展海外贸易的强烈意愿，增进了外商对中国鼓励海外贸易政策的了解。随着越来越多的外商来华，宋朝采取了很多实质性措施为其提供贸易和生活的便利。如继承并发展唐代的做法，在外商集中的广州港和泉州港设置“蕃坊”，由宋朝政府选择有威望的外商担任蕃长，并授予相应的官衔。蕃长主要负责管理蕃坊内部事务，协助宋朝政府依法处置在华犯罪的外商及招徕外商来华贸易等。为体现对外商习俗的尊重，宋政府规定除重大事件外，蕃长可按本民族习俗处理相应纠纷，宋人楼钥的《攻媿集》卷八十八《赠特进汪会行状》中记载：“蕃客杂处民间，而旧法与都人争斗，非至折伤，其用其民俗。”

为便利外商在华贸易活动，宋朝政府还在外商集中的广州、泉州等地设立蕃市。此外，宋政府还允许外国人进入中国各类学校接受教育，从京师国子监到各地州学常有外国学生。在外国人集中的广州等地，宋政府还设立蕃学，供外商子弟就学。

宋朝一系列招徕、优待外商政策的实施，不仅使外商来华贸易有较高的预期利润率，而且为外商来华提供了贸易及生活的便利，提高了其人身及财产的安全性，中外贸易环境大大优化。

（六）保证市舶司资金充裕，以维护中外贸易的繁荣发展

市舶司作为海外贸易的管理机构，同时还兼有一定的经营职能，要维护海外贸易的繁荣发展，市舶司必须拥有足够的资金，购买进口货，并以此吸引外商来华。南宋时，广州市舶司资金被转运司挪用，对海外贸易产生了不利影响，进而使得“蕃商稀少”。为此，绍兴三年（1133 年）高宗下诏“广南市舶库钱物，除朝廷指定取本合应付外，其余官司今后并不得取拨支使。虽奉特旨，亦听本司执奏不行”。绍兴十四年（1144 年），高宗还批准福建市舶司改变原来“每年止量支钱，委市舶监官备办宴设”之招徕蕃商的旧例，许“依广南市舶司体例，每年于遣发蕃舶之际”“支破官钱三百贯文，排办筵宴”，并由“本司提举官同守臣犒设诸国蕃商”。[②]

（七）改善对外贸易口岸的基础设施

发展海外贸易除了官方的鼓励政策外，还要求政府必须投入一定的人力、财力及物力对港口设施、河道等公共基础设施进行维护。宋朝对主要贸易口岸的基础设施建设颇为重视。如秀州华亭县的青龙镇，“控江而浙淮辐辏，连海而闽楚交通，……市廛杂夷夏之人，宝货当东南之物”，在宋代对外贸易中占据重要地位，为保证海外贸易的顺利开展，从北宋仁宗宝元至南宋孝宗乾道年间多次组织人力疏浚吴淞江。[③]大中祥符年间，蕃商来广州贸易常在口岸遭遇飓风侵害，广州市舶司提举邵晔组织人力开凿了新的入口水道，

① （宋）李焘. 续资治通鉴长编：卷 72 大中祥符二年十一月甲子. 北京：中华书局，1980.

② （清）徐松. 宋会要辑稿·职官 44 之 17、24. 北京：中华书局，1981.

③ 嘉靖《上海县志》卷 1 山水。

从而使进口商船免除了飓风的侵袭。“及（晔）被疾，吏民蕃贾集僧寺设会以祷之。其卒也，多陨泣者”。[①]而泉州基础设施建设规模最为宏大，为便利中外贸易开展，两宋泉州地方政府及市舶司开展大规模的港口建设，兴建的港口数量多达十余座，同时还对灯塔等导航设备加以完善。此外，还修建数十座桥梁，如洛阳桥、安平桥等在海外贸易中长期发挥着重要作用。

宋代对外开放以对外贸易为核心，同时其在政治、文化上也实行高度开放政策。如在政治上，不仅接待外国留学生学习宋朝政治制度，而且允许在宋外国人参加中国的科举考试从而担任中国官员。在文化上，积极交换各种典籍，使中国与邻近的东北亚、东南亚国家间文化交流达到一个新的高度。

综上所述，通过一系列的制度建设，两宋时期为中外贸易的开展创造了良好的软硬件环境，从事海外贸易活动的商人获得较高的社会政治地位，贸易活动的便利性、安全性大大提高，从而开创了中国对外开放的新局面。

但这一时期的开放依然是在封建政治经济体制下的开放，其开放的动机主要着眼于增加财政收入，因而对利润丰厚的奢侈品贸易实行政府垄断经营，对奢侈品进口贸易大加鼓励。而对中国在海外市场上具有绝对优势的商品出口鼓励力度不足，使出口对经济发展的带动作用未能得到有效发挥。不但如此，为保持其政治稳定，在海外贸易中还倾向于重外轻内，这一时期虽然对本国商人出海贸易出台了一定的鼓励政策，但更多的鼓励政策还是给予外商，同时宋朝还时常基于中外政局的动荡对出海商船予以限制，致使中国海外贸易商人凭借优势产品和先进的航海技术开拓海外市场的能力受到削弱，宋朝对外开放政策的局限性体现了封建经济形态对海外贸易的天然制约性。

三、丝绸之路路线的变化

从唐后期开始，陆上丝绸之路趋于衰落，中国对外开放的路径即由以陆路为主转向以海路为主。到宋代，随着中原王朝与北方少数民族间冲突的日益加剧，以宋朝为主体的开放亦愈倚重海路了，但同时为缓和与北方民族间的矛盾与冲突并增加财政收入，宋朝通过北方陆路的开放也并未完全断绝，因而宋代的对外贸易亦沿陆海两路展开。陆路贸易主要是与契丹、西夏、女真等周边少数民族政权之间的贸易，这种贸易间接沟通了中国中原地区与西域及中亚、西亚间的经济贸易联系；海路开放的地域广阔，涵盖了东北亚的朝鲜、日本及东南亚各国、印度半岛、红海和东非等地区的国家与民族。

（一）陆上丝路的变化

自唐代以来阻塞的陆上丝绸之路到两宋时期不但未能复通，反而更加不畅。辽、西夏建立后，得以控制中国北方及西北地区，阻断了宋与西域间的交通道路，虽然仍有回鹘、于阗、龟兹等西域国家与宋继续保持贡使往来和贸易交往，但与前代相比已经衰落。

由于宋面临与辽、西夏、金等北方少数民族政权长期对峙的外交政治局势，宋与各

---

①（宋）李焘. 续资治通鉴长编：卷 83 大中祥符七年七月壬辰. 北京：中华书局，1980.

政权间时战时和，扰攘不一，局势多变。为此，宋政府承袭了前代对边疆民族的羁縻、怀柔政策，战时双方停止贸易，丝绸之路中断；停战时期，双方在边境开展互市贸易，从而使中国与西域各地的贸易间或发生。

由于西夏地区经济落后，对外贸易基础薄弱，尽管该地区也设有管理商业的机构，力图招揽外商，但缺乏有吸引力的出口商品，货币经济亦不发达，因而对外贸易也就极其有限，以致其所需香料等进口货物有时还需从宋朝获得。从公元 1007 年起（宋真宗景德四年），北宋在保安军设榷场，西夏以驼、马、蜡、柴胡等土特产换取北宋的香料、瓷器和丝织品。①西域商人也时有经辽、西夏来宋境贸易。有大食等国商人沿西北丝绸之路经西夏国抵达北宋。②对此，辽、西夏政权采取鼓励态度。史载，西夏甚至主动请外商通过其境赴宋贸易，“大食国每入贡，路由沙州西界以抵秦亭。乾兴初，赵德明请道其国中”。③西夏王朝从中获利不菲，“夏人率十而指一，必得其最上品者。……然所征亦不赀”。④除大食外，西域各国及天竺、拂林等国也时有经辽、西夏来宋贸易的商人。

河西走廊历来是陆上中外贸易的必经之地，宋夏对立使得“丝绸之路”梗阻不畅，这种情况在南宋时尤甚。不但西夏障碍依存，而且在它的西面又出现了辽朝宗室耶律大石建立的西辽。从公元 1141 年始，南宋与金签订“绍兴和议”，淮水以北地区，包括今陕西一部分成为金的辖地。及至蒙古族兴起于漠北，先后灭掉西辽、西夏和金，上述地区又转隶于蒙古帝国。宋与西域经西北陆路的贸易往来愈益式微。

与此同时，昔日丝绸之路沿线各地的中亚与西亚地区亦处于动荡之中，阿拉伯帝国分裂。10 世纪末，中亚的萨曼王朝衰落，公元 999 年为伽色尼王朝所灭。此后，该地战事不断，加之 11 世纪至 13 世纪初“十字军东征”，对这一地区人民的生命财产和经济文化造成惊人的摧残，西亚地区长达数百年的纷争和战乱，使其对外经济交流能力大为削弱，丝绸之路也由此陷于梗塞。

丝路沿线地区的政治、军事动荡，丝绸之路阻塞，使中国传统的沿西北陆路的对外开放路径失去了昔日的繁荣，虽然宋与境外国家和民族间的陆路贸易不绝如缕，但由于宋朝在军事上的劣势，这种贸易的发展不能由其左右，因而宋朝在这一有限的开放中处于被动状态，而其间存在的政治、军事风险也使宋朝试图将所有的对外开放活动纳入海路一径，早在宋太宗时就曾“诏西域若大食诸使是后可由海道来”，仁宗天圣元年再次下令各国贡使来宋“乞令取海路由广州至京师”。⑤

（二）海路的变化

经济重心的南移为以东南沿海港口为依托的海路贸易提供了经济基础，而造船技术和航海技术的发展特别是指南针的广泛使用为海外贸易的发展提供了技术支持。造船与航海技术的进步，特别是远洋航行风险的降低，使中国的对外贸易转向海路成为可能。

---

①（元）脱脱．宋史：卷 186 食货志·互市舶法．北京：中华书局，1977.

②（元）脱脱．宋史：卷 485、486 夏国传．北京：中华书局，1977.

③（宋）李焘．续资治通鉴长编：卷 101 天圣元年十一月癸卯．北京：中华书局，1980.

④（宋）洪皓《松漠纪闻》卷 1。

⑤（宋）李焘．续资治通鉴长编：卷 101 天圣元年十一月癸卯．北京：中华书局，1980.

与陆路运输相比，海路运输的成本要低得多，从而使大量重量大、价值高的货物进入国际市场流通成为可能。由此带来贸易商品种类增加，贸易规模扩大。

由于北方民族间的纷争，陆上丝绸之路的安全得不到保障，海路贸易的高效率使两宋王朝的对外开放路径愈益偏重海路，因而沿着海上丝绸之路的开放成为这一时期的开放主流，东南沿海地区亦成为中国对外开放程度最高的地区，而其中沿海各大港口则成为对外开放的中心。

宋太祖开宝四年（971 年）宋占领广州后，即在此设立海外贸易管理机构市舶司，推动了以广州为中心的广东沿海海外贸易的发展。随着吴越割据政权的归附，开展海外贸易活动的地域扩大，太宗端拱二年（989 年）在浙江设立了杭州市舶司，10 年后即真宗咸平二年（999 年）设立明州（今宁波）市舶司。因优越的地理位置，明州成为对高丽、日本贸易的重要口岸，并且元丰三年还成为发放前往高丽、日本贸易公凭的唯一合法港口。杭州与广州、明州统称为“三司”。到北宋后期，杭州港的重要地位逐渐让位于明州。

太平兴国初年，陈洪进割据的福建泉州归附后，宋政府就对此地的海外贸易实行进口品专卖。哲宗元祐二年（1087 年），在泉州设市舶司。由于泉州地理位置介于明州、广州之间，曾在北宋中期广州港的不景气时期成为宋与南海蕃商贸易的港口，也曾成为宋海商到高丽贸易的出发地。

对外开放的地域从广东沿海扩展到浙江、福建沿海的同时，也向北部扩展。徽宗政和三年（1113 年）在秀州华亭县（今上海松江）设市舶场。《宋史》卷一百八十六《食货志（下八）》“互市舶法”条称：“宣和元年（1119 年），秀州开修青龙江浦，舶船辐辏，请复置监官。先是，政和中置务设官于华亭县。后江浦湮塞，蕃舶鲜至，止令县官兼掌。至是，复设官兼领也。”宋哲宗元祐三年（1088 年），接受范锷的建议，在密州板桥镇设置市舶司。

各沿海口岸海外贸易的发展是市舶机构设置的基础，而市舶机构的设置则将各港口正式纳入宋朝对外开放的系统之中，从而加速了这些地区对外贸易的发展，对外开放水平得到进一步提高。

到南宋时期，密州为金占领。南宋在江阴、温州增设市舶务，在澉浦（今浙江海盐）增设市舶场，纳入泉州及广州市舶司管辖的港口进一步增加，海外贸易发展愈益倚重南方沿海了。

宋代的海外贸易航路可以分为东海航路和南海航路。东海航路主要是与日本、高丽的交通往来。南海航路主要是与南太平洋西部及印度洋地区诸国的交往，如东南亚的交趾（今越南北部）、占城（今越南南部）、真腊（今柬埔寨）、真里富（今马来西亚境内）、罗斛（今泰国南部）、阇婆（今印尼爪哇岛中部）、三佛齐（今印尼苏门答腊岛东部）、渤泥（今印尼加里曼丹岛）等国家，西亚的大食（沿前代对整个阿拉伯地区的总称）及东非各国。

第三节　宋代海外贸易的兴盛

在两宋王朝积极对外开放政策下，海外贸易发展水平达到了空前的高度，开展对外贸易的地域扩大、贸易商品种类增加、贸易经营主体多元化、贸易规模扩大、贸易的国别地区增加。

一、宋代贸易港口的发展与繁荣

唐代海外贸易港口主要集中于广州、交州、明州和扬州，其中设置市舶管理主要限于广州，表明其当时开展海外贸易活动的地域较为狭窄。宋代设置市舶管理制度的对外贸易港口显著增加，从广南、福建到两浙，及至山东半岛，广大的沿海地区基本被卷入海外贸易发展的大潮之中。而贸易规模的扩大也促使宋政府不断完善对各港口的贸易管理，将唐代仅派特定官员管理的市舶制发展为特设机构市舶司，管理范围亦遍及整个东南沿海，广州、泉州、杭州、明州、秀州华亭、江阴、澉浦及温州等港口长期设有市舶机构，在北方的密州也曾实行市舶管理。其中广州、泉州、明州地位尤为重要，被称为“三路舶司”。

入宋以来，广州港在前代的基础上继续发展，宋朝于开宝四年（971 年）率先在广州设立市舶司，管理广东、广西沿海的贸易，由于地理位置便利及开展海外贸易悠久的传统，广州具有对外开放明显的比较优势。东南亚、南亚及阿拉伯半岛的商人来华多集中于广州，熙宁年间“明、杭、广州市舶司博买乳香，计三十五万四千四百四十九斤，广州收三十四万八千六百七十三斤”[①]，广州港占了各大市舶司博买量的 98%，说明其在全国对外贸易中举足轻重的地位。到北宋末年，福建、两浙海外贸易获得迅速发展，广州在全国对外贸易中的地位相对下降，但仍占据绝对优势，史称，闽、浙、广三路舶司中“唯广最盛”。[②]

南宋初年，广州海外贸易持续繁荣，继续占据国内最大港口的地位，“舶库逐日收支宝货钱物浩瀚”。绍兴二年广州市舶官员称：“广州自祖宗以来兴置市舶，收课入倍于他路。”[③]为接待外国商人及使臣，广州还将奉真观改为来远驿。前来贸易的外商及外国货物为数可观，史称：“大贾自占城、真腊、三佛齐、阇婆涉海而至，岁数十柁。凡西南群夷之珍，犀、象、珠、香、琉璃之属，禹不能名，卨不能计。”[④]此外，附属于广州市舶司的港口，有雷州半岛的雷州、徐闻及北部湾的钦州港，海南岛的琼州、吉阳军、万安军等。其中琼州由于是海船到广州之前的必经之地，其海外贸易也有了一定的规模。钦州港由于临近交趾，贸易规模也颇为可观，史载，每年交趾商人来钦州贸易“每博易

①《粤海关志》卷 3 前代事实二，续修四库全书史部，上海古籍出版社，2002 年版。

②（宋）朱彧. 萍洲可谈：卷 2. 北京：中华书局，2007.

③（清）徐松. 宋会要辑稿·职官 44 之 13、14. 北京：中华书局，1981.

④（宋）洪适《盘洲文集》卷 31 师吴堂记。

动数千缗”。[①]南宋后期，由于阿拉伯商人集聚泉州港，泉州海外贸易逐渐超过广州，广州在全国海外贸易的地位相对下降了。

北宋初年，泉州在全国海外贸易中已占据重要地位了，宋太宗太平兴国初年曾诏令“诸蕃国香药、宝货至广州、交趾、泉州、两浙，非出于官库者，不得私相市易”。[②]到北宋中期，泉州港“有番舶之饶，杂货山积”，海外贸易更加兴盛。航海水平的提高使中外商人不必再沿岸航行，原来进出福建沿海港口的贸易船只无论北上还是南下均必须绕行浙江或广东，现在可以以最经济的方式直接航行到高丽、日本或印度洋各国，因此原来由浙江和广州市舶司管理福建贸易的制度越来越不适用了。为此，宋政府于元祐二年（1087 年）在泉州设置市舶司管理福建沿海的海外贸易，泉州港的海外贸易获得进一步发展，贸易国别众多，据文献记载，“珍奇毕集，近联七邑百万家；生聚实蕃，远控重溟数十国”。[③]北宋诗人李邴曾用“苍官影里三洲路，涨海声中万国商”[④] 来赞誉泉州港的繁荣。为接待外国商使，北宋末年特地在泉州设立了来远驿。宣和七年（1125 年），宋廷发给三路舶司度牒，其中明州三百道，而泉州和广州多至五百道，表明泉州在全国海外贸易中的地位超过了明州，与广州并驾齐驱了。

泉州的海外贸易在南宋时期发展更加迅速，其原因在于：一是泉州未受到如两浙路诸港那样的战争破坏，建炎四年（1130 年），当两浙路诸港遭受兵火破坏之际，泉州还“抽买乳香一十三等八万六千七百八十斤有奇”。[⑤]二是南宋政府将“行在”定在杭州，而包括杭州港在内的两浙路诸港此时由于各方面原因处在衰落之中，其输入的舶货既不能满足宫廷和统治阶层的享用，又对财政收入的助益有限。而泉州因其地理位置处于南宋海岸线的中心，南通两广，北近江浙，进而成为两浙海商转贩舶货的主要市场，又是两浙海船泛海往外国进行远洋贸易的港口。因此，泉州在南宋时期，海外贸易繁荣，并迅速赶上了当时全国的第一大港口广州。正如真德秀所说的那样：“庆元之前，未以为难者，是時本州田赋登足，舶货充美，称为富州。”[⑥]

南宋初，有多达 31 个国家和地区的商船经常往来泉州贸易，[⑦] 其后增至 50 多个，[⑧]东至日本，南通南海诸国，西达波斯、阿拉伯和东非等地。而且交易数额也十分可观，如从建炎元年到绍兴四年的七年中，仅一个蕃舶的纲首招诱贩到泉州的货物就使市舶司获利九十八万余贯。[⑨]乾道三年（1167 年），占城使臣一次运到泉州的货物，就有乳香十万多斤，香料数千斤，象牙七千多个。[⑩]由于贸易的繁荣，泉州市舶司每年收入也急剧增加。

①（宋）周去非《岭外代答》卷 5 钦州博易场。

②（清）徐松. 宋会要辑稿·职官 44 之 1. 北京：中华书局，1981.

③（宋）真德秀《西山先生真文忠公文集》卷49上元设醮青词，文渊阁四库全书影印本。

④（宋）祝穆《方舆胜览》卷 12，影印古本。

⑤（元）脱脱. 宋史：卷 185 食货志. 北京：中华书局，1977.

⑥（宋）真德秀《西山文集》卷 15 申尚书省乞拨降度牒添助宗子请给，文渊阁四库全书影印本。

⑦（宋）赵彦卫《云麓漫钞》卷 5。

⑧（宋）赵汝适《诸蕃志》。

⑨（清）徐松. 宋会要辑稿·职官 44 之 19. 北京：中华书局，1981.

⑩（清）徐松. 宋会要辑稿·蕃夷 7 之 50、51. 北京：中华书局，1981.

绍兴末年，“两舶司（广州、泉州）抽分及和买，岁得息钱二百万缗”。到了南宋末年，泉州海外贸易规模已经超过了广州，成为全国最大的海外贸易港口，甚至被外商誉为“世界最大贸易港”。

除泉州外，福建沿海的对外贸易发展也扩展到福州、漳州等口岸，其中福州作为东南政治中心，消费能力较强，工商业发达，史称其乃“七闽之冠，衣冠之盛，甲于东南，工商之饶，利尽山海”。[①]因而福州成为中外商人角逐的重要市场，“海舶千艘浪，潮田万顷秋”生动描述了海外贸易在该地区经济中的重要性。在太平兴国七年关于沿海贸易的诏令中曾提到漳州，说明宋初漳州海外贸易已具一定规模，南宋时，真德秀曾称“泉、漳一带，盗贼屏息，番舶通行”，漳州与泉州海外贸易并称，彰显了漳州在福建沿海海外贸易中的重要地位。

江浙沿海的对外贸易在五代十国钱镠统治时期获得显著的发展，史称：“两浙十三州，地方千里，带甲十万，铸山煮海，象犀珠玉之富甲于天下。……庄宗中兴以来，每来扬帆越海，贡奉无阙。……航海所入，岁贡百万。”[②]宋代随着经济重心的南移，江浙地区的海外贸易基础更加雄厚。宋真宗咸平二年（999 年）在明州设立市舶司，进一步推动了江浙沿海地区海外贸易的发展，《四明志・叙赋下・市舶》记载明州“东南际海，海外杂国，时候风潮，贾舶交至”。明州交易货物量庞大，以致南宋理宗时不得不对市舶库进行扩建，新的市舶库规模颇为可观，“东、西、前、后列四库，胪分二十八眼”。[③]

明州港的海外贸易地理方向既包括东南亚、南亚、西亚各国，也包括东亚的日本、朝鲜，其中又以后者为主。由于地理上的近便，宋代中日、中朝间的贸易大多集中于明州港，宋政府甚至于元丰三年（1080 年）一度规定凡前往高丽、日本的商船必须到明州办理相关手续。以后该禁令取消，但明州始终是中国与日本及高丽贸易的主要门户。南宋初年，明州曾遭遇金兵南下劫掠，对外贸易一度萧条，但恢复较为迅速，《乾道四明图经》卷一称，南宋明州“南则闽、广，东则倭人，北则高句丽，商舶往来，物货丰衍”。北宋时仅为盐场的澉浦在南宋时被作为杭州港的外港，也迅速发展成一个具有相当规模的港口。

二、宋代贸易地域的扩大

在两宋积极鼓励对外贸易的开放政策下，东西方各国的使节和商人沿东、西向航路纷至沓来。《诸蕃志》记载，南海有 53 个国家和地区与南宋通商贸易，南宋商人出海开展贸易的国家也有 20 多个。这些国家涉及的地域除传统的东亚、东南亚、南亚及西亚外，还扩展到非洲。

（一）东亚国家

1. 高丽

这一时期是朝鲜历史上的王氏高丽时代，其与宋朝无论官方还是民间贸易关系均较

---

①（宋）苏辙《栾城集》卷 30 林积知福州，文渊阁四库全书影印本。

②（宋）薛居正，等. 旧五代史・钱镠传：卷 133. 北京：中华书局，1976.

③《鄞县通志》第 5《食货志》戊编下。

为密切。

宋代，两国使节的交往十分频繁。自宋太祖建隆三年（962 年）至南宋孝宗乾道六年（1170 年）的二百余年中，高丽来宋通好达 57 次，前去高丽的宋使，亦达 30 余次[①]。其中，以徐兢奉使高丽最为显赫。通过官方贸易渠道，高丽以金、银、金器、银器、铜器、刀剑、名马、人参、细布、硫黄等交换宋朝的各种丝织品、袭衣、金带、金银器、鞍马以及各种书籍和佛经等。

与此同时，民间商人往来更是络绎不绝。高丽商人前来宋朝的多在明州停留，即使去泉州和广州，甚至去东南亚，亦先至明州。宋徽宗政和七年（1117 年）宋廷特在明州设“高丽司”（又称“来远局”）专门接待高丽商使。宋廷又筑“高丽行使馆”，供其旅居；并建造两只大型游船，百只画舫，停泊在招宝山下，供其出海游赏使用。

宋代商人前往高丽的，亦不乏其人。如宋仁宗景祐二年（1035 年），有明州商人陈亮和台州商人陈维绩等 147 人前往高丽。宋徽宗崇宁二年（1103 年），有明州教练使张宗闵、许从等和纲首杨炤等 38 人前往高丽；宣和六年（1124 年），又有明州商人杜道济、祝延祚前往高丽，并留居其地[②]。据《高丽史》记载，宋代商人航抵高丽的约有 129 次，其人数每次少则几十人，多则百余人，累计达 5 000 余人。一些宋商还长期侨居高丽，《宋史·高丽传》记载，高丽“王城有华人数百，多闽人因贾舶至者”。

2. 日本

北宋时因日本实行闭关政策，主要是宋代商船航抵日本。南宋时期，一方面，南宋政府与金朝议和，经贸发展环境安定；另一方面，日本镰仓幕府政权建立，变闭关政策为开放政策，日本商船开始驶往中国，从而形成了两国商船互通贸易的局面。据日本人木宫泰彦统计，仅在北宋的一百六十多年间，中国商船驶往日本的竟有六七十次之多。“日宋间商船的往来，分外频繁，几乎年年不绝”。[③]另据日本人森克己的统计，宋代，中国商船驶赴日本的次数达 114～115 次。[④]

中日商船从日本贩运来的商货，分粗色、细色两类。《四明志·叙赋下·市舶》载称：“细色：金子、砂金、珠子、药珠、水银、鹿茸、茯苓。粗色：硫磺、螺头、合蕈、松板、杉板、罗板。”其中大宗商货要算是硫黄和木材。宋朝对日本硫黄的需求量很大，北宋时已有商人去日本贩运，北宋政府还出资组织商人前去购买。至南宋，日本商船载运大批硫黄而来。因日本地理气候条件适宜树木的生长，许多名贵木材成为输往宋朝的主要商货。其中，以罗木最为珍贵。南宋高宗时，曾以日本罗木建翠寒堂。宋代中日两国间的金价差别很大，因利之所趋，宋商大量贩运沙金回国。同时，沙金又是日本太宰府和私商同宋商交易时的主要支付手段，因而日本的沙金大量流入宋朝。日本的沙金，不仅由宋商贩运而归，也是来宋日船的必载之物。日本人加藤繁在《唐宋时代金银的研究》中指出，日本商船输往中国的黄金，最多的年份达四五千两。加上中国商船返归时所带的

① 陈泰夏《高丽宋朝之间使臣路程考》，见《古代中韩日关系研究》。

② ［朝鲜·李朝］郑麟趾《高丽史》卷 6、12、15。

③ ［日］木宫泰彦. 日中文化交流史. 胡锡年，译. 北京：商务印书馆，1980.

④ ［日］森克已《续日宋贸易的研究》第 12 页。

黄金，最终的黄金数量远远超过这个数字。结果致使日本主要产金区陆奥几度出现欠缴朝廷黄金的事件[①]，由此引起日本金价大幅度上涨。11 世纪初，京都官定金价为 1 两金合 1 石米[②]。到 12 世纪初，涨至 1 两金合 3 石米[③]。日本精制的手工艺品也是宋商贩运的对象。此外，日本的珍珠、水晶、精美的折扇和锋利的刀剑等各种手工艺品等也是贩运到中国的重要商品，深受宋人的喜爱和赞赏。

宋代出口到日本的商品种类同样繁多，有各种丝织品、各色香料、各类书籍，以及前代不曾有过的新商货，如颜料、陶土、药品和手工艺品等。尽管此时日本已有丝织业，且有些丝织品还输入中国，但对中国的精美丝织品，特别是高档丝织品依旧渴求，视其为珍品。

香料是日本宗教仪式和日常生活的必需品，需求量很大。宋代商人贩运而去的，仅一部分产于中国，其余大部分是从阿拉伯、东南亚和东非诸国输入而后转输到日本的。

宋代中日间书籍的贩运数量之大是前代不能比拟的。尤其值得指出的是，通过两国间书籍的交换，宋商从日本贩运回来不少中国散佚的书籍，其意义十分深远。

值得注意的是，从 12 世纪中叶开始，随着日本货币经济的发展，对货币的需求量增加，致使宋代铜钱大量流入日本。虽然宋朝政府三令五申禁止铜钱输出，但通过走私的方式依然有大量铜钱流入日本。

（二）印度支那半岛诸国

宋代时期在今越南北部有交趾国，中南部有占城国。两国均“岁有进贡”，与两宋的贸易规模也颇为可观。

1. 交趾国（今越南北部）

该国地近中国，并循陆海两路同宋朝进行贸易往来。《宋史》记载交趾国，于两宋期间，先后遣使来华通好达 46 次之多。交趾使节携犀角、象牙、各色香料、金银、金珠、金银七宝装交椅、七宝装金瓶、银盆、绢紬布、驯犀、象、良马、翠羽等而来，并载钱币、绢、器币、袭衣、金带、鞍马而去。

2. 占城国（今越南中南部）

仅据《宋史》记载占城国，自宋太祖建隆二年（961 年）至南宋孝宗乾道三年（1167 年），占城先后遣使携方物来华通好即达 43 次。他们所携方物，计有：象牙、犀角、玳瑁、各色香料、纺织品、象、狮子、牯犀、孔雀、山得鸡、孔雀伞、西天烽铁、槟榔、琉璃、珊瑚、酒器、紫矿、大食瓶（从大食输入的火油）等。其数量甚为可观，其中有一次竟携乳香千斤，另有一次竟携象牙 72 株、犀角 86 株、玳瑁千斤。使节归国所带之物，有银、白马、驿马、鞍马、器币、戎器、冠带等。有一次带回的白银多达 4 700 两，商人往来也不绝于书。

3. 真腊国（亦称占腊，位于今柬埔寨）

《宋史》记载真腊国，该国先后于宋徽宗政和六年（1116 年）、宣和二年（1120 年）

---

①《小右记》三，治安四年六月十四日。

②《权记》一，长保二年七月十三日。

③《今昔物语》卷 16 贫女仕清水观音给金语。

遣使携方物来华通好。两国商人也不断地往来，史载有真腊巨商曾一次发舶四艘来华交易。[①]

（三）马来群岛诸国

这一时期，与宋朝保持贸易关系的马来群岛国家众多，其中关系最为密切的是三佛齐国、阇婆国及渤泥国。

1. 三佛齐国

三佛齐国是宋代海路贸易的主要对象国，奉行积极发展对外贸易的政策，一度成为海上强国，在中西方海上交通中占有重要的地位。其都城即今印度尼西亚苏门答腊岛的占碑。

据《宋史》记载三佛齐国，自宋初建隆元年至南宋孝宗淳熙五年（960—1178 年）的 218 年中，三佛齐国先后遣使通好达 25 次。三佛齐国商船往来宋朝则更为频繁。来宋的三佛齐国商人主要以贩运乳香为主，宋人朱彧《萍洲可谈》记载："海南诸国，……三佛齐最号大国。……地多檀香、乳香，以为华货，三佛齐舶赍乳香至中国。"同时中国商人也有不少前往三佛齐国，12 世纪初，有泉州大商人到三佛齐国贸易"往返曾不期年，获利百倍"。三佛齐国除与中国开展直接贸易外，还大量转口印度、阿拉伯商品。

2. 阇婆国

阇婆国，今地处爪哇岛中部，是同宋朝进行贸易往来的主要国家之一。据《宋史》记载阇婆国，阇婆国先后于宋太宗淳化三年（992 年）、宋徽宗大观三年（1109 年）遣使前来通好。其使所携方物，计有：象牙、珍珠、玳瑁、龙脑、檀香、丁香、绣花销金及绣丝绞、杂色丝绞、吉贝织杂色绞布、玳瑁槟榔盘、七宝饰檀香亭子、藤织花簟、犀装剑、金银装剑、白鹦鹉等。宋廷回赠其金币、良马、戎具等。

阇婆国商船常常航至广州进行交易。尤其是贩卖胡椒的商船，往往获利丰厚。《宋史》载称："此番胡椒萃聚，商舶利倍蓰之获。"宋代海商前往阇婆国的也不乏其人。福建建溪人毛旭，数往阇婆国贸易，成为当时从事海上贸易的大商人，阇婆国还曾聘请他为"贡船"的向导。

3. 渤泥国

渤泥国，今地处加里曼丹岛，于宋太宗太平兴国二年（977 年）遣使携方物始来宋。前来通好的使节除携带各色龙脑外，还有檀香、玳瑁和象牙等物。宋神宗元丰五年（1082 年），渤泥王锡理麻喏又遣使来宋，其使归国时要求从泉州港启碇。

（四）印度半岛诸国

这一时期印度半岛存在诸多国家，其中中国宋代时与印度南部的注辇国及故临国贸易关系尤为密切。

1. 注辇国

注辇国，今地处印度半岛东南部科摩林角东北。据《宋史》记载注辇国，宋真宗大中祥符八年（1015 年）、天禧四年（1020 年）、宋仁宗明道二年（1033 年）、宋神宗熙宁十年（1077 年），注辇国均派使节来华通好。他们所携方物，除各色香药外，还有珍珠

---

①（宋）楼钥《赠特进汪公行状》，见《攻媿集》卷 88。

衫帽、珍珠、犀角、象牙等珍品。其数量之大，尤为惊人。大中祥符八年注辇国派遣有52人组成的使团来华，带来象牙60株、珍珠27 700两，香药3 300斤。明道二年蒲押陁离来使，进象牙多达百株。注辇舶船来宋，一般在广州港或泉州港登陆。中国商人前往印度经商者为数亦不少，以致在印度加惟利河口曾有中国宋商修筑的宝塔。

2. 故临国

故临国，今地处印度半岛西南部奎隆一带，该国商业发达，有金银铸币。这一时期，一方面受航海水平制约，中国与大食间贸易往来需要中途停歇、补给；另一方面，因波斯湾水浅，往返均需更换适航的船只。故临国地处要冲，东来西往的商人均需在此停留，从而使其在古代中西方贸易往来中，特别是在中国和大食的交易活动中，起了重要的媒介作用。

（五）西亚的大食国

宋代中阿贸易在唐代的基础上进一步发展，无论官方贸易还是民间贸易均获得长足发展，双边贸易达到空前繁盛的水平。特别是11世纪后，欧洲经济复苏，市场化程度提高，对东方商品需求增加，活跃于地中海地区的阿拉伯商人成为联系东西方贸易的桥梁。宋人周去非在《岭外代答》中说："诸蕃国之富盛多宝货者，莫如大食国。"这说明中阿贸易之盛，阿拉伯由此成为中国宋代时最大的贸易伙伴。

宋代，阿拉伯遣使来华多达50余次，居各国之首。

除官方贸易外，宋代同大食的商船贸易往来更为兴盛。前往大食的宋朝商船，多在泉州启碇，沿南海丝绸之路航抵波斯湾的巴士拉、西拉夫、巴林等港口，同大食商人进行交易。巴士拉是当时波斯湾的第一大港，有运河与奥波拉（幼发拉底河口）相通，许多商货由此转运至大食都城巴格达。

中国古代经海路进口的最大宗货物是香料，阿拉伯半岛及东非各地盛产各种香料，很多阿拉伯商人到中国从事香料贸易，从而赚取了高额利润。中国史籍记载了大量阿拉伯商人的事迹，如岳珂（岳飞之孙）在其《桯史》中记载广州一阿拉伯富商，"屋室……宏丽奇伟""中堂有四柱，皆沉水香，……挥金如粪土，……珠玑香贝，狼籍坐上"。前述蒲寿庚家族世代来华经商，曾为广州最大外商。

来宋的大食商人，有的侨居东南亚各国，把大量香药贩运至中国。有的则长期侨居中国，北宋时多集中于广州港，南宋时则主要集中于泉州港。两港至今仍保留着当年大食人往来的遗迹。广州的怀圣寺（光塔寺）是中国最早的清真寺之一。南宋时泉州阿拉伯商人众多，以致泉州被称为"回半城"。泉州较古老的清真寺，多达六七座。其中，遗迹犹存，有年代可考建于宋代的，有艾苏哈卜寺和由纳只卜•穆兹喜鲁丁主持的清真寺。

宋朝在阿拉伯商人集中的住地均设置了蕃坊。为了他们的子弟入学方便，还建有蕃学。

（六）非洲诸国

宋人开辟了横渡印度洋直航非洲的航线，致使宋朝同非洲的贸易往来渐趋频繁。非洲诸国以其特产象牙、犀角、香料等同宋朝交易丝绸、瓷器及铜钱等。

东非沿岸一带的古国，如弼琶啰国（今索马里北部的堪培拉）、中理国（今索马里东北沿海一带）、层拔国（今非洲东岸索马里以南一带）、昆仑层期国（今东非沿岸及马达加斯加岛一带）是宋代商船经常抵达和进行交易的地区。

公元 10 世纪末，埃及被法提玛王朝征服（中国史籍称之为绿衣大食），该王朝迁都开罗，埃及一跃为阿拉伯世界的中心。11 世纪中叶，印度洋西岸的贸易转道亚丁和埃及的红海口岸奥尔祖姆，埃及逐步成为东方货物由红海转道地中海的重要枢纽。宋代的大食商人中有不少埃及人，他们将中国丝绸、瓷器贩运到非洲各地，进而转贩欧洲的意大利、西班牙及摩洛哥等国，从而沟通了亚洲与欧洲间的贸易。

三、对外贸易经营主体多元化

依托造船航海技术的进步及宋朝鼓励性的海外贸易政策，这一时期从事海外贸易活动的风险降低，利润丰厚，从而诱发沿海越来越多的人参与到海外贸易活动之中。不但富商大贾扬帆异域，一些势单力薄的中小商人多搭载大商舶合力出海，史载“海舶大者数百人，小者百余人。……商人分占贮货，人得数尺许，下以贮物，夜卧其上，货多陶器，大小相套，无少隙地”。①还有不少资金有限无力亲自出海的沿海民户也以请人代买方式从事进口贸易活动，“以钱附搭其船，转相结托，以买蕃货而归”。②

两宋时期官僚权贵参与海外贸易史不绝书，早在太宗至道元年（995 年）即针对广州官员的海外贸易活动提出警告：“内外文武官僚敢遣亲信于化外贩鬻者，所在以姓名闻”。③同时命令市舶司所在地的各级官吏“知州、通判官吏并市舶司使臣等，勿得市蕃商香药禁物”。但禁令形同虚设，各地官员经营海外贸易依然普遍，如真宗时广州市舶史兼广州知州张鉴就曾“以资付海贾，往来贸市”。④苏轼也曾公开“贩数船苏木入川”。到南宋时，各级官员派人、亲自或委托海商经营中外贸易之事更加普遍，以至孝宗乾道七年（1171 年），宋廷下令禁止：“诏见任官以钱付纲首商旅过蕃买物者，有罚。”⑤尽管此后宋廷又屡次颁发禁令，但官员权贵通过各种手段参与海外贸易活动的现象屡禁不止，甚至沿海将士也参与到海外贸易活动中，史称：“为将帅者不治兵而治财，……披坚执锐之士化为行商坐贾者，不知其几。”⑥另在广西沿海与交趾毗邻的州郡“自守倅以下所积俸余悉皆博易”。⑦

一些僧侣也参与到海外贸易活动中，“杭僧有净源者，旧居海滨，与舶客交通牟利”。⑧

海外贸易的经营主体日益多样化且为数众多，带来了对外贸易整体规模的扩大。“边关重车而出，海舶饱载而回”，⑨生动反映了这一时期的贸易盛况。

四、宋代贸易规模的扩大

随着造船和航海水平的提高，中外海运规模扩大，个体海商一次性贸易的香料量达

---

①（宋）朱彧《萍洲可谈》卷 2 ，丛书集成本。

②（宋）包恢《敝帚略稿》卷 1 禁铜钱申省状，文渊阁四库全书影印本。

③（清）徐松. 宋会要辑稿 • 职官 44 之 3. 北京：中华书局，1981.

④（元）脱脱. 宋史：卷 277 列传 36 张鉴传. 北京：中华书局，1977.

⑤（元）脱脱. 宋史：卷 186 食货志（下 8）互市舶法条. 北京：中华书局，1977.

⑥（宋）李心传《建炎以来系年要录》卷 189 绍兴三十一年三月己卯，文渊阁四库全书影印本。

⑦ 陈智超《宋会要辑稿补编》，第 661 页，全国图书馆文献缩微复制中心，1988 年。

⑧（宋）李焘. 续资治通鉴长编：卷 435 十一月甲午. 北京：中华书局，1980.

⑨（宋）李焘. 续资治通鉴长编：卷 269. 北京：中华书局，1980.

数十万斤者史不绝书，如前述大食商人蒲罗辛贩运乳香三十万贯，纲首蔡景芳促使外商来宋贸易，一次性为宋廷带来财政收入达 98 万缗。《东京梦华录》中记载，中外商人交易“动即千万贯”。

由于缺乏相应的统计数据，宋代海外贸易总额难以确切得知，但可根据其征收的海外贸易税收大体推断。《宋史・食货志》载：“大抵海舶至，十先征其一。”10%的税率并非统一稳定的税率，宋政府一般会根据贸易发展的兴衰进行相应的调整，有时高达 30%，或低至 6%。同时奢侈品和普通货物税率也略有差别，通常奢侈品税率高于普通货物。绍兴二十九年（1159 年），泉州及广州市舶司“抽分及和买岁得息二百万缗”，则宋政府从抽税及博买物品的出售中获得利润达 200 万缗，而按照规定“取息毋过两分”，即政府销售进口货的利润率一般为 20%，南宋博买比例一般为进口货的 40%左右，则博买加抽分共计进口货的 60%，按此计算这一时期进口规模约为 1 667 万缗[①]。从长期来看，一国的对外贸易大体要保持平衡，因而出口贸易与进口规模应大体相当，则该时期进出口贸易总额约为 3 300 万缗。

五、进出口商品种类增加

国际贸易商品种类的增加在很大程度上基于海上运输技术的进步，宋代造船及航海技术的提高，使中外海上航行速度及安全性大大提高。航程的缩短，船舶载重量的增加，使海运成本降低，从而为价值相对不高的更多商品进入国际贸易市场提供了可能。

与前代相比，宋代进出口商品种类激增。据《宋会要辑稿》和《宋史・诸蕃志》统计，宋代福建海外贸易进口的货物总数达 330 多种。据南宋庆元时市舶司的资料，进口货物细色有 130 余种，粗色约为 90 种，共 220 余种，除香料、宝物等传统的奢侈性消费品外，还有大量矿产品、染料等生产原料的进口，此外普通食品、日用品进口也为数不少。见诸记载的大宗进口货有：香料，如乳香、丁香、沉香、檀香等；宝货，如珍珠、象牙、犀角、玛瑙等；药材，如没药、茯苓、苓术、苏合香油等；矿产品，如水银、硫黄、金银、镔铁等；染料，如紫矿、苏木等；食品，如白砂糖、万岁枣等；动植物初级制品，如牛筋、藤席；毛棉制品，如白叠布、驼毛段、哥缦、越诺布、木棉纱等。这些商品中仅前两项为奢侈品，其余基本属于普通货物。

宋代出口商品种类也显著增加，除传统的丝绸、瓷器外，铜钱、书籍、食品、日用品也被出口到海外市场。而丝绸和瓷器的出口种类也比过去增加了，如丝制品，包括有绢、帛、锦、缎、五色茸即丝线等多个品种，陶瓷器涉及碗、坛、瓮、罐、盒、钵等。金属类产品包括铜钱、各类铜器、多种铁制工具、金银饰品等；日用品涉及漆器、绢扇、木梳、伞、席等。文化类产品包括纸、墨、书籍等；食品有米、盐、茶叶、糖、酒，荔枝、龙眼等干鲜水果也进入了海外市场。其中丝绸、陶瓷、铁器、铜器等制成品占据出口的主导地位。

---

① 200÷20%÷60%=1 667（万）

第四节 对外贸易对社会经济发展的影响

一、对外贸易的经济效应

在积极的对外开放政策下，宋代的对外开放从广度到深度均超越了前代，其中海外贸易获得长足发展，交换的商品种类增加，贸易规模扩大，贸易的交换对象广泛。宋代与所有的前资本主义时代一样，对外贸易在各国经济中均不占据主导地位，但其在更广大的地域上进行的商品、技术交流，对参与贸易的各国经济产生了深远的影响。第一，贸易的开展丰富了中外各国人民物质生活内容，改善了总体福利状况；第二，贸易促进了我国丝织、漆器及瓷器制造业等手工业部门的进一步发展，加速了我国东南沿海地区经济的发展；第三，贸易引致了丝织、制瓷、冶铸等手工业技术的扩散，船舶制造、罗盘、航海等先进的科学技术向外传播，为海上丝路沿线各国对外贸易的开展提供了技术支持；第四，中外贸易的蓬勃发展进一步促进了宋朝同海外诸国的经济和文化交流，对彼此间经济发展和文明进步均起了有益的作用。

（一）海外贸易对中国经济发展的效应

1. 促进了东南沿海经济加速发展

对外贸易的发展为国内商品生产开拓了海外市场，成为商品经济发展的重要推动力量。宋朝政府在巨大的财政压力下，不自觉地采取了对外开放的政策，以多种手段激励对外贸易的发展，从而使中国封建经济到宋朝时达到顶峰。

东南沿海地区商品经济的迅速发展，为宋朝海外贸易活动提供了坚实的物质基础。与此同时，对外贸易的发展反过来也促进了沿海地区的经济发展，使这一地区商品经济较内地大为活跃。某些行业出现了一定的外向型经济色彩，从而使经济发展速度大为提高。

如上所述，由于宋代中国经济文化发展水平高于大部分贸易伙伴国，因而在进出口商品构成中亦体现了生产力特别是技术的差异。总体而言，宋代出口商品以手工制成品为主，技术含量高、附加值高，这些产品的出口成为中国生产技术向海外扩散的渠道。而随着出口规模的扩大，出口对产业的拉动作用显现，相关行业的生产增长，东南沿海地区经济迅速发展。如随着泉州海外贸易的发展，丝织品出口增加，福建缫丝业发展大大加速，唐代福建缫丝业较为落后，其所生产的绢、纻在全国仅列第八，到宋代在海外贸易推动下福建丝织业进步显著，如泉州已经号称“绮萝不减蜀吴春”，与四川、江南的产品不相上下了。大量福建本地生产的丝织品远销海外，“凡福之绸，漳之纱绢、泉之蓝，……其航大海而去者，尤不可计”。[①]广东、福建及浙江瓷窑多沿海分布，其中不少是专门为外销而生产。据研究，福建德化、安溪及南安等瓷窑产品在国内发现甚少，而东南亚发现甚多，说明这些瓷窑主要面向海外市场生产。《晋江县志》也记载：“瓷器出

①（明）王世懋. 闽部疏. 北京：中华书局，1985.

瓷灶乡，取地土开窑，烧大小钵子、缸、瓮之属，甚饶足，并过洋。”以海外市场为导向的生产，促进了产品种类的多样化，工艺水平的提高，有益于制瓷业水平的进步。

而从进口商品看，除香药、宝货为专供统治阶级上层享用的奢侈品外，其他如染料、矿产，还有牛筋、木材等属生产资料，这些商品的进口带动了相关手工加工业的发展。食品、药材和毛棉织品属于生活资料，其进口有助于宋代国内经济的发展和生活质量的提高。生产活动与对外贸易联系日益紧密，由此推动了宋代东南沿海地区的外向型经济得以持续发展。在既有的土地上容纳了更多的人口，如福建泉州地区经济对海外贸易的依赖度提高，苏轼在《论高丽进奉状》中说：“福建一路，多以海商为业。”凡沿海地区，争相以舟船贩货。“漳、泉、福、兴化，凡滨海之民所造舟船，乃自备财力，兴贩牟利”。[①]以致时人称该地区“以蕃舶为命”。南宋时“生齿无虑五十万（口）”[②]，南宋泉州太守真德秀也曾说：“惟泉为州，所恃以足公私之用者，蕃舶也。”

由于海外贸易中存在超额利润，因而经商海外获利颇丰，宋人称经商海外利润率可高达近10倍，“每是一贯之数可以易蕃货百贯之物，百贯之数可以易蕃货千贯之物”。[③]大批沿海地区商人凭借地域及传统优势从事海外贸易活动，从而获取了巨额财富。如“泉州杨客，为海贾十余年，致赀二万万”[④]，泉州知州连南夫也说“海商入蕃，以兴贩为招诱，侥幸者甚众”[⑤]。“建康商人杨二郎，……数贩南海，往来十余年，累赀千万。”[⑥]莆田《祥应庙碑记》记载：“泉州纲首朱纺，舟往三佛齐国，亦请神之香火而虔奉之。舟行迅速，无有艰阻，往返曾不期年，获利百倍。”[⑦]由于经商致富者众多，因此整个地区都很富庶，号称“南土之富州”。[⑧]

在宋朝以官职奖励外贸商人政策下，一批富商大贾得以封官晋爵。如由于外贸经营规模大，纲首蔡景芳获封“承信郎”、泉州商人王元懋获封“从义郎”；因招徕外商有功，浦延秀被授予“中信郎”。大食商人蒲寿庚被任命为泉州市舶司提举。通过经营海外贸易得以入仕，海商的政治地位大为提高，从而使传统的抑商思想发生了动摇。《文献通考·市籴一》称：“古人之立法，恶商人之趋利而欲抑之，后人之立法，妒商贾之获利而欲分之。”这说明国家政策不再对商业及商人的发展进行抑制，“商人不入仕”的传统也被“工商之子亦登仕进之途”取代了。商人政治、经济地位的提高，引致更多民众参与到商品交换活动中。

由此可见，海外贸易的蓬勃发展培育了沿海地区一大批从事海外贸易的专业化商人，贸易的兴盛促进了区域经济的繁荣，从而使东南沿海地区社会经济结构出现了一定

---

①（清）徐松．宋会要辑稿·刑法2之137．北京：中华书局，1981.

②（宋）王象之《舆地纪胜》卷13“福建路泉州”条引陆宇《修城记》语。

③（宋）包恢《敝帚稿略》卷1禁铜钱申省状，文渊阁四库全书影印本。

④（宋）洪迈《夷坚丁志》：卷6泉州杨客，十万卷楼丛书，清光绪归安陆氏刊本（复印本）。

⑤（元）脱脱．宋史：卷185食货志下7．北京：中华书局，1977.

⑥（宋）洪迈《夷坚志补》卷21。

⑦ 中国海外交通史研究会编，泉州海外交通史料汇编（内刊），1975年。

⑧（宋）真德秀《西山先生真文忠公文集》卷49上元设醮青词，文渊阁四库全书影印本。

的改变。封闭的自然经济固然始终占据着主导地位，但一定程度上与对外贸易密切相关的部门、行业、以市场为导向的商品生产日趋活跃，并出现了些微外向型经济的色彩。据南宋常棠《澉水志》记载，南宋时，浙江澉浦居民“不事田产”“惟以接南洋诸货，贩运浙西诸郡，网罗海中诸物以养生。”这表明这一时期对外开放程度的提高。

一批依托海外贸易的沿海市镇崛起，长江下游的华亭由于“富室大家，蛮商舶贾，交错于水陆之道”号称“东南一大县”。[①]上海也由于对外贸易兴旺而崛起，史载：“宋末人烟浩穰，海舶辐辏，即其地立市舶提举司及榷货场，为上海镇。”[②]浙江海盐县的澉浦镇，由于海运交通便利，依托瓷器、丝绸生产中心的内陆腹地，加之毗邻消费性大都市杭州，从而成为“四方商旅悉来奔凑”的对外贸易大港。镇江在南宋时“自来闽广客船，并海南蕃船，转海至镇江府至多”，由此形成了“商贾盛集，百货阜通”的兴旺局面[③]。

广州、泉州、明州等传统的对外贸易口岸在海外贸易推动下经济更为繁荣。如泉州“所恃以足公私之用者，番舶也”。《泉州府志》记载：“泉地斥卤而硗确，资食于海外，资衣于吴越，资器用于交广，物力所出，盖甚微也。”北宋诗人谢履的《泉南歌》曰：“泉州人稠山谷瘠，虽欲就耕无地辟。州南有海浩无穷，每岁造舟通异域。”[④]这说明泉州经济自给率低，对国内外市场依存度高，内外贸易共同发展促进了该地区经济的繁荣，其中海外贸易的作用尤为突出。明州经济同样依赖海外贸易而繁荣，《乾道四明图经》卷一称明州“僻在一隅，虽非都会，海道辐辏之地，……商舶往来，物货丰衍”。广州更依赖海外贸易持续繁荣，宋人洪适在其《盘州文集》中谈到广州“岭以南，广为一都会，大贾自占城、真腊、三佛齐、阇婆涉海而至，岁数十柁”。作为香药、珠玉等各种奢侈品的集散地，宋政府得自广州海外贸易的财政收入常常超过来自广南各州军商税的总和。

进口贸易推动了进口商品加工业的兴起，宋代中国进口商品以原料性产品为主，这些进口商品须经过加工后才可转化为直接消费品，随着香料、犀角、象牙的大量进口，相应的加工行业得以发展。北宋时在京城开封设有“文思院”和“造作局”，作为宫廷进口品的加工机构，生产规模颇为庞大，“诸色匠人，日役数千”。[⑤]民间相关行业也获得相应发展，从而涌现出一批为人称道的能工巧匠。从海外输入的奢侈品中一项重要的内容是象牙，对象牙工艺品尤其是牙雕的发展起了有益的作用。宋人不仅用象牙制作多种器皿，而且利用它创制了举世闻名的牙雕工艺品。

海外贸易直接带动了进出口商品加工业的发展和沿海区域经济的繁荣，国内外贸易活动的活跃、规模的扩大及众多港口城镇的兴起，为沿海经济注入了新的活力，固有的经济结构也出现了些微变化。

2. 改善了民众的福利状况

随着海外贸易的开展，域外优良的农作物品种被引进。这一时期沿着海上丝绸之路

---

①（宋）孙觌《鸿庆居士集》卷34朱公墓志铭。

② 嘉靖《上海县志》卷1总叙，民国21年影印本。

③（清）徐松. 宋会要辑稿·食货. 北京：中华书局，1981.

④（宋）王象之. 舆地纪胜：卷130福建路·泉州. 北京：中华书局，2012.

⑤（宋）陈均《宋九朝编年备要》卷29宣宗宣和二年十二月，文渊阁四库全书影印本。

引进的最重要的植物品种是占城稻和棉花。越南人素以善于种植水稻而闻名于世，中国古代文献中，有稻源出交趾的记载。宋真宗时期（998—1022 年），从越南中部广南地区引入了耐旱的占城稻种，于福建地区播种。至大中祥符年间（1008—1016 年），江淮、两浙一带遇旱灾，又将占城稻种引入江淮和两浙。此后，占城稻不仅在福建、江淮、两浙一带种植，而且还推广至北方。新稻种的引进不仅扩大了中国农作物的品种，更主要的是提高了土地利用率，使粮食产量大幅度提高，从而解决了更多人口的食物来源，一方面直接有益于人民的生活，另一方面为商品经济发展提供了基础。

早在汉代，棉花已传入中国边疆地区。自宋代开始，棉花又从边疆循南北两路传入中原。由于棉花在生产和加工方面优于其他织物原料，其逐渐取代丝麻，占据了主导地位，从而打破了中原地区丝麻一统天下的局面。

占城稻及棉花的引进，缓解了民众的衣食短缺状况，人民的基本生存条件得到改善。

在宋代进口的商货中，以香料为大宗。大量香料的流入，使中国权贵阶层中薰香之风盛行。同时，具有实用价值的大量香药的输入，也有助于中国医药卫生和饮料食品业的发展，从而丰富和便利了人们的日常生活。其中，木香和乳香，可配制成治疗偏瘫和头痛的秘方①。梅花片脑（龙脑的一种）可治疗“舌出过寸”症②。由苏合香、乳香、荜拨、安息香、龙脑等各种香药配制成的苏合香丸，“大能安气血，却外邪”③。一些香料的药用功能被发掘利用，促进了中医药学的发展，有利于提高民众的健康水平。

衣、食供给的增加，医药水平的提高，一方面，降低了人口的死亡率，促进了劳动力数量的增加；④另一方面，改善了现有人口的健康状况，提高了劳动力的质量，进而有助于社会总产出的扩大。

3. 增加了政府财政收入

随着海外贸易规模的扩大，宋政府海外贸易收入大幅增加，从而充实了政府的财政。两宋王朝一方面通过征收进出口税，另一方面则通过对奢侈品的垄断经营获得收入。

宋代市舶司的一个主要职能就是通过对舶货的抽解、禁榷和博买掌握大量进口品，并直接参与营销，从而使政府获得利润，与仅通过对进口品征收有限的商税是不同的。抽解即是指以实物形式征收进口关税。禁榷则是规定一些利润高的商品禁止民间买卖，由政府专营。博买就是对政府需要的进口商品优先收购，亦即政府购买。

通过上述措施，宋政府每年从海外贸易中获利颇丰。《宋史·食货志》中载，淳化二年（991 年），仅广州市舶岁入香药宝货五十余万斤条株颗⑤，皇祐年间收入五十三万有余（斤条株颗），治平年间又增十万，即六十三万。⑥《粤海关志》卷二也有类似记载：

---

①（宋）沈括，苏轼. 苏沈内翰良方：卷 2 木香散. 宋珍民，李恩军，点校. 北京：中医古籍出版社，2009.

②（宋）洪迈《夷坚丁志》卷 13 临安民，十万卷楼丛书，清光绪归安陆氏刊本（复印本）。

③（宋）沈括，苏轼. 苏沈内翰良方：卷 5 苏合香丸. 宋珍民，李恩军，点校. 北京：中医古籍出版社，2009.

④ 宋神宗元丰年间人口已突破 1 亿大关。见吴慧. 中国商业通史：第二卷. 北京：中国财经出版社，2006.

⑤ 斤条株颗为宋代的计数单位，体现出此数目是对不同物品总和的计算结果，但究竟是对数量还是价值的计算却不甚明了。

⑥（元）脱脱. 宋史：卷 186 食货志·互市舶法. 北京：中华书局，1977.

“海舶岁入象犀、珠宝、香药之类，皇祐中五十三万有余，治平中增十万，中兴岁入二百万缗。”①《文献通考》记载说：“神宗熙宁九年，杭、明、广三司市舶年收钱、粮、香药等 54 0173 缗、匹、斤、两、段、条、个、颗、脐、只、粒”；到哲宗统治时期，12 年间来自海外贸易的收入共达 500 万缗，每年约为 42 万缗。北宋初即在京城开封设置榷易署（又称香药署或香药院），太平兴国二年（977 年）即榷易署开张的第一年，北宋政府就获得 30 万缗的销售收入，以后不断增加。到宋徽宗时，由政府专营的进口舶货，“九年之间收至一千万”②，年均收入高达 120 万缗。

南宋对海外贸易税收的依赖度进一步提高，“南渡后，经费困乏，一切倚办海舶，岁入固不少”③，在更加积极的海外贸易政策下，南宋时来自海外贸易的收入进一步增加，宋高宗在绍兴二十九年（1159 年）提道：“朕曾问（张）阐市舶司岁入几何，阐奏抽解与和买以岁计之，约得二百万缗，如此即三路所入，固已不少，皆在常赋之外。”④《建炎以来朝野杂记》也说：“绍兴末，两舶司抽分及和买岁得息钱二百万缗。”⑤可见当时的市舶收入高达二百万贯，超过北宋最高额的两倍多。与此同时，南宋时通过政府专营获取的外贸收入亦相当可观，绍兴二十四年（1154 年），榷货务在杭州、建康、镇江“三务场”所收香矾钱共达 109 万缗，其中主要是来自进口的香料收入。⑥

海外贸易税收的增加一定程度上可以减轻占主导地位的农民的负担，有利于政治稳定和民众生活。高宗曾明确指出“市舶之利最厚，若措置合宜，所得动以百万计，岂不胜取之于民”，并且为表现所谓的仁政爱民之心，将自己对市舶收入的关心归结为“朕所以留意于此，庶几可以少宽民力尔”。⑦

4. 促进了中国南北经济交流，为社会经济发展创造了良好的条件

北宋的疆域主要限于黄河以南地区，至南宋则进一步退缩至淮河乃至长江以南，北方先后有契丹建立的辽国、女真建立的金国，西北地区则有党项族建立的西夏。宋朝与这些北方少数民族政权间有着激烈的冲突，从而导致中国分裂，相互间时和时战，南北间经济联系亦遭到破坏。但与此同时，为满足南北方各自急需的短缺物资，双方又在边界地区设立市场（即榷场）进行交易。

在与辽金及西夏的榷场贸易中，宋朝用于交易的商品除丝绸、漆器、粮食等南方物产外，还有大量自海路进口的舶货。宋朝建立之初，辽就于涿州新城、振武军和朔州城南设置榷场与宋贸易。澶渊之盟后，辽先后在涿州新城、振武军、朔州等地设置榷场。宋于真宗景德二年（1005 年）也在雄州、霸州和安肃军设置榷场，后又于广信军设置榷场，且这种交易规模还颇为可观。如景德二年榷场贸易恢复，宋朝即“出内帑香药二十

①（宋）王应麟《玉海》卷 186 唐市舶使，文渊阁四库全书影印本。

②（宋元）马端临《文献通考》卷 20 市籴考一・市舶互市。

③（清）顾炎武《天下郡国利病书》卷 120 海外诸番入贡互市。

④（清）徐松. 宋会要辑稿・职官 44 之 25、26. 北京：中华书局，1981.

⑤（宋）李心传《建炎以来朝野杂记》甲集卷 15 市舶司本息，文渊阁四库全书影印本。

⑥（清）徐松. 宋会要辑稿・食货 55 之 27～28. 北京：中华书局，1981.

⑦（清）徐松. 宋会要辑稿・职官 44 之 20. 北京：中华书局，1981.

万贯”[①]“景德三年（1006 年）诏凡官鬻物如旧，而增缯帛、漆器、杭稻。所入者有银、钱、布、羊、马、橐驼，岁获四十余万。……终仁宗、英宗之世……互市不绝”。[②]真宗景德二年（1005 年），“出内帑香药二十万贯”，到河北与契丹“博籴”[③]。神宗熙宁八年（1075 年）也曾以价值 20 万缗的象牙、犀角及珍珠等与辽进行榷场贸易[④]。综合文献记载考察，宋向辽输出的物品主要为香药、犀、象及茶，后又增加了缯帛、漆器、粳糯等。辽国同宋贸易的物品为银、钱、布、羊、马、橐驼、珍珠、镔铁刀、湖盐等。其中，羊是契丹出口的大宗。

宋夏的榷场贸易开始于景德四年（1007 年），在保安军设榷场。庆历四年（1044 年），宋夏订立和议后，除恢复保安军榷场外，又设置了镇戎军高平寨榷场。为了掌握贸易的主动权，宋朝始终把榷场设在自己的境内，并且单方面承担对榷场的管理。在榷场贸易中，宋朝官方贸易的物品品种主要是“以缯帛、罗绮易驼、马、牛、羊、玉、毡毯、干草；以香药、瓷漆器、姜桂等物易蜜蜡、麝脐、毛褐、羱羚角、硇砂、柴胡、苁蓉、红花、翎毛”。[⑤]

在南北相对和平，北宋与辽、西夏贸易的同时，西域一些国家时而辗转来宋贸易，“西若天竺、于阗、回鹘、大食、高昌、龟兹、拂林等国，虽介辽、夏之间，篚篚亦至，屡勤馆人”。[⑥] 双方贸易的开展，使新疆与内地的联系有所加强，有益于双方经济的发展。

女真族在完颜阿骨打的率领下于 1115 年建立了金国政权，并于同年灭掉辽国。靖康元年（1126 年）发动了侵宋战争。靖康二年，北宋灭亡。同年，赵构在南京应天府称帝，重建宋朝，史称南宋。此后，女真贵族为了消灭南宋政权，发动了无数次战争。绍兴十一年（1141 年），宋与金签订和约，南宋向金称臣，并以东起淮水中流西至大散关划定为界。另外，南宋每年还要向金输银 35 万两、绢 25 万匹，史称绍兴和议。

绍兴和议之后，虽然南北和平并未真正实现，但双方已开始了贸易往来。其贸易形式以在榷场进行的官方贸易为主。南宋的榷场主要设在盱眙，楚州之北神镇、杨家寨，淮阴之磨盘，安丰军之水寨、花靥镇，霍邱县之封家渡，信阳军之齐冒镇及枣阳军和光州等地，并以盱眙为中心；金国主要在泗、寿、颖、蔡、唐、邓、凤翔府、秦州、巩州、洮州及密州胶西县等处设榷场，以泗州为中心。[⑦]虽然战事不断，榷场时兴时废，但盱眙和泗州二榷场未曾关闭过。双方交换的商品中，南宋输出的商品主要有茶、米、麦、绢、虔布、丝、麻、书籍、牛、苏木，各类南方出产的水果如荔枝、金橘、龙眼等。另

---

①（清）徐松. 宋会要辑稿·食货 36 之 5. 北京：中华书局，1981.

②（元）脱脱. 宋史：卷 186 食货志·互市舶法. 北京：中华书局，1977.

③（清）徐松. 宋会要辑稿·食货 36 之 5. 北京：中华书局，1981.

④（宋元）马端临《文献通考》卷 20 市籴考一·市舶互市。

⑤（元）脱脱. 宋史：卷 186 食货志·互市舶法. 北京：中华书局，1977.

⑥（元）脱脱. 宋史：卷 485. 北京：中华书局，1977.

⑦（宋）李心传. 建炎以来系年要录：卷 145. 北京：中华书局，1956；（元）脱脱. 金史：卷 50 食货志·榷场. 北京：中华书局，1975.

外，还将海外贸易中的舶来品如犀、象、香药等运到榷场交易。金向南宋主要输出解盐、丝、绢、绵、药材、羊、豕等。

此外，北宋时期在密州板桥镇设置市舶司也大大便利了南北经济交流，范鄂在设置板桥市舶司的建议中即明确指出："明、杭贸易止于一路，而板桥有西北数路商贾之交易，其丝、绵、缣、帛又蕃商所欲之货，此南北之所以交驰而奔辏者。"

与北方少数民族政权间的榷场贸易，不但获得了相应的短缺的重要物资，沟通了南北经济联系，同时在一定程度上维护了南北和平，为经济发展及人民生活创造了相对安定的社会环境。

综上所述，两宋时期海外贸易的发展对中国沿海地区的社会经济产生了较为全面的影响，进出口规模的扩大使沿海更多的人口卷入了商品交换活动中，手工业、商业活动的增加，使沿海地区的经济结构中非农产业所占份额增加，商品经济趋于活跃。与进出口贸易有关的行业得到加速发展，在局部地区、局部行业出现了一定的外向型经济成分，进出口贸易对经济增长的带动作用有所体现。

（二）宋代输出品对海外诸国的影响

宋代中国经济文化处于世界领先地位，随着中外贸易的开展，中国的手工业品及其制造技术输出到周边国家和地区，推动了这些地区生产力的进步。

1. 丝绸

两宋时期，中国传统的出口商品丝绸依然是大宗出口货物，伴随丝绸出口，养蚕缫丝技术进一步扩散到更遥远的地域。作为高档纺织品，中国丝绸以其图案精美、穿着舒适深受世界各国人民喜爱，而其昂贵的价格激发了各国试图掌握养蚕缫丝技术、实现进口替代的愿望。宋代中国丝绸贸易的发展进一步加快了制造技术的输出，宋代丝绸制造技术已传播到马来群岛，爪哇岛上的阇婆国已开始"务蚕织，有薄绢、丝绞"了[①]。织锦技术宋代时传入交趾。宋代中国纺织绸缎技术的进步再度吸引日本工匠前来学习，由此他们掌握了织作广东绸和缎子的技术，回国后兴办起具有本国特色的"博多织"[②]。

2. 瓷器

宋代是中国瓷器制造业飞跃发展的时期。随着瓷器输往东西方各国，不断提高的制瓷技术也渐次外传。11 世纪中叶，高丽在引进中国制瓷技术的基础上烧制了高丽青瓷。据《宣和奉使高丽图经》描述，系"翡色""制作工巧，色泽尤佳"。高丽青瓷主要受宋越州窑技术的影响，按还原焰的窑法进行烧制的。12 世纪初，高丽受镶嵌漆器的启发，又烧制了镶嵌青瓷，在技术引进的基础上有了自己的创新。中国瓷器制造技术在宋代也输出到了日本，日本人加藤四郎左卫门于南宋后期随日僧道元入宋，前往天目山学习制陶达 6 年之久。归国后，在尾张的濑户建窑，专门制造茶褐色并施以黄釉的、具有中国宋代风格的"濑户烧"，从而开辟了日本制陶技术的新纪元[③]。柬埔寨近代发掘吴哥皇宫遗址时，发现有不少宋、元和明初的中国瓷器碎片。同时，荔枝山遗址发现的瓷器均带

① （元）脱脱. 宋史：卷 489 阇婆国. 北京：中华书局，1977.
② 严勇. 古代中日丝绸文化的交流与日本织物的发展. 考古与文物，2004(1).
③ ［日］木宫泰彦. 日中文化交流史. 胡锡年，译. 北京：商务印书馆，1980.

有广西西村窑的特色。宋代称缅甸为蒲甘，在此出土的文物中有中国文人使用的一对鸭子形的陶瓷水盂①。近代越南的广安、北宁、清化等地曾发现有宋代景德镇窑、磁州窑等地的产品。越南引进了中国的瓷器制造技术，其所烧制的单色瓷器深受宋瓷的影响。

宋代精巧别致的瓷器，特别是日用瓷器流入马来群岛各古国，对改变他们简陋的用餐习俗起了重要的作用。当时，该地区经济落后，日用器皿缺乏，竟致无餐具可用。据南宋地理学家赵汝适《诸蕃志》卷上记载，兰无里国（今苏门答腊岛班达亚齐），“以手掬饭”；苏吉丹国（今爪哇岛中部），“饮食不用器皿，缄树叶以从事，食已则弃之”。故它们对宋代日用瓷器的需求十分迫切，大量输入以作餐具的同时，该地区还将中国瓷器作为酒具、嫁妆、葬器以及财富的标志等。菲律宾出土的中国瓷器为东南亚地区之冠，许多土人家庭珍藏有中国古瓷。

在巴基斯坦距离卡拉奇不远的斑波尔废港，发现了许多种类不同的宋瓷，其中有线刻花纹的宋初越窑瓷的残片和覆莲瓣纹的华南白瓷片，并有宋末元初的龙泉青瓷片。在信德省府所在地海德拉巴的东北布拉夫米那巴德遗址，见有宋初的青瓷、白瓷和褐釉陶瓷片。在印度迈索尔城博物馆，陈列着宋代龙泉窑青瓷片和福建、广东出产的白瓷片。在南印度本地治里城以南阿里卡美都村落遗址，见有完整精美的南宋龙泉窑的高等级青瓷碗；本地治里西北可里麦都遗址也散落着宋代的陶瓷片。在斯里兰卡开戈拉镇以南德地卡玛村佛塔的外围，亦发现有很多宋瓷片，其中有精美的南宋龙泉窑青瓷碗的残片。

在伊朗内陆临近哈里鲁溪谷的几鲁夫特的沙里·达卡奴斯遗址，也发现了宋代的青瓷和青白瓷。在阿拉伯半岛的南岸、东岸和北岸，均发现了宋瓷的地下实物。在也门北部和沙特阿拉伯国境线附近的扎哈兰，发掘出宋代龙泉窑青瓷。在离亚丁港不远的阿布扬废墟，也见有宋瓷遗物。此外，在黎巴嫩的巴勒贝克、叙利亚的哈马遗址，也发现了宋代龙泉青瓷碗残片、德化窑白瓷残片。伊拉克巴格达以北的萨马腊遗址出土有宋代的青瓷、青白瓷、白瓷等。

古代的埃及原有陶瓷器业生产，宋代随着中国与阿拉伯地区贸易的蓬勃发展，埃及引进了中国制瓷技术，使其瓷器制造业得到了迅速的发展。宋朝著名的龙泉窑青瓷，福建、广东诸窑烧制的青瓷、白瓷、青白瓷，景德镇的青白瓷和白瓷，德化窑的白瓷以及北方定窑系的白瓷等在埃及均有发现，11 世纪以后埃及大量出现青瓷、青白瓷和青花瓷的仿制品。

3. 钱币

两宋时期，由于海外贸易税收及政府垄断性经营收入主要来自进口，因而鼓励发展海外贸易的重点是开展进口贸易。随着大量香药的进口，不仅有大量的中国丝绸、瓷器出口异域，同时中国铜钱也作为世界区域性硬通货流向诸多贸易伙伴国。铜钱外流与近现代由于贸易逆差导致的国际收支逆差不同，宋代时期由于临近的日本及东南亚各国货币经济不发达，且铸币技术落后，因而铸造精良、信用等级高、币值相对稳定的中国铜

---

① 杜生诰. 中国古物在浦甘. 缅甸学报，1912，1（2）；陈炎. 中缅文化交流两千年//周一良. 中外文化交流史. 郑州：河南人民出版社，1987.

钱既可充当一般等价物，本身又是重要的商品，以致“海外东南诸蕃国无一国不贪好”。日本学者藤家礼之助认为当时的日本被“卷进了汪洋的宋钱经济的旋涡中”，“可信赖的宋钱作为有效的通货来使用，最后发展到成为必不可缺的通货加以重用”。[①]

而中国在铜钱的铸造上不具有资源上的比较优势，进口规模的扩大导致国内市场铜钱短缺，因而宋政府对铜钱的输出不得不加以限制。但海外铜钱需求强烈，使贩运铜钱出口利润巨大，中外商人往往不顾宋朝禁令，“潜载铜钱博换”。“入蕃者非铜钱不往，而蕃货亦非铜钱不售”[②]。结果铜钱走私严重，南宋理宗淳祐二年七月，日本东条经执政时，一次航海输入宋朝铜钱即达 10 万贯。

中国钱币通过使节、贸易以及商人私运等途经大量流入日本、东南亚、南亚、西亚和非洲各地。在印度迈索尔邦考古博物馆，有从昌德拉瓦利遗址出土的北宋神宗（1068—1085 年）时的“元丰通宝”；在南印度本地治里城以南阿里卡美都村落遗址，出土了北宋徽宗宣和年间（1119—1125 年）的“宣和通宝”；斯里兰卡北部阿努拉达普拉以南雅帕护瓦城遗址，发现了多达 1 352 枚的两宋铜币。在波斯湾霍尔木兹岛对岸卡拉屯，也出土了宋代铜钱；沙特阿拉伯的达兰市附近的卡提夫，亦发掘出了宋真宗咸平年间（998—1003 年）的“咸平通宝”和宋哲宗绍圣年间（1094—1098 年）的“绍圣通宝”。东非沿岸肯尼亚蒙巴萨北部哥迪镇废墟，发掘出南宋宁宗庆元年间（1195—1200 年）的“庆元通宝”和理宗绍定年间（1228—1233 年）的“绍定通宝”；在索马里的摩加迪沙和坦桑尼亚的桑给巴尔，亦发现宋代钱币[③]。

中国钱币的流入，促进了当地货币经济的发展，中国钱币铸造技术也逐步输出。如在爪哇等地发掘出中国铜钱的同时，还发掘出许多大约 9 至 16 世纪（主要是麻喏巴歇王朝时期）当地铸造的铜钱和锡钱。这些古钱多数呈圆体方孔，显然受中国铸币技术的影响。高丽产铜但不善鼓铸，两宋时期进口大量中国铜钱，后仿制宋钱铸造“海东通宝”“三韩重宝”等。

4. 书籍

两宋时期，雕版印刷技术的普及、活字版印刷术的发明，使中国印书业获得显著发展，其中浙江的杭州、四川的成都及福建成为印书业的中心。书籍作为重要的文化产品不仅在国内流通，而且通过使节往来和商人贩运进入了海外市场。长期受中国文化影响的朝鲜、日本及交趾等国，对中国各类典籍需求殷切。如宋朝政府常常在遣使高丽时，赠送其王各种书籍，包括《文苑英华》《太平御览》《神医补救方》以及《佛经》等。各国使节来华也常求取图书，如高丽国王曾要求“赐版本九经”。[④]商人贩运图书更是常态，如天圣五年（1027 年），宋商李文通将 597 卷书籍运往高丽；史载高丽国王“每贾客市书至，则洁服焚香对之”。[⑤]宋代商人不仅贩运大量书籍出海，甚至还直接将雕凿好的版

① ［日］藤家礼之助. 日中交流两千年. 北京：北京大学出版社，1982.

②（清）徐松. 宋会要辑稿·刑法 2 之 144. 北京：中华书局，1981.

③ ［日］三上次男. 陶瓷之路. 李锡经，高喜美，译. 北京：文物出版社，1984.

④（宋）江少虞. 宋朝事实类苑：卷 77. 上海：上海古籍出版社，1981.

⑤（元）脱脱. 宋史：卷 487 高丽传. 北京：中华书局，1977.

本一并贩运，苏轼即曾谈到，有商人徐戬将书籍作为商品输往高丽“雕造经板二千九百余片，公然载往彼国”。[①]相互交流了大量的书籍，对彼此间的文化发展起了积极的作用。

中国书籍流入日本数量也颇为可观，天圣七年（1029 年），有宋商在日本市场上公开销售《唐音玉篇》和《白氏文集》等书。宋代时期中国输往日本的书籍中佛经占有重要地位，文献对此多有记载，如宋太宗雍熙元年，日本僧人“求印本《大藏经》，诏亦给之”。[②]

书籍出口在唐代已颇具规模，以致宋代在中国书籍继续流向朝鲜、日本等国的同时，一些在中国已失传的书籍版本又由两国反流入中国，对于中国文化的传承起了促进作用。

5. 医药

中医药学发展到宋代已经积累了丰富的知识和实用技术，随着贸易往来的频繁，高丽、日本、交趾等国通过多种渠道将中医药学引进到本国。《宋史・高丽国》记载，高丽国“俗不知医，自王俣来请医，后始有通其术者”。宋朝不断派遣医生赴高丽就诊并进行医学教学。1072 年，宋朝遣医官王愉、徐先赴高丽；1074 年，宋朝又遣扬州医学助教马世安等 8 人往高丽，均受到高丽国王的尊重和热情接待。1080 年，宋朝再次遣马世安去高丽，高丽王不仅设宴款待，还馈赠了礼品。应高丽王的邀请，宋朝还曾派遣翰林医官在内的庞大医疗团赴高丽为其王诊治，并赠送大批药品。随商船入宋的日本僧人，也将中国的医学技术带回日本。

二、对外贸易对文化交流的影响

（一）海外贸易与中国科技的传播

1. 造纸术

宋代以前，中国纸及造纸术已经广泛外传。到了宋代，一些早期掌握中国造纸术的国家在技术上有了自己的创新，其产品开始返销中国。如朝鲜的王氏高丽输入中国的纸张，深受宋人的赞许。南宋人陈櫰在《负暄野录》卷下载称：“高丽纸类蜀中冷金，缜实而莹。”宋代士大夫间还常以高丽纸作为彼此相赠的礼品。尤其是高丽的纸扇，优于中国的纨扇和羽扇，备受宋人的喜爱。这一时期日本纸也输入中国，获得好评。

宋朝时期，北非的摩洛哥成为阿拉伯世界的造纸中心，造纸术由此进一步传入西班牙，进而开创了欧洲造纸的历史。其后造纸术由西班牙逐步传入法国等西欧国家。南宋后期，造纸术从埃及经地中海传入意大利。

2. 印刷术

公元 11 世纪，即北宋中期，中国印刷术出现了新的飞跃。宋仁宗庆历年间（1041—1048 年）毕昇发明了活字版印刷术，成为排版印刷的起点，比德国人谷腾堡用活字印《圣经》早了 400 年。至南宋，高丽在汲取毕昇的胶泥活字印刷术的基础上，于

---

① 《苏东坡全集》卷 58 乞禁商旅国外国状，文渊阁四库全书影印本。

② （元）脱脱. 宋史：卷 491 日本国传. 北京：中华书局，1977.

1234 至 1241 年间又发明了金属活字印刷术。

南宋时，中国的印刷术推动了越南印刷业的发展。约南宋理宗淳祐、宝祐年间（1241—1258 年），越南历史上首次记载的印刷品——户口帖子问世。唐代发明的雕版印刷术，于南宋末至元初，又传至伊朗。其后，又从伊朗西传至欧洲。

印刷术的外传推动了各有关国家和地区的文化传播与文明进步，同时印刷技术相互影响得以不断创新。

3. 罗盘

早在战国时期，中国人就发明了天然磁石制成的“司南”。北宋仁宗庆历四年（1044 年）已出现用人工磁化方法制作的指南鱼。嘉祐八年（1063 年），北宋科学家沈括在《梦溪笔谈》中又阐述了钢针磁化法：“方家以磁石磨针锋，则能指南，然常微偏东，不全南也。”①沈括还介绍了四种指南针的装置方法。从航海角度考察，以水浮针最为简易实用。12 世纪初，北宋末年，宋人已将指南针用于航海。南宋时，指南浮针已演进成为水浮式磁罗盘——针盘了。12 世纪末 13 世纪初，罗盘针的应用由海路传入波斯和阿拉伯，其后，又传入欧洲。指南针用于航海不仅促进了中国和世界航海业的进步，同时，也推动了哥伦布对美洲大陆的发现和麦哲伦环球航行的完成，大大加快了世界历史发展的进程。

（二）海外贸易与伊斯兰教的传入

广州、泉州等对外贸易口岸是宋代对外开放的窗口，随着大量外商涌入及中国海商的出洋，特别是不少外商移居中国，在宋朝尊重、保护外商习俗及利益的政策下，阿拉伯商人将伊斯兰教带入中国，并在中国生根发展。

宋代大批经营中阿贸易的阿拉伯商人获得了巨额利润，积累了大量财富，不少人移居中国沿海的广州、泉州等地，他们在其居住地陆续修建起了清真寺，如北宋真宗大中祥符二年（1009 年），阿拉伯商人在泉州建立了第一座清真寺——“圣友寺”，南宋高宗绍兴元年（1131 年），又建有清净寺；此后还建立了也门寺等。随着越来越多营商中国的阿拉伯穆斯林移居中国，寺院的修建、宗教活动的开展，推进了伊斯兰教在中国的传播与发展。

综上所述，宋代中国一方面社会经济发展迅速，科学技术发达，造船航海水平空前提高，发展对外贸易，特别是发展海外贸易的物质基础雄厚；另一方面，北方民族纷争导致宋政府财政压力沉重，广开财源成为政权巩固的根本，海外贸易在一定程度上可以缓解财政危机，从而获得空前重视。北宋初期，宋朝统治者就派遣使节去海外从事贸易活动，并借机招徕海外诸国到中国贸易。同时还动用政治、经济等各种手段鼓励外商来华，其对外商优惠的力度大大超过汉唐时期，从而使这一时期中国的对外开放水平达到一个新的高度。

但这一时期的对外开放依然有其时代的局限性，基于财政及上层社会奢侈性消费需求，两宋王朝奉行对外开放、发展海外贸易的政策，但自然经济形态下社会经济发展对外依存度极低，因而这种开放是有限的，对外贸易不可能自由发展，必然处于政府的控

---

①（宋）沈括《梦溪笔谈》卷 24，文渊阁四库全书影印本。

制之下。当民间对外贸易的自由发展不能满足政府利益最大化目标时，政府往往采取各种干预手段，如对利润高的商品实施政府垄断经营或优先采购。为杜绝走私、保证税收，宋朝限制未设市舶司的港口进行私人海外贸易。同时对外贸易又不时被作为政治外交手段，如由于北方少数民族政权对宋朝先进的农业经济具有较大的依赖性，因而宋政府常常采取关闭和禁绝与少数民族政权的贸易作为其不断扰边的惩戒以使其就范。

第六章
元代的对外贸易

公元 11—12 世纪，游牧于阴山山脉以北、兴安岭以西、阿尔泰山以东的蒙古诸部落逐渐发展壮大。13 世纪初期，孛儿只斤部铁木真统一诸部，于 1206 年建立大蒙古国，并被尊称为成吉思汗。成吉思汗建国后，开展一系列政权建设，包括确立专制主义汗权，建立从汗庭到地方的行政管理机构，设立常备军、制定法律等。从成吉思汗到窝阔台汗、蒙哥汗，大胆起用各族优秀人才，进行政权建设，发展经济，完善并巩固蒙古国政权，同时不断对外发动征服和扩张战争，使蒙古国的统治区域不断扩大。1260 年，忽必烈登上汗位，1271 年改“大蒙古国”号为“元”。1279 年南宋灭亡，统一的、多民族的、疆域空前广阔的新兴封建王朝最终建立。

通过军事征服建立的元朝，其综合国力较宋代大为增强。蒙古大军从漠北到江南以及从中国到中亚、西亚直至欧洲的远征一方面造就了一个地域空前辽阔的大帝国，东亚与中亚、西亚乃至欧洲间交通畅达，另一方面蒙古贵族眼界大开，对各种奇珍异物的需求欲望急剧增加。随着大蒙古帝国的解体，元朝统治者认识到，依靠武力无法维系帝国的稳定，只有接受先进文化、发展经济才能巩固统治基础。随着中外交通的畅达，元代的对外贸易特别是其海路贸易出现了空前繁荣的局面，中外经济文化交流达到了一个新的高度。

第一节　元代社会经济的发展和造船航海业的进步

元朝时期，中国社会经济得到进一步发展，交通道路的拓展、服务设施的完善、造船及航海水平的提高，使交通运输条件进一步改善，为对外贸易的发展奠定了更为坚实的物质基础。

一、社会经济的恢复与发展

13 世纪初成吉思汗率部从漠北崛起，蒙古大军西征南伐，前后数十年间，战火绵延不绝，百姓惨遭涂炭，农田被毁，工匠被掳，人民流离失所，同时具有游牧传统的蒙古人还把大片耕地占为牧场，使农业、手工业遭到严重破坏。1260 年元世祖忽必烈即位，其时社会经济极度凋敝，特别是黄河流域的河南、河北、山东等地土地大量荒芜，人烟稀少，满目疮痍，恢复发展社会生产成为巩固元朝统治的必然选择。为此，忽必烈颁布了“国以民为本，民以衣食为本，衣食以农桑为本”的诏令，采用中原先进的政治经济制度，恢复发展经济。首要之务是恢复发展农业，为此，元朝采取了一系列重农措施，一是设立农业管理机构——司农司（1270 年），劝课农桑。司农司派出劝农使到各地大力抚辑流亡，整顿户籍。二是多次颁布保护和发展农业生产的法令，如忽必烈多次下诏禁占民田为牧地，禁诸王贵族因狩猎践踏田亩。成宗大德十一年（1307 年），又“申扰农之禁，力田者有赏，游惰者有罚”；至元八年还“命尚书省阅实天下户口，颁条画，谕天下”[①]，对户籍进行大规模整顿，将被诸王贵戚、权势之家非法占为奴隶的人按籍追出，编籍为民。三是组织屯田及鼓励垦辟荒地。至元二十五年（1288 年）规定：“募民能耕江南旷土及公田者，免其差役三年，其输租免三分之一。”[②]四是设立督水监和河渠司，兴修水利，修复和修筑了许多灌溉工程，扩大灌溉面积。五是积极推广先进的农业生产技术，元政府派人搜集古今农书，将其中有实用价值的部分编辑成《农桑辑要》一书，颁行全国。此外，还实行了“一本于宽”较为宽松的赋税制度，一系列重农政策的实施，为农业的迅速恢复和发展创造了有利的客观条件。在忽必烈统治期间，社会经济逐步恢复，出现了“户口增，田野辟”的景象。边疆地区经济开发成效显著，如蒙古和林一带，土地开垦，粮食产出大增，以致“谷以恒贱，边政大治”，粮价低廉，社会安定。云南各地也出现了“野无荒闲，人皆力耕，地富饶”的景象。

棉纺织业是元代新兴的手工业，棉布以其生产工序简单、成本相对低廉，在解决民众衣着上具有显著优势，元代王祯在《农书》中即称：“比之桑蚕，无采养之劳，有必收之效，埒之枲苎，免绩缉之工，得御寒之益。可谓不麻而布，不茧而絮。”因而棉

① （明）宋濂，等. 元史：卷 7 世祖 4. 北京：中华书局，1976.

② （明）宋濂，等. 元史：卷 15 世祖本纪. 北京：中华书局，1976.

花自宋代引进后，种植面积不断扩大。元政府于至元二十六年（1289 年），特在浙东、江南、江东、湖广、福建等地设置“木棉提举司”，促进棉花的生产，并将木棉税确定为元朝的正式税目项目，后来元政府又规定南方一些地区用木棉布代替地税。元贞年间（1295—1296 年）精通棉纺织技术的黄道婆自崖州（海南）返回家乡松江乌泥径（上海旧城西南）后，将海南棉纺织技术引入，并加以改造，如创制轧棉籽的搅车、三锭脚踏纺车、弹棉推弓，“躬纺木棉花，织崖州被自给，教她姓妇不少倦。未几，被更乌径名天下，仰食者千余家”。[①]“松江大布”行销天下，松江一跃成了全国棉纺织业的中心，并带动了全国棉纺织业的发展。

丝织业依然是元代重要的手工行业，蒙古大军在征服战争中，俘掠了大量丝织工匠，蒙古统治者在其占领地区设立了许多从事手工业的局、院，令工匠从事丝织生产。全国统一后，官办手工业局、院几乎遍布全国各大中城市，其规模空前庞大。大量优秀工匠集中生产使技术进步加速，官办局、院生产的丝织品产量高、花色品种丰富，质地精美。民间丝织业也获得普遍发展，除作为家庭副业外，专业化的手工作坊也渐次兴起了。如成都城中“千家万家夜灯起，机声轧轧满城市”[②]，元末徐一夔在《织工对》中描述了杭州相安里丝织手工作坊的生产状况，“杼机四五具，南北向列，工十数人，手提足蹴，皆苍然无神色”。马可波罗在中国时，曾目睹中原和南方各地居民生产丝织品的盛况，如成都附近的乡村“其中纺织数种丝织”，陕西居民织造“种种金锦丝绢”，山东东平“产丝之饶竟至不可思议”，河南开封以及江苏宝应、镇江、苏州、吴兴、吴江等地的居民多是“恃商工为活，有丝甚饶”，生产各种金锦丝绢。专业机户在元代继续发展，特别是在元代的丝织业中心江南的苏州、湖州、杭州、常州、松江一带，机户众多，其中仅丹徒一县从事丝织业的就达 300 余户。

丝织业的发展使产品供给增加，同时棉纺织业的发展，出现了棉织品对丝织品消费的替代，使国内对丝织品的需求减少，从而使更多丝织品得以进入海外市场。

元代制瓷业在宋代的基础上继续向前发展，特别是随着大批工匠的迁入，江西景德镇发展为制瓷中心。同时元朝特地在景德镇设置了专门负责管理瓷器制造的机构——浮梁瓷局。《元史》卷八十八记载：“浮梁磁局，秩正九品，至元十五年立，掌烧造磁器。”泰定年间（1324 1327 年）浮梁磁局被撤销，代之以课税局——元代中央政府在景德镇设置的专门收瓷窑税金的机构。这说明瓷器生产发展到相当高的水平，政府监督推动生产的必要性降低，政府从中获取的收益增加。景德镇瓷器亦代表了这一时期瓷器制造业的发展水平，一方面生产规模可观，绵延仅十余里的小镇，分布着二三百座瓷窑，集中工匠数十万。瓷窑的集中产生了显著的集聚效应，技术进步速度加快，这一时期景德镇烧制的瓷器种类丰富多彩，特别是青花瓷釉料的炼制与烧制技术趋于成熟。

---

①（明）陶宗仪《辍耕录》卷 24 黄道婆，四部丛刊三编本；（元）王逢《梧溪集》卷 3 黄道婆祠，钦定四库全书本。

②（元）戴良《赋廉范五裤送马太守》《九灵山房集》卷9，钦定四库全书本。

冶炼业等在宋代的基础上都有新的发展。由于手工业的发展，一部分农民从农业中分离出来，有的流入城市，造成了农业人口减少，非农户口增加，从而增加了对商品粮的需求，刺激了商业性农业的发展。

唐宋以来，我国经济重心逐渐南移，元朝灭南宋统一全国后，南北经济交流进一步扩大，元大都作为全国的政治中心，“去江南极远，而百司庶府之繁，卫士编民之众，无不仰给于江南”。① 元朝政府决心凿通南北大运河，派都水监郭守敬修凿通州至大都的通惠河，使南北大运河全线沟通，把我国黄河、淮河、长江、钱塘江四大流域连在一起，为南北交通的发达和全国物资交流创造了有利的条件，推动了国内商品经济的活跃。

二、造船与航海业的发展

元代造船业继续向前发展，造船基地遍布直沽、临清、登州、建康（南京）、扬州、杭州、泉州、福州、赣州、隆兴（南昌）、潮州及广州等地。造船数量可观，如元世祖至元十年（1273 年），“刘整请教练水军五六万及于兴元金（即广州）、扬州、汴梁等处造船二千艘”②。至元十九年（1282 年）九月，忽必烈令“平滦、……扬州、隆兴、泉州，其造大小船三千艘”③。这一时期不仅所造船舶数量众多，而且载重量大。《马可·波罗行纪》中说：“大汗又下令准备了十四艘船，每船有四桅杆，能扬九帆。”“其中至少有四五艘船可容纳船员二百五十或二百六十人。”伊本·白图泰对泉州的造船业进行过详细的描述，他说：“大船有十帆，至少是三帆，帆系用藤蔑编织，其状如席，常挂不落，顺风调帆，下锚时亦不落帆。每一大船役使千人。……此种巨船只在中国的剌桐城（即泉州）建造，或在隋尼凯兰（即广州）建造。……船上造有甲板四层，内有房舱、官舱和商人舱。”④出海商船通常载重量达数百吨。

元朝还在政策上积极扶植泉州造船业。泉州港获得东方第一大港之誉实与当时发达的造船业关系密切。造船业亦成为泉州主要经济产业。元朝在至元二十年颁布了极为优惠的脚价规定，这一政策的实施极大地刺激了泉州造船业。泉州港在造船工艺、船舶设备及船的远航性能等方面均居世界先进行列。在极盛时期当地海船竟达 1.5 万艘之多。庞大的船队是中外其他港口无法可比的。伊本·白图泰亲见有的中国人拥有船舶多只，遂感慨世界上没有比中国人更富有的了。

宋代发明的指南针，到元代已成为海商出洋的必备之物了。大量文献如元人周达观《真腊风土记》记载了海船中配备的“行丁未针”“行坤申针”，根据指南针在罗盘上的位置以定方向，即所谓的“针路”。元代人们对季风规律的把握与运用更为娴熟，南下南海各国，“遇冬汛北风发舶”，利用东北风启航，然后在“次年夏汛南风回帆”。去北方的高丽则乘南风，夏季发船，冬季乘北风回航，顺风时三五天可到。

---

①（元）危素《元海运志》附录《周抚院讳孔教救荒条谕》。

②（明）宋濂，等. 元史：卷 8 世祖本纪 5. 北京：中华书局，1976.

③（清）毕沅《续资治通鉴》卷 186 至元十九年九月壬申。

④［摩洛哥］伊本·白图泰. 伊本·白图泰游记：上册. 马金鹏，译. 银川：宁夏人民出版社，1985.

去日本，一般在夏天，利用西南季风，返航则在春秋二季，利用东北季风，顺风时航程约十天。

全国统一以后，农业、手工业的恢复和发展，为对外贸易奠定了经济基础，海舶制造和航海技术的进步为海外贸易发展提供了技术支撑。

三、陆路交通的恢复与发展

自唐后期开始，陆上丝绸之路走向衰落。到宋代，北方民族纷争使丝绸之路更加式微。13 世纪上半叶蒙古民族崛起于漠北，在成吉思汗的率领下，蒙古大军在亚欧大陆先后发动多次大规模战争，特别是三次西征，打通了亚欧间的交通道路，在亚欧大陆建立了四大汗国。其中察合台汗国，最盛时其疆域东至吐鲁番、罗布泊，西及阿姆河，北到塔尔巴哈台山，南越兴都库什山；钦察汗国东起额尔齐斯河，西至多瑙河，南起巴尔喀什湖、里海、黑海一线，北抵北极，都城萨莱在今俄罗斯阿斯特拉罕附近；伊利汗国东起阿姆河和印度河，西至小亚细亚，南抵波斯湾，北至高加索；窝阔台汗国的领地主要在额尔齐斯河上游和巴尔喀什湖以东地区，建都叶密立（今新疆额敏县）。蒙古大军不仅征服了亚欧的广大地域，而且开创了中西交通的新局面。

元朝建立后，元军于 1276 年攻克南宋首都临安（今杭州），实现了从五代十国以来中国又一次历史大统一，由此建立了一个由少数民族统治的大一统国家。元朝与四大汗国构成了地跨亚欧两大洲的大蒙古帝国。由于大蒙古帝国疆域辽阔，为了便于地方和中央间信息的传达和沟通，从成吉思汗时就进行驿站的修筑。驿站不仅负责传递信息，而且由于东西方贸易的兴盛，驿站也成了商运的动脉，为商旅往来提供食宿便利和给养补充。元朝建立后，不断加强对丝路沿线交通设施的建设，驿站的设置密度增加，驿马、食宿等服务日益完善。

元代的驿站有水站、马站、陆站、海战、狗站，其中陆站在保护和推动陆路贸易的发展上起到了重要作用。驿站为商旅往来提供安全保卫、食宿便利和给养的补充。元政府规定：商旅所至，“官给饮食，遣兵防卫”。凡商旅往来要道及住宿之处，地方官设置巡防弓手保护。早在成吉思汗时已建立了驿传的雏形，为了保护商旅的安全，他还“于诸大道设置守卫”和“干净的白毡袭帐”①，以“保证各种商旅在各种城市与大道上通行无阻”②。元朝建立后，不断加强对丝路沿线交通设施的建设，驿站的设置密度增加，驿马、食宿等服务日益完善。东西交通沿线的驻军为往来商旅提供了安全保障，星罗棋布的驿站又为商旅提供了食宿便利，史载“元有天下，薄海内外，人迹所及，皆置驿传，使驿往来，如行国中”，③从而形成了一个东西相连、南北交错沟通欧亚的庞大交通网络，将东亚、中亚、西亚及欧洲联系在了一起，从而大大便利了东西交通往来。沉寂已久的古老丝绸之路再度焕发了勃勃生机并有了进一步的发展。

---

①（伊朗）志费尼．世界征服者史：上册．何高济，译．呼和浩特：内蒙古人民出版社，1980.

② 贝勒津．成吉思汗的札撒．蒙古史研究资料，1981（18）.

③（明）宋濂，等．元史：卷 63 地理志 6．北京：中华书局，1976.

这一时期东西陆上交通主要有三条，即北道、中道和南道。其中北道是由天山以北的别失八里（今新疆吉木萨尔）、阿力麻里（今新疆霍城）经楚河流域，循锡尔河以北，经塔剌思（今哈萨克斯坦江布尔），再由咸海及里海北岸，穿行钦察草原到达萨莱（今俄罗斯伏尔加河东岸阿斯特拉罕附近），由此可抵达多瑙河流域。或经克里米亚半岛过黑海至君士坦丁堡。其中萨莱、别失八里是东西方货物的集散中心，由此成为国际性都市。中道也从阿力麻里出发，进入中亚的两河之间地带，经撒马尔罕、布哈拉抵小亚细亚。南道即汉唐时代的丝路南道，此时得以恢复，也是从河西走廊出发，经罗布泊以南沿昆仑山北麓西进，越葱岭，进入中亚，再由阿姆河南岸、里海南岸进入伊朗、两河流域，最终抵达地中海东岸。其中北道连接欧亚，经行中亚及东欧草原地带，故又被称为"欧亚草原之路"，它成为13世纪中叶到14世纪中叶亚欧间重要的经济文化联系孔道。欧洲各国商人由此路来华，络绎于途，中西贸易盛极一时。经陆路来华的外国商队，或从河西走廊东行，经肃州、甘州沿长城向东到上都或大都。或沿天山北麓出阿力麻里、别失八里，越阿尔泰山经今之乌里亚苏台、额尔浑河源至和林。由此可见，元代中西陆路交通较之汉唐时代在东西两端均有较大拓展，连接的地域范围更加广阔。

陆路贸易除西北丝路外，西南丝路交通也受到重视，至元十三年（1276 年），元朝在乌蒙（今云南昭通）至四川沿途"水陆皆置驿站"，其在畅通云南与内地交通上起了重要作用。元代西南丝路上的贸易活动也不绝如缕，如云南盛产的马匹也成为这一时期的输出品，《马可·波罗行纪》记载：大理马"驱大而美，贩售印度"。

第二节　元代对外贸易政策

一、积极发展对外贸易政策的形成

伴随着蒙古大军从漠北到中原，从东亚到东欧的扩张，其统治区域迅速扩大，虽然靠军事征服建立的大帝国未能持久，但元朝依然是一个疆域辽阔的大帝国，号称"北逾阴山，西极流沙，东尽辽左，南越海表""东南所至不下汉、唐，而西北则过之，有难以里数限者"。①在其南下及西征的过程中直接与多种文明的接触与碰撞，使元朝统治者加深了对世界的了解，培育了宽广的视野和开放的心态，从而形成了"四海为家""通问结好"积极对外开放的意识。元世祖忽必烈曾提出"圣人以四海为家，不相通好，岂一家之理哉?"因而"亲仁善邻，国之美事"，并且在对外交往中应坚持国家不分远近大小、外交平等的原则，即"仰惟覆熹，一视同仁，不遐迩小大之间"。他还自称："朕即位以来，薄海内外亲如一家。"其言虽不乏粉饰之意，对外征伐战争也未避免，但反映了忽必烈积极对外交往的开放心态，他不但向邻近的日本、高丽、安南、缅甸等国家派遣使节开展积极的外交活动，而且还利用马可波罗之父、叔尼哥罗兄弟回国之机，派使臣随其

① （明）宋濂，等. 元史：卷 58 地理志·志第 10. 北京：中华书局，1976.

前往欧洲罗马教廷，与教皇建立了联系。尽管这些思想并非全部付诸实践，但其反映了这一时期执政者的开放意识，成为元朝积极发展对外贸易的思想基础。

元朝统治者认识到通过发展海外贸易，可“以损中国无用之赀，易远方难致之物”，从而达到“天子不自有，凡诸蕃辅之”的目的。[①]元人陈大震在《大德南海志》中进一步指出：“山海为天地宝藏，珍货从出，有中国之所无。风化既通，梯航交集；以此之有，易彼之无。古人贸通之良法也。”在至元三十年（1293 年）制定的市舶条例前言中明确提到“至元二十八年（1291 年）八月二十六日奏过事内一件：南人燕参政说，有市舶的勾当，是国家大得济的勾当。……咱每这田地无用的伞、磨、合罗、瓷器、家什、帘子，这般与了，博换他每中用的物件来”。[②]可见这一时期发展对外贸易的目的已颇为明确，即互通有无，实现使用价值的转换，从而满足上层社会对海外奢侈品的需求。为此，元朝对发展海外贸易高度重视，先后采取了一系列鼓励性措施。

二、对外贸易政策的演进

自漠北崛起的蒙古游牧民族，通过征服战争不仅控制了中原地带，而且通过开疆拓土，建立了一个疆域辽阔的庞大帝国，在其南征北战过程中由各地商人进行物资的转输为保证蒙古大军的给养起了重要作用。商业贸易与战争成为元朝得以建立的重要因素，从而也形成了元代重商与尚武的传统。而海外贸易的巨额利润诱使权贵僧侣阶层纷纷涌入中外贸易大军之中，政府与权贵、政府与富商大贾之间利益的失衡导致元朝贸易政策的左右摇摆，当权势之家操纵海外贸易利益极度膨胀之时，就会引发政府的限制政策出台，反之就实施自由放任的政策。总体而言，元朝奉行积极发展对外贸易的政策。

（一）四次海禁

元朝从世祖至元二十九年（1292 年）到英宗至治二年（1322 年），由于征爪哇及抑制权贵势力等，先后四次实行海禁，前后历时 11 年。第一次海禁从至元二十九年（1292 年）开始到至元三十一年（1294 年），“以征年爪哇，暂禁两浙、广东、福建商贾航海者，俟舟师已发后，从其便”。这一禁令主要是为防止海商泄漏信息，规定在元军出征时禁止海商出海贸易。第二次海禁开始于大德七年（1303 年），元成宗“禁商下海”取消市舶司，到至大元年（1308 年）“复立泉府院，整治市舶司事”开放海禁。此后，来自日本的倭寇已开始侵扰福建泉州一带，元朝为调动兵马抗击倭寇，于至大四年（1311 年）到元仁宗延祐元年（1314 年）实行第三次海禁“禁下番船只”。最后一次海禁从延祐七年（1320 年）开始，为防止金银等违禁品大量输出“乃罢市舶司提举司，禁贾人下番货”，[③]到元英宗至治二年（1322 年）恢复泉州、庆元、广东三路市舶提举司，从而结束海禁。

海禁对象主要是出海贸易的国内民间商人，官商及外商不受限制。第一次海禁期间即有兰无里（今印度尼西亚苏门答腊岛班达亚齐）等国前来进行朝贡贸易。第二次海禁

① 《江浙行省兴复海道漕运记》，见《海道经 • 附录》。

② 《元典章》卷 22 户部 • 市舶则法。

③ （明）王圻. 续文献通考. 北京：现代出版社，1986.

期间有商人杨枢以“官本船”前往波斯湾的忽鲁谟斯（即霍乐木兹，今伊朗东南米纳布附近）进行贸易，同时也有日商前来庆元、泉州贸易。[①]

（二）积极鼓励外商来华

元朝为吸引更多外商来华，采取了一系列行之有效的政策。

第一，积极向外商宣传元朝发展海外贸易的基本政策。元世祖至元十五年（1278 年），元朝政府宣布“诸蕃国列居东南岛寨者，皆有慕义之心，可因蕃舶诸人宣布朕意。诚能来朝，朕将宠礼之。其往来互市，各从所欲”[②]。即外商来华将受到礼遇，其贸易往来不受干预，可自由进行。蒲寿庚等奉命以中书左丞的身份，“奉玺书十通，诏谕诸蕃”，开展使臣贸易。

第二，继承宋代时期海外贸易的各种鼓励性措施，为外商来华贸易创造便利条件。如在主要贸易口岸设立驿馆，用来接待各国商人使者；在外商集中的广州、泉州等地继续实行前代的蕃坊制度等。

第三，元朝注重海外贸易口岸官员的任用。宋元战争给东南沿海港口的海外贸易造成了巨大的破坏，同时也损害了蕃商前来贸易的积极性，而且新政权初立，商人们多持观望态度，泉州等口岸海外贸易的发展不能满足需要。鉴于泉州在中国海外贸易中的地位，元世祖忽必烈对宋降臣蒲寿庚加以重用，授予其参知政事、中书左丞等官职，利用其在蕃商及海外贸易中的影响力，为元朝“诱诸蕃”。此后在泉州担任市舶司提举的均为穆斯林，如蒲寿庚的儿子蒲师文以及马合谋、沙的、赡思丁、木八剌沙、哈散、倒剌沙、八都鲁丁、亦马因、暗都剌、忽都鲁沙等。

第四，实行更为自由的贸易政策。这主要体现在海外贸易税收方面，前代的海外贸易在征税的同时还通过禁榷和博买实行不同程度的政府专营，即具有明显的政府垄断性。元世祖则取消禁榷和博买，至元十四年（1277 年）规定“回帆依例抽解，然后听其货卖”，后为弥补政府财政损失在抽分之外另征舶税。至元三十年（1293 年）定市舶抽分杂禁共二十一条，将舶税通行于全部外贸口岸，规定“泉州、上海、澉浦、温州、广东、杭州、庆元市舶司凡七所，独泉州于抽分之外，又取三十分之一以为税，自今诸处悉依泉州例取之，仍以温州市舶司并入庆元，杭州市舶司并入税务”。对外贸易税收与政府垄断经营比较，前者主要是通过经济手段而非单纯的行政手段增加政府收入，政府收入增加的同时，商人可进行更为激烈的竞争，市场的自由化程度提高，有利于海外贸易的良性发展。而政府垄断经营，限制竞争，导致效率低下。

第五，对外商适度放宽某些贸易限制。如元朝限制一些商品出口，而对外商相对宽松。至元十四年（1277 年），日本商人持黄金到中国要求换铜钱，尽管铜钱是中国历来的禁止出口物品，但世祖仍然给予批准，很显然是招徕日本商人采取的一种特殊措施。此年又下令“沿海官司通日本国人市舶”。这些措施颇有成效，第二年便有载有商人与水

---

①（明）宋濂，等. 元史：卷 21 成宗纪 4. 北京：中华书局，1976.

②（明）宋濂，等. 元史：卷 10 世祖纪 7. 北京：中华书局，1976.

手的四艘日本商船到浙东的庆元进行贸易。[①]

第六，为货物转运提供方便及加强沿海安全保障。史载“（兼营海外贸易的）行泉府所统海船万五千艘……自泉州至杭州立海站十五，站置船五艘、水军二百，专运番夷贡物及商贩奇货，且防御海道为便”。[②]

元朝通过上述措施积极宣传了其对外开放的政策，为外商来华贸易提供了便利条件及安全、自由的贸易环境。

（三）允许官僚权贵从事海外贸易，积极组织官方海外贸易

宋代官僚权贵经营海外贸易受到政府明令禁止，但高额利润的诱惑使法令形同虚设。而由游牧民族发展起来的元朝统治阶层具有长期的商业传统，入主中原后，亦官亦商者众多，元朝政府对此采取放任、甚至鼓励政策，延祐元年（1314 年）元政府规定：“诸王、驸马、权豪势要、僧、道、也里可温、答失蛮诸色人等下蕃博易到物货，并仰依例抽解。”[③]明确允许官僚权贵经营海外贸易，并将其纳入海外贸易管理的统一范畴。甚至在延祐四年（1317 年），元仁宗还曾将海舶赐予贵族帖失[④]。元朝除允许权贵从事海外贸易活动外，还积极组织官方及官商合营贸易。其形式多样，除传统的朝贡贸易外，朝廷还派使臣直接到海外采购，同时还开展官商合营的斡脱贸易及官本船贸易。官僚权贵经营海外贸易固然造成对民间商人的排挤，但将其纳入统一的管理系统中，按规定纳税在一定程度上可降低其危害。

（四）积极调控海外贸易规模

由于周边国家社会经济发展水平落后，市场消费能力有限，随着中国进出口贸易的发展，大量中国商品进入东南亚各地市场，市场需求快速趋于饱和，导致中国商品价格大幅下跌，“往时富民往诸番商贩，率获厚利，商者益众”，出现了“中国货轻，蕃货反重”，利润大降，为此，元政府对出口规模进行临时性限制，规定“发舟十纲，给牒以往，归则征税如制，私往者没其货”[⑤]。至治三年（1323 年）海外市场恢复常态，元政府限制性规定随即取消。

（五）鼓励民间贸易

尽管元代曾数度实行海禁，限制私营海外贸易，但元代，近百年间海禁为时仅 11 年，其余大部分时期是鼓励商人从事海外贸易的，并且实施了诸多鼓励性措施。如严禁权贵官吏侵害海商利益，对损害海商利益的官吏从重治罪。至元十八年（1281 年）规定：“商贾市舶货物，……所在州县，并与免除杂役。”元仁宗延祐元年（1314 年）修订的《市舶则法》，规定各衙门不得“差占”舶商船只，“永为定例”。商船进港，不许“权豪势要人等诡名请买”；并且要求“舶商、梢水人等落后家小，所在州县常加优恤”，并再次重

---

① （明）宋濂，等. 元史：卷 10 世祖纪 7. 北京：中华书局，1976.

② （明）宋濂，等. 元史：卷 15 世祖纪 12. 北京：中华书局，1976.

③ （元）完颜纳丹《通制条格》卷 18 市舶。

④ （明）宋濂，等. 元史：卷 169 贾昔剌传. 北京：中华书局，1976.

⑤ （明）宋濂，等. 元史：卷 250 列传 92. 北京：中华书局，1976.

中“并与免除杂役”。[①]

除直接的鼓励措施外，元朝对于成功海商在政治上的重用亦间接地鼓励了民间海外贸易活动。如元代著名海商朱清、张瑄，原为海盗，后由于经营海外贸易大获成功，促进了江苏太仓港的繁荣，从而受到元朝廷的重用，社会地位极高，“父子致位宰相，弟侄甥皆大官，田园宅馆偏天下，库藏仓庾相望”[②]。浙江澉浦杨发、杨梓到杨枢三代经营海外贸易，拥有庞大的从事海外贸易的私人船队，称雄澉浦数十载。南宋时杨发已获得官职，元军南下，杨发降元，被授予福建安抚使，负责管理浙东西海外贸易事宜。至元十四年（1277 年），杨发权力进一步扩大，受命管理庆元、上海、澉浦三处市舶司。其家在澉浦“筑室招商，世揽利权”，从而“代据金穴，富甲浙右”[③]。在杨氏的影响下，“小民争相慕效”，澉浦大批民众纷纷涌入海外贸易大潮之中。

（六）祭祀海神“天妃”

从南宋开始，东南沿海一带逐渐出现祭祀“天妃”的活动[④]。元朝统一江南后，至元十五年（1278 年）忽必烈，即正式封民间崇拜的海神为“护国明著灵惠协正善庆显济天妃”，此后又对其不断加封，并且每年由市舶司主持举行官方的祭海神活动，表明元朝对海路贸易的重视。

三、海外贸易管理制度的完善

元朝继承了自唐宋以来的海外贸易制度——市舶制度，并在市舶法规、市舶机构及市舶司职能等方面将其进一步加以完善。

（一）修订市舶法规

元朝建立后，起初沿用宋代市舶法规，但由于各地制度不一，导致弊端丛生。元世祖至元三十年（1293 年），在参照宋代市舶法规的基础上，元朝制定了“整治市舶司勾当”23 条。元仁宗延祐元年（1314 年）对市舶法进行了重新修订，颁布了《市舶则法》22 条，其成为我国历史上第一部较为系统完善的对外贸易法规。该法则明确规定了元代对外贸易的税收种类、税率；从事海外贸易的商人资格、商人进出港的具体手续、商人的权益；进出口商品种类的限制；对走私的处罚；等等。与宋代相比，元代市舶法规涉及内容更加丰富，规定更加细密。

（二）市舶机构的设置

元朝于至元十二年（1275 年）攻克广州后，即设置了市舶司。至元十四年（1277 年）元军夺取浙、闽后，即在泉州、庆元（即明州，今宁波）、上海、澉浦设立市舶司。至元二十一年（1284 年），元政府又在杭州、温州设置市舶司。除上述七个市舶司外，至元三十年（1293 年），温州市舶司并入庆元市舶司，杭州市舶司与当地税务合并。同

① 《元典章》卷 22，《户部》8，《市舶则法》14 条。

② （元）陶宗仪《南村辍耕录》卷 5 朱张，四部丛刊三编本。

③ （明）樊维城，胡震亨《天启海盐县图经》卷 3 方域篇，复印本。

④ “天妃”即海神妈祖，传说其原为福建莆田一林姓女子，能预知海上吉凶，死后被尊为海神，沿海商人和渔民为其立庙崇拜，祈求海神保佑他们出海平安。

年，元朝还设立了“海北海南博易提举司，税依市舶司例”，管理广西沿海和海南岛的海外贸易。海外贸易管理范围涵盖了江、浙、闽、粤及广西等大部分沿海区域。大德元年（1297 年），元朝又将澉浦、上海市舶司并入庆元市舶司，从而形成泉州、广州、庆元三大舶司统领沿海对外贸易事务的格局。

（三）市舶司的职能

1. 查验进出口船舶和货物

根据《市舶则法》规定，商人出海必须向市舶司提出申请，并提供保舶牙人，经核准后，由市舶司颁发出海贸易许可证——公据，公据分公验和公凭两种，大船发公验，小船发公凭，许可证上要注明船队人员、携带货物种类数量、前往国家等。外国商船离开中国口岸也需在公验中载明携带的货物，以防止违法货物出口。同时《市舶法则》规定：无论中外商船一律不得将金、银、铜、铁货、武器、粮食、人口等贩运出口，市舶司对出港货物依例严格检查。

2. 征税

元代对进口商品不再实行禁榷和博买，而是在抽解之外，再征收舶税。大体上前者税率为 1/10，后者税率为 1/30。对出使海外归国的官员所携带舶货（即非赠品）亦照章征税。为保证依法征税，各沿海行省还派出官员对市舶司征税工作进行监督。

3. 查缉走私

随着海外贸易的发展及元朝对外贸易税收的规范，沿海走私现象颇为严重。商人或将货物隐匿不报、或以多报少、或在中途转移、抛售。为此，元朝政府一方面下令沿海州郡加强防范，另一方面由市舶司到海上封堵。走私者一经查获，则按《漏舶法》（反走私法）将货物没收，商人判罪。同时对告发走私有功者予以奖赏。

综上所述，在元朝积极发展海外贸易政策下，元朝海外贸易管理制度逐渐得以完善，管理水平提高，管理条例更加严密。

第三节 陆路贸易的恢复与衰落

元朝前期，地处中亚、西亚的四大汗国政局相对稳定，东西交通畅达，陆路贸易与海路贸易齐头并进，且时间越早，陆路贸易所占地位越重要。元朝后期，由于西北诸王时生叛扰，诸汗国之间也常有战事，给商旅造成了困难和威胁，阻碍了陆路贸易的发展。

一、陆路贸易的主要地理方向

陆路交通的恢复使中西陆路贸易再度活跃起来，元人危素称：“四方之士，远者万里，近者数百里，航川舆陆，自东西南北而至者，莫有为之限隔。”①

蒙古诸部在统一之前，就已经与辽、金等政权有了贸易往来。他们主要以牲畜、皮

①（元末明初）危素《危太朴集》卷 1 送夏仲序。

毛与辽、金换取铁器等物。当时双方的榷场贸易十分兴盛，通过贸易交换到的先进生产工具有力地促进了蒙古诸部社会经济的发展。

元朝建立后，由于特殊的政治关系，其与四大汗国保持频繁的贸易往来。其中钦察汗国由于地理位置的近便，双方贸易关系尤为密切。钦察汗国首都萨莱城亦是沟通东西方贸易的国际性都市，东西商贾云集，商品荟萃，一些西方商人甚至不必来华即可在此采购中国的丝织品等货物，来此经商的中国商贾众多，一些人还定居于此，随之中国的一些手工业生产技术，如铜镜制造等传入萨莱。伊利汗国不仅地处中西亚之间，而且控扼波斯湾，与元朝通过陆海两道交往，其中尤以陆路往来为主。元朝商贾携带丝绸、瓷器赴伊利汗国换购各种珍珠、宝石等奢侈品，其规模颇为可观，“动以数十万锭”。沿丝绸之路波斯商人则将珠宝、药材与马驼等贩运来华。

沿着陆路来华贸易的国家和地区除中亚、西亚外，还包括南欧、东欧及北欧等。在东西方陆路商道上中外商人络绎不绝，既有大批中国色目商人西去中亚、西亚，又有蒙古诸汗国及其后裔统治的西亚、中亚地区的商人及拜占庭帝国的君士坦丁堡、欧洲的波兰、奥地利、捷克、俄国以及意大利的威尼斯及热那亚、早期北欧汉撒同盟等地商人东来中国。欧洲和中亚的商人一般都携带金银、珠宝、药物、奇禽异兽、香料、竹布等商品来中国或在沿途出售。他们在中国主要购买丝织品如缎匹、绣彩、金锦、丝绸，此外还有茶叶、瓷器、药材等物品。

二、主要贸易方式

元代陆路贸易的方式主要包括官方传统意义上的朝贡贸易及官方和私商分别组织的商队贸易。

（一）朝贡贸易

大蒙古帝国虽然为时不久，但地处中亚、西亚的四大汗国长期在成吉思汗的子孙们的统治之下，他们与元朝维持着密切的朝贡往来，经由横贯欧亚的国际驿道，四大汗国遣使将各地的土特产品，如大珠、玉器、水晶、佩刀、骆驼、名马、文豹、狮虎及各种药材等作为贡品进献到元帝国，元朝廷则回赠其钞币、绸缎、绣彩、东北猎鹰等。各国使臣来华常携带大量黄金，除接受元朝回赠品外，还自行为本国政府及个人购买各种货物。如伊利汗王合赞遣使来元，“给使者重金十万，俾在中国购买物品”。[①]

（二）商队贸易

由于陆路交通沿线自然环境恶劣，又常有盗贼出没，“然若结队至六十人同行，即当最危之际，亦与居家无异”。[②]故东来西往的商人常结队而行。随着中西陆路交通的畅达，各国商队日益活跃于沿线各地，贩运各国商货。作为游牧民族的蒙古族有着长期的重商传统，成吉思汗曾多次派遣商队前往中亚贸易，每支商队规模均颇为可观，如南宋嘉定十一年（1218 年）蒙古帝国组织了一支前往中亚的花剌子模贸易的商队，商队人员

---

①［瑞典］多桑. 多桑蒙古史：下册. 北京：中华书局，1976.

② 张星烺. 中西交通史料汇编：第一册. 北京：中华书局，1978.

多达 450 人，携带大量毛皮、丝绸、金银制品。除官方商队外，私人商队更为活跃，经陆路前来中国贸易的商队既有贩运各国土特产品，如金银、珠宝、药材、奇禽异兽、香料等货物的中亚、西亚各国商人，也有不少来自拜占庭、波兰、奥地利、捷克、俄国以及意大利威尼斯、热那亚，甚至远自北欧汉撒同盟的商人，他们主要用金银交换各国货物。前来中国的各国商队采购的货物主要是各种丝织品、茶叶、瓷器及药材等。

三、陆路贸易的影响及衰落

东西方陆路贸易的繁盛也使得一些沿途的城市成为欧亚国际贸易中心。如讨来思（今伊朗西北部的大不里士），由于其西接拜占庭帝国的小亚细亚，东连通往中国的传统丝绸之路，北邻萨莱城，南通中西亚出海口忽鲁谟斯，借助优越的地理位置，其成为欧亚贸易的交汇点。曾为花剌子模古都的玉龙杰赤（土库曼斯坦的库尼亚乌尔根奇）是中亚地区穆斯林商队与欧洲、西亚商队商品交换、货物中转的枢纽。而元代的首都大都（西方人称之为汗八里城，今北京）无论城市规模、户口数目还是商业繁荣在诸国际贸易中心中都是突出的，中外商贾云集，东西商品荟萃，《马可·波罗行纪》记载："应知汉八里城内外人户繁多，有若干城门即由若干附郭。此十二大郭之中，人户较之城内更众，郭中所居者，由各地来往之外国人，或来入宫方物，或来售货宫中。""外国巨价异物及百货输入此城者，世界诸城无能与比。"[①]进口货物不仅有奢侈品还有不少日用品，表明对外贸易对国内消费的影响范围从上层社会逐步扩展到了普通民众。《通商指南》亦称："……汗八里都城商务最盛。各国商贾辐辏于此，百货云集。"[②]

中西陆路贸易的复兴也带动了沿线经济的发展和市镇的崛起。如河西的甘州和肃州，本地的特产如白驼绒和羊绒合纺所织的绒布以及药材等吸引了大量的中外商人前来交换贸易，从而成为东西交通的贸易重镇。此外，还有陇右的巩昌、河州也是当时蕃汉商人的互市中心。交换的商品有粮食、牲畜、皮毛、铁器、药材、鞍具及一些简单的生产和生活工具。

元代陆路贸易除经由西北与中亚、西亚及欧洲的往来外，还有经东北与高丽开展的贸易，经西南与缅甸等国的陆路贸易。

虽然元朝政府通过设置驿站和守备队对陆路贸易给予一定的支持和保护，此种贸易在当时也盛极一时，但是陆路贸易难以避免地会受到各政权间政治、外交局势变迁的影响。元朝后期西北诸王时生叛扰，诸汗国之间也常有战事，给商旅造成了困难和威胁，因而元朝的对外贸易愈益倚重海路。

第四节　元代海外贸易的兴盛

在对外开放政策下，元朝的海外贸易得到长足发展，无论是海外贸易的经营方式、

① （意）马可·波罗．马可·波罗行纪：中册．冯承钧，译．上海：商务印书馆，1947.

② 张星烺．中西交通史料汇编：第一册．北京：中华书局，1978.

贸易的地域范围，还是贸易规模、贸易商品均超越了前代的水平。

一、海路贸易经营方式的多元化

在高度开放政策下，元代海路贸易的经营方式较之前代有所增多。除传统的官方贸易和民间商船贸易外，还出现了官商合营贸易。

（一）官方贸易

元代官方贸易的形式多样化，除传统的朝贡贸易外，还出现了使臣贸易。

1. 朝贡贸易

元代传统的朝贡贸易继续发展。元朝政府积极促进同海外诸国的官方贸易往来。当元军占领了浙、闽，初定江南后，元世祖即通过福建行省向海外诸国宣布了“其往来互市，各从所欲”的政策。海外诸国纷纷派遣使节携方物前来通好，其赠品之多，往往超过唐宋两朝。据《元史》记载，从元世祖至元十六年至三十一年（1279—1294 年）的 15 年中，海外诸国来华通好次数达 90 余次，国家遍布今东亚、东南亚、南亚、西亚外，还涉及北非、东非和欧洲的一些国家。为接待这些国家的使节，元朝政府在一些港口设置了“来远驿”或“怀远驿”。来华使节登岸之后，由市舶司会同行省官员按外交礼仪接待，置于驿馆，再按官方规定的通道赴京，并在沿途设置了驿站，称之为“站赤”，负责护送使节，运送赠品。其中，泉州是来华使节登岸的主要港口，在此聚集了大批使节和大量待运的赠品。元代的官方贸易同宋代有所不同的是，更注重索取海外奇珍以供权贵享用，至于赚取利润增加国家财政收入则置于次要的地位。

2. 使臣贸易

元代统治者为获得更多海外奇珍，已不满足于官方朝贡贸易和私商贸易，而直接操办大规模的航海贸易活动，使官商贸易得到了空前的发展，其形式也颇为多样化。

元朝政府不止一次地动用大量资金派遣特命使臣赴海外诸国为皇室采办货物。这些使臣由皇帝赐予诏书，称之为铺马圣旨或驿给玺书，上盖皇帝印鉴，专为征发驿马和领取分例（即因公下海人员在航海途中所需要的粮饷，由行省按规定的标准给付）之用。同时，使臣还佩带由皇帝颁发的标明身份和等级的牌符。沿途各站赤对手持诏书、身佩牌符的使臣，除供应铺马、站船、民工外，还要帮助其担运货物，直抵出海港口。使臣贸易是由朝廷一手操办的，官本官办，加强了朝廷对海路贸易的垄断。

（二）官商合营贸易

1. 斡脱贸易

斡脱是为元朝官府和贵族经商、放债营利和从事海路贸易的一种特殊商人，多系色目人。他们是皇室和官府的御用商人，享有各种特权，常常贩运违禁货物牟取巨利。元朝政府设有管理斡脱的专门机构，称之为“诸位斡脱总管府”，其分支机构称为“斡脱所”。斡脱总管府的主要职责是为斡脱商人催索本利，并发放官债。斡脱商人从事海路贸易的资金，很大部分得自于元朝政府发放的官债。政府发放给斡脱商人的资金，其利率较民间高利贷低四分之三，他们得到了极大的优惠。斡脱总管府每年发放给斡脱商人用作海路贸易的官钱达数十万锭，元朝政府每年可收息数百万贯，足见斡脱商人经营海路贸易的规模之可观。

按《市舶则法》的规定，斡脱贸易也应依例纳税。但斡脱商人凭借权势往往不予遵守。斡脱贸易实际上是一种官本商办的经营形式。斡脱商人同元朝政府在海路贸易利润的分配上矛盾很大，甚至有的斡脱商人支取官钱之后，竟往海外不归，使元朝政府遭受很大损失。

2. 官本船贸易

官本船贸易是由官方出钱出船，委托商人经营的一种官本商办的海路贸易经营方式。官本船贸易同斡脱贸易有相似之处，皆为官本商办。但两者又有所区别，斡脱贸易的经营者均为色目商人，官本船贸易的经营者除部分色目商人外，大多为东南沿海商人。由于元世祖重视和支持海外贸易，所以政府专门为那些财力不足的海商创设了资助海外贸易的斡脱总管府及经营借贷业务的行泉府司，用政府的资金贷给海商并从中收取利息。后因连年对外用兵，加之权贵阶层的奢侈无度，使财政支出急剧增长，入不敷出。为缓解日益严重的财政短绌，“理财之臣”中书右丞卢世荣建议实施官本船制度，将海外贸易的巨额利润收归政府。至元二十二年（1285 年）正月，卢世荣上奏建议：“于泉、杭二州立市舶都转运司，造船给本，令人商贩，官有其利七，商有其三。禁私泛海者，拘其先所蓄宝货，官买之；匿者，许告，没其财，半给告者。”[①]元世祖对此建议十分赏识，下令“从速施行”，这便是官本船制度的由来。按此制度，船为官造，本自官出，即政府不但提供本钱，而且提供航海所用船只，由官府选择海商作为其代理人出海从事贸易活动，归来时利润分成，官取其七，商人取其三。官本船贸易同样受市舶制度的约束，需照章纳税，“诸蕃客旅就官船买卖者，依例抽之”。

元朝政府推行官本船制度的目的除获取财政收入外，还试图以此方式与权势豪商分割海路贸易利润，加强元朝政府的经济实力，抑制权势豪商势力的增长。在推行官本船制度期间，元朝政府禁止权贵官吏出海贸易。

官本船制度的推行，确实使元朝政府赚取了“宝货赢亿万数”的厚利，但其在实施过程中也遇到不少阻力。一是各级官吏的营私舞弊；二是元代后期的通货膨胀，官本贬值，难以牟利，影响了经营者的积极性；三是权贵豪商的激烈反抗。官本船贸易严重损害了从事海外贸易的权贵豪商的利益，他们通过罗织罪名最终将中书右丞卢世荣置于死地。有鉴于此，元英宗至治三年（1323 年），元朝政府终于颁布了“听海商贸易，归征其税”[②]的政策。官本船制度自至元二十二年到至治三年（1285—1323 年），前后维持了近四十年时间。

官本船贸易正如其他官商贸易一样，对私人海路贸易具有挤出效应，抑制了民间海外贸易的发展。同时也应当看到，官本船贸易亦将东南沿海中小海商卷入海外贸易之中，从而为元朝后期私人海路贸易的发展准备了一定的前提条件。而官营海外贸易并非贯穿始终，它的停止最终让位于私营海外贸易。

---

①（明）宋濂，等. 元史：卷 205 卢世荣传. 北京：中华书局，1976.

②（明）宋濂，等. 元史：卷 94 食货志 2 • 市舶. 北京：中华书局，1976.

（三）私商贸易

因元朝在海路贸易方面实行了开放政策，对从事海路贸易的商人身份不加限制，从而使这一时期私商贸易类型呈现多样化。

1. 权贵商人

元代改变了宋代禁官下海的政策，只要“依例抽解”，就允许权贵官吏从事海路贸易。权势较大的诸王、驸马等，一般是派人下海为其购买蕃货。权势较小的官吏，或利用因公出海的机会为自己营商牟利；或冒领官钱，私相交易。宗教僧侣等则多夹带俗人为其经商，并逃避抽税。沿海地区各级官吏，或用自己的船只下海贸易，或用自己的本钱委托其他舶商代为经营，其中最显赫的是太仓的朱清和张瑄。他们靠创办海运起家，拥有大量的资产和海船，当获罪被诛时，尚有许多海外未归的商船。

2. 色目商人

元朝实行民族等级制度，大力扶植色目人，色目商人的势力在沿海港口占有重要的地位。色目商人来自两部分：一是自唐宋以来来华的阿拉伯人的后裔，如蒲寿庚等；二是元代以来前往江南的西域和外国商人，如泉州的亦思巴奚等。蒲寿庚在宋代就任泉州市舶官吏，后降元，仍担任泉州市舶官吏，并被任为福建行省中书左丞。元世祖曾授予他金虎符，权势很大，在泉州海路贸易中有重要影响。实质上，他是亦官亦商的色目巨商。元中叶以后，蒲氏势力渐衰，代之而起的是西来的色目商人。当时，前来泉州的色目商人达数万人之多，其中不少人成为泉州的巨商，操纵了泉州的海路贸易。

3. 舶商

元代的舶商，亦称舶商户，是专门从事海路贸易的商人。其中，不少是拥有雄厚资本的大商人，他们有自己的船只，多独立经营，也有委托他人代为经营的。除此之外，为数可观的要算是中、小商人。他们资力不足，很少独立经营，或靠借贷资本，或采取合伙的方式经营。《元史·阿沙不花传》载：“子伯嘉纳，……尝为京尹，屯储卫诱小民梅冻儿诬首海商一百十有六人为盗而掠其赀，狱具，械送刑部，命伯嘉纳审录之，尽得其冤状，白丞相释之，还其赀。”一次被诬陷海商即达160余人，说明海商人数之众。

4. 散商

元代的散商是由沿海地区破产的农民转化而来的。他们在元代商品经济发展的浪潮中被卷入经商行列，既无海船，又缺乏资金，只能依附大商人，于船上分占舱位，自带货物下海贸易。这部分商人，被称之为“人伴”或“搭客”。其经营的目的在于求生计，一些破产者又往往沦为海寇。

二、主要外贸港口的发展

元代海外贸易的繁荣伴随着对外贸易港口的发展。各港口作为中外交往的前沿，成为元代中国对外开放的重心。其中泉州港、广州港、庆元港的地位尤为突出。

（一）泉州港

泉州港在南宋末年已跃升为中国海外贸易第一大港，宋元之际，泉州不但未遭受兵火的影响，而且此后还得到了元朝统治者的大力扶持，从而造就了泉州港的兴盛。

元朝以泉州为中心，实施对外开放国策，鼓励外商来华贸易。至元十四年（1277 年），元朝在泉州港设置市舶司，迅速恢复泉州港的海外贸易活动。《元史·唆都传》载，至元十五年（1278 年）“帝忽必烈……将有事于海外，升左丞（唆都）行省泉州，招谕南夷诸国”，实行“其往来互市，各从所欲”的开放政策。至元十八年（1281 年），元朝还规定：“商贾市舶物货，已经泉州抽分者，诸处贸易，止令输税。”[①]即凡从泉州港进口的舶来品，可给予优惠政策。为加强水陆管理，元朝设立“站赤”，完善驿传制度。至元二十五年（1288 年），发给泉州的铺马圣旨增至 24 道。至元二十六年（1289 年），自泉州至杭州间设立海道水站，“自泉州发舶，上下接递，以至杭州”。[②]此举不仅使泉州与中国出口货物基地江浙地区的交通更为便利，而且通过京杭大运河进口货物可直达消费中心大都。至元三十年，元朝又在泉州实行优惠税率，规定其他港口的进口商品须缴纳的税率为“十五抽一”，而泉州实行“三十取一”的低税率，如此大幅度的税率优惠进一步强化了泉州港在海外贸易上的优势。

良好的海外贸易基础与特殊的优惠政策使元时泉州港的海外贸易达到空前繁荣的程度。其不但成为中国第一大港，而且也是世界最大港口之一。马可·波罗说：“刺桐是世界上最大的港口之一，大批商人云集这里，货物堆积如山，的确难以想象。”摩洛哥旅行家伊本·白图泰亲见停在港中的大舶百艘，小船多得无法计数，“其言为世界第一商港”。[③] 15 世纪中叶意大利佛罗伦萨医士保罗托斯加内里致哥伦布信中称赞：“盖诸地商贾，贩运货物之巨，虽合全世界之数，不及刺桐一巨港！”元代江西人汪大渊两次从泉州港随船出洋，周游世界 90 多个古国和地区，历时 27 年，著成《岛夷志略》，证实泉州为世界“梯航万国”的最大商港地位。泉州作为“海上丝绸之路”的枢纽，联系东西洋的经济大动脉。这时与泉州有贸易关系的国家与地区增至近百个，贸易范围仍以通西洋为主。

（二）广州港

南宋时期泉州港的崛起，使广州这一传统第一大贸易港的地位下降，南宋末广州终于被泉州超越。宋元交替之际，广州屡遭战火摧残，基础设施及社会经济遭到严重破坏，海外贸易一蹶不振。入元后，随着经济的恢复发展，在元朝发展海外贸易的政策下，广州海外贸易渐趋繁荣，从而继续充当着“蕃舶凑集之所”，其进出口贸易规模较之前代有了进一步发展，市舶收入也是相当可观的。时人记载，“岁时蕃舶金、珠、犀象、香药、杂产之富，充溢耳目，抽赋帑藏，盖不下巨万计”。[④]海外贸易的对象众多，根据元人陈大震等所撰《大德南海志》（原名《南海志》）的记载[⑤]，前来广州贸易的国家和地区达 140 余个。其范围东起菲律宾群岛、印度尼西亚群岛、印度半岛，西至波斯湾沿岸地区、

---

① （明）宋濂，等. 元史：卷 11 世祖纪八九月癸亥朔. 北京：中华书局，1976.

② （明）解缙，等.《永乐大典》卷 19419，《经世大典·站赤四》。

③ 张星烺《泉州访古记》。

④ （元）吴莱. 南海山水人物古迹记：卷 1 渊颖集//陈高华，吴泰. 宋元时期的海外贸易. 天津：天津人民出版社，1981.

⑤ 元成宗大德八年（1304 年）刊印。

阿拉伯半岛和非洲沿海地区。海外贸易发展促进了广州城市的繁荣，欧洲旅行家鄂多立克在元代中叶来华，其笔下的广州（辛迦兰）是一个比威尼斯大三倍的城市。他说："该城有数量极其庞大的船舶，以致有人视为不足信。确实，整个意大利都没有这一个城的船多。"不过，如上所述，由于泉州港受到元朝的特别扶持，而广州海外贸易缺乏特别的政策支持，故在元代广州一直落后于泉州，居中国对外贸易港口的第二位。

（三）庆元港

元代浙江地区的缫丝业及制瓷业在全国依然处于领先地位，发展海外贸易的基础雄厚，加之元朝政府重视两浙路的海外贸易，先后在此地区设立过庆元、杭州、温州、澉浦四个市舶司，使浙江沿海的海外贸易活动高度活跃。如杭州港，至元二十一年（1284年）设立市舶司，至元二十六年（1289年）又设立了自泉州至杭州的海道水站，使泉州的进口货物可从杭州经大运河直抵大都。处于钱塘江口的澉浦港到了元代贸易地位更加重要，元朝政府曾把此处视为"远涉诸蕃，近通福广、商贾往来"的"冲要之地"①，并在至元三十年（1293年）正式设立市舶司，成为元代重要的海外贸易港口。此后为加强庆元港的地位，元政府于至元三十年（1293年）将温州市舶司并入庆元，大德二年（1298年）又将上海、澉浦市舶司并入庆元。庆元港的地位空前提高，执浙江沿海海外贸易之牛耳。同时庆元也成为元代与日本、高丽贸易的主要港口，元至正《四明续志》卷一《土风》载："南通闽广，东接日本，北距高丽，商舶往来，物货丰溢。"除日本、高丽外，庆元港也与东南亚、南亚、阿拉伯甚至东非有贸易交往，周达观的《真腊风土记》中记载，"明州之席"在真腊颇受欢迎。元贞二年（1296年）即由商船运载各种商货从庆元离港前往占城、真腊等国贸易。据载此港于元代进口货物220余种，比南宋多50余种，其中既有来自东南亚的各种奢侈品及土特产品，也有来自非洲的香料等。随着海外贸易规模的扩大，元政府还在庆元设立市舶库，库内设廒仓28间以存储抽解的货物。

三、海路贸易的进出口商品

元代中外贸易活跃，进出口商品种类也比前代有所增加，据当时的西方人记载："中国货物比罗马、巴黎为多，外国商贩多带金银、宝石到中国购买丝、绸、缎、金衣及调味香料等物品，各种商品的销量都很大。"②同时为稳定国内经济秩序，一些货物被禁止出口，至元二十三年元政府规定："禁海外博易者毋用铜钱。"至元二十年，"孟古岱指出舶商皆以金钱易香木，于是下令禁之，唯铁不禁"。至元二十五年"又禁广州官民毋得运米至占城诸番出粜"。至元三十年又规定"凡金、银、铜、铁、男女并不许私贩入番"。

（一）出口商品

据《岛夷志略》记载，元代出口到海外各国的商品达150余种，主要可分为农产品、资源性产品及手工业产品三大类，其中又以手工业产品为主。

① 《大元圣政国朝典章》之《造作》，影印元刊本，北京：中国广播电视出版社，1998年。

② ［英］亨利·玉尔：《中国和通向中国之路》卷3，第98页。

1. 农产品

农产品主要是粮食和水果。至元二十五年（1288 年）的一份官方文书中指出，“广州官民于乡村粜米百硕、千硕至万硕者，往往搬运前去海外占城诸番出粜，营求厚利”①。由于中国人口众多，民食问题被列为重要国家战略资源，因而元朝政府对粮食出口屡加禁止，总体而言，粮食出口在对外贸易中不占重要地位。除粮食外，闽粤一带荔枝等水果也有一定量的出口，市场主要集中于东南亚。

2. 资源性产品

中国多样性的气候与土壤造就了丰富的动植物、矿产自然资源，随着文明的进步，各种资源的功能被逐渐开发和认识，其中中医药学的发达，使药材成为市场中流通的重要商品，在对外开放进程中，这些药材也在海外国家产生了需求。药材中以大黄、川芎、白芷、樟脑等为主，出口市场集中于日本、高丽及东南亚。染料中的硃砂可供“妇人染指甲衣帛”，在苏吉丹（今爪哇岛）颇为畅销。

3. 手工业产品

手工业产品可分为以下几种。

（1）纺织品

各色丝绸是中国历代的传统出口商品，元代时期依然是海路贸易中的大宗出口货物，特别是苏杭产的五色缎、绸、绢在海外市场销路广阔。棉纺织技术从海外引进后快速扩散，棉纺织品不仅在国内市场畅销，而且在元代后期还出口到海外，成为中国新的大宗出口商品品种，据元代旅行家汪大渊所撰《岛夷志略》记载，元代棉纺织品出口海外的种类达 30 余种。

（2）陶瓷器

元代陶瓷器行销亚非各国，其中东南亚进口中国瓷器数量尤多，有青白花碗、瓦瓮、粗碗、水埕、壶等。近代以来，在印度尼西亚、菲律宾等国发现有大量产于中国浙江处州、福建泉州、德化的元代陶瓷制品。遥远的西亚、非洲地区也进口有不少中国瓷器，14 世纪摩洛哥旅行家伊本·白图泰在其旅行记中讲道：中国瓷器品种最佳，远销印度和其他国家，包括他的家乡摩洛哥。至今在西亚伊朗和土耳其等国的国家博物馆中均保存着元代的青花瓷器。非洲不少地区也出土了许多元代瓷器遗物。瓷器有青瓷、白瓷、青花瓷等系列的 10 多种商品，销往海外数十个国家和地区。

（3）金属和金属制品

元代有专门的官营铁器铸造业，政府组织匠户集中生产，铁器产量可观。一些生产、生活工具如铁锅、铁鼎及铁犁等被运往海外②，此外还有铁条、铁块等半成品和锡器、铜器等的出口。《岛夷志略》所记载的中国出口商品中，涉及铜铁器出口的达八十多个国家和地区。如真腊（今柬埔寨）即进口有不少中国铁锅、铜盘及锡器等。尽管金、银是禁止出口的货物，但也有不少走私出口。

---

①《通制条格》卷 18 关市·下番。

② 1993 年考古工作者在辽宁绥中打捞的一艘元代海外贸易船中满载瓷器和铁器。

（4）日常生活用品

随着中外贸易规模的扩大、海运成本的降低，贸易商品也越来越从奢侈品向普通消费性货物发展，在与东南亚的贸易中，中国一些物美价廉的日用品，如木梳、漆器、雨伞、席、针、帘子等也被输出海外。《元典章·市舶》记载："咱每（们）这田地里无用的伞、磨合罗、瓷器、家事、帘子这般，与了博换他每（们）中用的物件来。"除日用必需品外，玩具也开始出口到海外，如摩合罗、陶瓷动物等在东南亚各地颇受欢迎，以致"群儿争买"。

（5）文化用品

各类典籍、文具的输出在前代的基础上继续发展，其出口市场依然集中于高丽和日本等国。此外，这一时期文献中关于琴、阮、鼓、板等各类乐器的出口记载明显增多。

（6）经过加工的食品

元代出口的食品主要有酒、盐、糖、茶叶等。这些食品在元代以前已输出国外，但在元代，其质量有所提高，数量有所增加。其中茶叶由于南宋末年中国人移居东南亚数量增多，带动了茶叶的需求。

（二）进口商品

元代从海外诸国输入的商品，种类同样繁多。据元代前期的《大德南海志》的记载，元代"其来者视昔有加焉。而珍货之盛，亦倍于前志之所书者"。[①]其中自东、西洋经广州港进口的舶货共有70余种。元代后期，舶货进口剧增。据元人王元恭《(至正）四明续志》的记载，从四明（又称庆元，今宁波）进口的舶货有227种，既有来自东、西洋的商货，也有来自日本和高丽的商货。汪大渊在《岛夷志略》中记载的海外物产和商品的种类达352种。综合上述资料，剔除重复项目，元代东南沿海港口进口商品种类应在300种左右。据清人徐松《宋会要辑稿》记载，宋代各市舶司进口商货计有230余种，表明元代进口商品种类明显增加。

进口商货可分为以下四种。

1. 奢侈品

奢侈品主要有来自东南亚、印度半岛、阿拉伯半岛或非洲的象牙、犀角、鹤顶、珍珠、珊瑚、碧甸子、翠毛、龟筒及玳瑁等，主要供封建贵族奢侈性消费之需。

2. 香药

香药包括各种香料和药材，主要来自东南亚、阿拉伯及东非各地，少量来自高丽。香料中以沉香、速香、檀香、蔷薇水、乳香、降香等名贵香料为主。还有一些普通香料，既可作为调味品又可入药，即所谓的香药，如茯苓、胡椒、丁香、豆蔻等。而没药、阿魏、血竭等主要作为药材进口。

3. 布匹、器皿、皮货

布匹有白番布、花番布、毛驼布；器皿有高丽的铜器；各种皮货以及东西洋的藤席、椰簟等。

---

①（元）陈大震《大德南海志》卷7舶货。

4. 木材、漆、釉料等生产原材料

木材主要来自日本，深受元人的欢迎，成为建筑和造船的优质材料。高丽生产的新罗漆，质地极佳，适用于装饰蜡器。元代青花瓷生产中釉料有来自进口的青料（氧化钴），又称苏泥勃青。

四、海路贸易的交易方式

随着中外贸易的发展，贸易规模的扩大，交易方式也趋于多元化。元代以前的中外贸易多以外商来华为主，其交易也在中国境内完成，通常的贸易模式是外商将货物带来中国销售后获得白银或铜钱，再在中国采购商品输出。到元代在政府鼓励海商政策下，中国商人更多走出国门，并逐渐在印度洋占据了主导地位，故而西方旅行家在阿拉伯海、印度及东南亚国家见到大量中国商船，其数量及规模均占有绝对优势。摩洛哥人伊本·白图泰于14世纪20年代至40年代来东方旅行，据其观察，“当时所有印度中国间的交通，皆操之于中国人之手”[①]。在不仅“引进来”，且更多“走出去”的中外贸易往来中，元代同海外诸国的贸易有的采取以物易物的方式，如灵山（今越南燕子岬）出产的藤杖，一花斗锡可换一条，“粗大而纹疏者”则可易三条。巴南巴西（今印度半岛西岸）的细棉布，“舶人以锡易之”。有的则采用货币的形式，用金、银做交易手段。如龙涎屿（今苏门答腊岛西北巴拉斯岛）出产的香料，“货用金银之属博之”。尤其值得提及的是，因海外诸国同元朝贸易往来频繁，他们的货币已同元朝纸钞之间建立了一定的汇兑比例关系。例如，交趾（今越南北部）的铜钱，“民间以六十七钱折中统银（钞）壹两，官用止七十为率”。罗斛（今泰国南部）以㲲子做货币，“每一万准中统钞二十四两，甚便民”。乌爹等处均使用银钱和㲲子，每个银钱“准中统钞一十两，易㲲子计一万一千五百二十有余，折钱使用”[②]。

五、海路贸易的主要国家和地区

随着对外开放政策的实施及国力的强盛，元代我国开展海外贸易的地域进一步扩大，“皇元混一声教，无远弗届，区宇之广，旷古所未闻。海外岛夷无虑数千国，莫不执玉贡琛，以修民职；梯山航海，以通互市。中国之往复商贩于殊庭异域之中者，如东西州焉”[③]。元朝末年旅行家汪大渊曾先后两次“附舶以浮于海”，回国后将自己的见闻记录为《岛夷志略》一书，全书涉及90余个国家和地区，“皆身以游览，耳目所亲见”。由此可知，元朝时期中国商舶遍及东、西洋各地，波斯湾的波斯离（今伊拉克巴士拉）、层拔罗（今坦桑尼亚桑给巴尔）等处是中国商船经常往来之地。而在宋代，从中国到故临（元代的俱蓝，位于印度西南部）的商旅都乘坐中国船，再西行就要换乘大食的船只，说明中国商船到达印度半岛以西的数量不多。到了元代，中国商船已经常直接驶抵波斯湾和非洲各大海港了，中国海外贸易的地域范围更加广阔。

---

① 张星烺. 中西交通史料汇编：第二册. 北京：中华书局，1978.

②（元）汪大渊. 岛夷志略. 北京：中华书局，1981.

③（元）汪大渊. 岛夷志略·后序. 北京：中华书局，1981.

同元代进行海路贸易的国家和地区，较前代大为增加，据元代前期成书的《大德南海志》，记录了与广州通商的海外国家和地区有 143 个。元代末年成书的《岛夷志略》涉及的海外地名达 200 多个。

（一）东方航线连接的国家

1. 高丽

元朝同高丽的往来，有水陆两途。两国间的官方及民间贸易规模均较为可观。朝贡贸易是官方贸易的主要形式，据统计，元代高丽来元朝贡次数多达 138 次，居各国之首。但以贡赐开展的朝贡贸易虽然使入贡国获得丰厚收入，但因为中国回赐的货物不具有选择性，因而高丽政府为满足其对特定货物的需求派人前来开展直接贸易，如元顺帝至正二年（1342 年）三月，高丽王曾遣南宫信赍布二万匹及金银钞市于幽燕。《高丽史》卷三十一记载，元贞元年（1295 年），高丽王遣人“航海往益都府，以麻布一万四千匹市楮币（纸钞）”。高丽用换得的纸钞购买元朝的商货。其后，高丽王还曾专门派人前往杭州，与当地官府商议贸易事宜。

双方民间贸易更为频繁，早在元太祖十七年（1222 年）元与高丽间即在陆路交界地区设置榷场进行互市贸易，元朝派专门官员进行管理，收取税金。通过海路开展的双边贸易更为可观，据《高丽史》卷三十记载，至元三十年（1293 年），元朝遣江南千户陈勇驾 20 艘船载米及其他货物与高丽王室贸易。当北风季节，高丽商船常常到庆元（今宁波）和泉州进行交易活动；当南风季节，元代的商船则北上高丽。循海路前往高丽的元代商人络绎不绝，除来自沿海各港口的商人外，尚有来自大都（今北京）的商人，他们有可能是通过北方的港口——直沽港（今天津塘沽）出航的。前来元朝从事贸易活动的高丽商人亦为数不少，以至高丽的汉语教科书《老乞大》，即是以高丽商人来元贸易的故事为主题而编写的。元代高丽丝织生产技术进步显著且形成了一定特色，一些高丽商人从中国进口生丝运回国加工成“文罗花绫、紧丝锦罽”后再出口到中国。[①]

元代中国与高丽交换的商品种类丰富，高丽输入到中国的货物除各种土特产品，如兽皮、海产品、人参等外，还包括多种手工业品，如纸、苎布、金银器皿等。这表明随着高丽社会经济发展，可贸易商品的种类扩大了。同时中国输出到高丽的货物仍然以各种丝织品为主，此外，瓷器、粮食、葡萄酒、纸钞也有一定规模。

2. 日本

元朝对开展中日贸易颇为重视，早在元世祖至元十五年（1278 年），元世祖特别“诏谕沿海官司通日本国人市舶”。[②]中日之间的贸易往来，虽因忽必烈征讨倭寇对中国沿海的侵扰而一度中断，但总的来说，双方政府都采取了积极的政策，贸易关系得到了较好的发展，元顺帝至正年间，有百余名赴海外贸易的日本商人遭遇风暴漂流到高丽，“高丽拣其货，表请没入其人以为奴”。这遭到元朝反对，“天子一视同仁，岂宜乘人之险以为

---

①（宋）徐兢《宣和奉使高丽图经》卷 23 土产，钦定四库全书本。

②（明）宋濂，等. 元史：卷 10 世祖纪十一月良辰朔. 北京：中华书局，1976.

利，宜资其还”。后日本国王上表称谢，密切了双边关系。[①]仅据《元史》记载，从至元十四年（1277 年）到至正元年（1341 年）的 64 年中，日本商船赴江浙沿海进行交易活动即达数十次之多。

另据木宫泰彦《日中文化交流史》记载：“日本驶往元朝的商船，除兴国三年（1342 年）派遣的天龙寺船是特殊例外，其余都是私人的商船，往来极为频繁，几乎每年不断。元末六七十年间，恐怕是日本各个时代中商船开往中国最盛的时代。……入元僧名传至今的，实达 220 余人，至于无名的入元僧更不知几百人了。而这些入元僧都是搭乘商船，三三两两、来来往往的，可见当时开往元朝的商船该是如何之多。”这些商船多为日本西部冒险商人的私人船舶，其中也有在幕府保护之下为了完成一定任务而派遣的官方商船，最典型的例子就是天龙寺船。天龙寺船是一种获得幕府保护的日本官方商船，纲司由寺院推荐、幕府任命，船数、航期等也按幕府之令而定。回国后不拘盈亏，都得向寺院缴纳一定数额的钱币。不论是私人商船，还是官方商船，在同元朝的贸易往来中均获利丰厚。

前来元朝的日本商船之所以如此活跃，除其本国的原因之外，同元朝政府对中日贸易的积极态度有直接关系。元朝政府不仅破例应允日本商人用黄金易铜钱的请求，还要求沿海各地官府与日本开展贸易活动。

元代商船也赴日本贸易。例如，至正十年（1350 年），日本入元僧龙山德见、无梦一清等 18 人返日时，搭乘的正是元代商船。又如，元末江西吉水人邓恺“尝泛海东至日本”。

两国间相互交易的商货，品种繁多，数量可观。从元朝输往日本的货物可分为三类：一是纺织品，包括唐锦、唐绫等丝绸产品，金襕（用金丝织成花纹的织品）、金纱等特种工艺织品，毛毡等毛织物；二是陶瓷器；三是各种文化用品，书籍、文具、唐画等；四是各种香药。中国历来是禁止铜钱输出的，元朝却准许日本商人持黄金前来换取铜钱，这是元朝政府为招徕日本商人而采取的一种特殊措施。香药是输出日本的传统商品，元代中后期，中日间以香药贸易为主，其繁盛程度超越唐宋时期。随着日本京都、镰仓以及各地禅寺的兴建，经卷和禅寺所用的什器不断由中国输往日本。日本所需要的儒、道、诸子百家的书、史籍以及其他书籍，皆从元朝输入。从日本输入元朝的主要有黄金、刀剑、扇子、描金、螺钿等。

元代中日间的商船往来，以庆元和博多为主要港口。宋元两朝，庆元一直是对日贸易的港口，前来元朝的日本商船多在此进港。山东、福建沿海也时有日船出入。元代商船赴日，均驶入筑前的博多港。同时，欲往元朝的日本僧侣，也集中在筑前的博多港等候商船出航。

（二）西方航线连接的国家

1. 元朝同印度支那半岛诸国的海路贸易

元朝与印度支那半岛开展贸易往来的国家众多，其中尤以交趾、占城、真腊、暹罗及缅甸等国贸易关系密切。

交趾（今越南北部）地近中国，双方长期保持密切的贸易联系。但自交趾陈氏王朝

---

① （明）宋濂，等. 元史：卷 140 铁木尔塔识传. 北京：中华书局，1976.

（1010—1385年）以来，国王限制元朝商人到交趾贸易，然而民间不顾禁令，“偷贩之舟”走私贸易仍往来不已①。双方在接壤地区开展互市贸易，“交人日以名香、犀象、金银、盐、钱与吾商易绫、锦、罗、布而去”。“凡交趾生生之具，悉仰于钦，舟楫往来不绝也”②。交趾的云屯港（今越南广宁省锦普）是元代商人前往的主要港口。陈庆余越南史书记载，云屯“其俗以商贩为生业，饮食衣服，皆仰北客，故服用习北俗”③。随着贸易规模的扩大，元代货币中统钞也流入交趾。中国出口到交趾的商品主要为丝织品、纸张、铁器等。从交趾进口的商品主要有沙金、白银、锡、铅、象牙、翠毛等。

元初，占城（今越南南部）同元朝曾发生战争，但战争结束后，双方又恢复了友好交往和贸易关系。因占城地据海道要冲，在海路交通上占有重要的地位成为中国商船前往印度洋的补给中心，“中国商舟泛海往来谓者，皆聚于此，以积新水，为南方第一码头”④。元代商人亦常到占城进行贸易活动，甚至有商人定居占城，与当地妇女通婚⑤。官方间亦保持朝贡贸易，至元元年（1264年）占城使臣来华报告交趾国阻碍其来元朝贡。

元朝同真腊（今柬埔寨）的官方及民间贸易关系均较为密切。双方互派使节，官方贸易有所发展，史载，至元二十二年（1285年），“真腊、占城贡乐工及药材、鳄鱼皮诸物”⑥。至元十八年至元贞元年（1281—1295年）期间，元朝政府三次遣使真腊。元代，中国同真腊间的商船贸易也十分活跃。宋末元初，福建、两浙、广东有不少商人侨居真腊，进行经商活动，受到当地人的欢迎。元人周达观随元朝使团前往真腊，回国后根据其亲身见闻撰写了《真腊风土记》一书，该书对双方贸易状况也有颇多记载，“唐人之为水手者，利其国中不著衣裳，且米粮易求，妇女易得，屋室易办，器用易足，买卖易为，往往皆逃逸于彼”，说明当时有不少中国商人因贸易移居真腊。从真腊输入的商品以翠毛、象牙、犀角、香料为主，中国出口到真腊的商品除传统的大宗商货丝绸、瓷器、漆器等外，还有一些普通日用品，如雨伞、铁锅、铜盘、木梳、针等。

宋元时代，在今泰国境内有泰族（今泰国中部地区）建立的素可泰王朝和孟族在湄南河下游地区建立的罗斛国。素可泰王朝和罗斛国自立国以来，都同元朝进行了官方交往和贸易活动。至元三十年（1293年），元世祖“诏遣使招谕暹国”，开始了元暹官方的正式交往。从至元三十年至大德四年（1293—1300年），元朝曾3次派遣使者赴素可泰通好。而素可泰前来元朝的使节，先后达12次之多。元朝对素可泰使节以贵宾相待，并回报以厚礼。罗斛于至元二十六年（1289年）、二十八年（1291年）及其后均派遣使节前来元朝。暹国于至正九年（1349年）并入罗斛，自此合称为暹罗。

暹罗国向元朝输出的商货主要有罗斛香、苏木、犀角、象牙、翠羽、花锡、大风子、黄蜡等。由元朝输入暹罗国的商货主要有水银、青花瓷器、青布、印花布、铜、铁、金、

① （元）汪大渊. 岛夷志略·交趾. 北京：中华书局，1981.
② （宋）周去非. 岭外代答校注：卷5财计门钦州博易场.杨武泉，校注. 北京：中华书局，1999.
③ ［越南］吴士连《大越史记全书·陈纪一》卷5。
④ ［越南］黎崱《安南志略》卷1边境服役，钦定四库全书本。
⑤ （元）汪大渊. 岛夷志略·占城. 北京：中华书局，1981.
⑥ （明）宋濂，等. 元史：卷13世祖纪10. 北京：中华书局，1976.

锡、硝珠、海南槟榔等。

元初缅甸蒲甘王朝崩溃，地方政权纷纷建立，其中大多数向元朝称藩，元朝则各置宣慰司治之，因此双方关系较前代更为密切。至元二十六年（1289 年），蒲甘的缅王遣使来华。元贞二年（1296 年），又遣其子僧伽巴叔撒邦巴携方物前来通好。元朝也数遣使入缅回访。

元朝同缅甸的海路贸易比较发达。汪大渊《岛夷志略》有专条记述了下缅甸的针路、淡邈、八都马等地，这些均为孟族地区的海港城市。元代商船常常到达这些港口，以丝绸、布匹、瓷器、乐器、金银、铜铁等换取缅甸的象牙、胡椒、翠羽、黄蜡、木绵等特产。随着双方贸易往来的频繁，元代货币中统钞亦在缅甸流通并与当地的通货𧴩子和银钱形成一定的比价。与此同时，缅甸流通的𧴩子在中国云南一带也很盛行。由于赴缅经商较便捷，至迟从元代开始，福建泉州等地的海商泛海至下缅甸沿海一带进行贸易已为数可观了，且“十去九不还”，不少人在当地婚娶繁衍，成为缅甸早期的华侨。

元、明两代，中缅两国间的玉石贸易十分繁盛。缅北孟密有盛产名贵玉石的宝井，13 世纪已有云南人在缅甸北部开采玉石，年产量一般达到千担左右。前往缅甸的中国玉石商多至百余家，他们一般云集缅甸的八莫城，将玉石运回云南腾冲加工，制成装饰品后再运销缅甸和中国内地。

2. 元朝同马来半岛诸国的海路贸易

马来半岛与元朝贸易往来较多的国家主要有单马令、彭坑、吉兰丹等。

单马令，又称丹马令（今马来西亚彭亨州的淡贝岭河流域），地处海上交通的要道，为元代商船经常过往之地。其港口龙牙门，贸易繁盛，“以通泉州之贸易”[①]，有元人定居此地。单马令以上等白锡、斗锡、米脑、龟筒、鹤顶、降真香、黄熟香头等交易元朝的甘理布、红布、青白花碗、鼓、赤金、青缎、花布、处州瓷、铁鼎等。

彭坑，又作彭亨，今地处马来西亚的彭亨州一带。彭坑于元初即派使节来华通好。彭坑以沙金、黄熟香头、沉速、打白香、脑子、花锡、粗降香交易元朝的诸色绢、铜铁器、漆瓷器、鼓、板等。

吉兰丹，今地处马来西亚的吉兰丹州一带，其港口为吉兰丹河下游的哥打巴鲁。吉兰丹以上等沉速、粗降真香、黄蜡、龟筒、鹤顶、槟榔、花锡等交易元朝的塘头市布、占城布、青盘、花碗、红绿蛸珠、琴、阮、鼓、板等。

3. 元朝同马来群岛诸国的海路贸易

元朝时期中国与马来半岛的爪哇、三佛齐、须文答剌、浡泥及文老古等国贸易关系密切。

爪哇，即古阇婆国，在今印度尼西亚爪哇岛。元初与爪哇发生争战，两国的交往受到了影响。满者伯夷王朝建立后，遣使元朝，双方重建友好关系。元代中期，从元成宗元贞年间至顺帝至顺年间（1295—1333 年），爪哇遣使并赠方物达十余次。中国商人前往爪哇的也络绎不绝，在满者伯夷港口，有中国商人运来的各种各样的货物进行交易，

① （元）汪大渊. 岛夷志略 • 龙牙门. 北京：中华书局，1981.

市场上人流拥挤，商货堆积，还常常使用中国铜钱。元人周致忠在其《异域志·爪哇国》中称“其国与中国为商，往来不绝”。

至元代，三佛齐（今苏门答腊岛巨港、占碑一带）已经衰落。元朝同三佛齐的关系不如宋代那样密切，但两国间仍有贸易往来。三佛齐向元朝出口的商品主要是梅花片脑、降真香、槟榔木绵布、细花木等。元朝输往三佛齐的商品主要是色绢、红焇珠丝布、花布、铜铁锅、处瓷等。三佛齐的旧都巴邻傍是元代商人云集之地，元末明初多有广东人、漳州人、泉州人聚居，故改称“旧港”。

须文答剌，又称苏木都剌，今苏门答腊岛北部。须文答剌多次遣使来元通好，开展官方贸易。双方的商船贸易也颇为活跃。元末伊本·白图泰归国时便是自泉州搭乘的须文答剌国的商船。须文答剌的商人以脑子、粗降真、鹤顶、斗锡等交易元代商人的西洋丝布、樟脑、蔷薇水、黄油伞、青布、五色缎等商品。

浡泥，又作勃泥或渤泥，在今加里曼丹岛。元朝同浡泥的贸易往来有了进一步发展，前往浡泥的元代商人颇多。汪大渊曾到浡泥，见到当地人民“尤敬爱唐人，若醉则扶之以归歇处”。[①]元朝商人用赤金、色缎、牙箱、铁器等交换浡泥出产的降真、梅花片脑、黄腊及玳瑁等物品。

文老古，即今印度尼西亚马鲁古群岛。元代随着海路交通的发达，同马来群岛东部文老古的贸易有所发展。文老古人民热情欢迎元代商船的到达，“每岁望唐舶贩其地”[②]。元代商人以银、铁、水绫、丝布、土印布、象齿、烧珠、青瓷器、埕器等交易文老古盛产的各种香料。

4. 元朝同南亚诸国的海路贸易

印度半岛南部是东西方海上交通的枢纽，当时，元代商船远航印度半岛的为数众多。同时，往来于中印之间的使节和商人多搭乘中国船。该地区同元朝贸易往来的主要国家有马八儿、俱蓝、僧加剌、古里佛等。

马八儿，今地处印度半岛西南马拉巴尔海岸一带，是东西方航船的必经之地，也是中国和阿拉伯交通的枢纽与中转站。史载：“海外诸番国，惟马八儿与俱蓝足以纲领诸国，而俱蓝又为马八儿后障。”[③]元朝同马八儿彼此互派使节通好。从元世祖至元十六年（1279年）到顺帝至元三年（1337年）的近60年期间，马八儿先后遣使入元达11次之多，与此同时，元朝亦先后8次遣使赴马八儿通好。元代商船以沙金、青缎、白矾、红绿焇珠交易马八儿的翠羽、细布以及大量的香料。马可·波罗记载说，马八儿输出的香料等货物，大部分运往“蛮子大州”（中国南部地区），西运的商货“其额不及运往极东者十分之一”[④]。

俱蓝，宋称故临，今印度西南岸的奎隆，是东西海路交通的要冲之地。元朝同俱蓝的交往较为频繁。至元十六年到二十八年（1279—1291年）期间，元朝遣使赴俱蓝达4

---

①（元）汪大渊．岛夷志略·渤泥．北京：中华书局，1981.

②（元）汪大渊．岛夷志略·文老古．北京：中华书局，1981.

③（明）宋濂，等．元史：卷210马八儿等国．北京：中华书局，1976.

④ 马可·波罗．马可波罗行纪：下册．冯承钧，译．上海：商务印书馆，1947.

次，俱蓝前来通好达 3 次。伊本・白图泰记载说："这里是木赖巴尔地区与中国交往的第一座城市，中国人多到此地。"[①] 13 世纪末，马可・波罗从中国归国之际，记述俱蓝的情况时提到"蛮子（中国南部居民）商船前往该地贸易，获取大利"[②]。元代商人以金银、青白花瓷、八丹布、五色缎、铁器等交易俱蓝盛产的胡椒、椰子、槟榔、溜鱼（即干鱼）。

僧加剌，又称狮子国，即今斯里兰卡，亦是东西方海路交通贸易的中心之一。元朝政府于至元二十一年（1284 年）、三十年（1293 年）派遣使节前往僧加剌。至元二十九年（1292 年），僧加剌亦派使者来元朝通好。两国间的商船贸易活动十分兴盛，元代商人常到僧加剌港口高郎步（今科伦坡）进行交易活动。今斯里兰卡赛巴布阿马霍城塞出土了唐、宋、元各朝的钱币和宋元两朝的瓷器，是彼时中国与斯里兰卡贸易往来的重要佐证。

5. 元朝同西亚诸国的海路贸易

元朝同西亚的海路贸易包括阿拉伯各国及伊儿汗国。

元代，官方文书中常常提到船舶前往"回回田地里"[③]。"回回田地里"大体上就相当于前代的"大食诸国"，也就是今阿拉伯地区。元代商人直接航行到阿拉伯地区的人数颇多。汪大渊在《岛夷志略》中，记有波斯离（今伊拉克巴士拉）、天堂（今沙特阿拉伯麦加）、哩伽塔（今也门亚丁港）等，皆属阿拉伯地区。前往波斯离的元代商人，以毡毯、五色缎、云南叶金（即金箔）、白银、倭铁、大风子、牙梳、铁器等交易当地的琥珀、软锦、驼毛、腽肭脐、没药、万年枣等。哩伽塔当是阿拉伯半岛的主要通商港口。元代商人常常以金、银、五色缎、巫仑布交易该国的青琅玕（青金石）等。

元代对外交通发达，来自中亚和西亚的色目人得到蒙古统治者的信任和重用，致使大量西域人、大食人移居中国。泉州港于宋末和元代进入极盛时期，寓居泉州的大食人备受元朝的倚重。元代来华的阿拉伯人中有不少是富商大贾，他们活跃于中国沿海各大港口。除商人外，还有被征的士兵、工匠、社会上层人士、专家、学者等，他们之中很多人定居中国，同汉族通婚，生息繁衍，逐渐成为中国的一个新民族——回族的一部分。

伊儿汗国的控制区域包括今伊朗、伊拉克等地，是蒙古四大汗国之一，同元朝关系密切，双方官方贸易往来不断，民间贸易亦很活跃。至元二十七年（1290 年）、大德三年（1299 年），元朝遣使伊儿汗国。大德二年（1298 年），伊儿汗国遣使入元，携珍珠、宝石、猎豹等赠品，并用 10 万金钱购置中国商货[④]。来自伊儿汗国的波斯和阿拉伯商人常常前往泉州和广州进行贸易活动。元代商人亦前往伊儿汗国各地经商，且有不少人定居下来，如亦思把罕（今伊斯法罕）就有元人寓居。甘埋里（今霍尔木兹海峡中霍尔斯岛）是当时东西方海上交通枢纽，也是伊儿汗国对元朝贸易的主要港口，元代商船多在

① [摩洛哥] 伊本・白图泰. 伊本・白图泰游记. 马金鹏，译. 银川：宁夏人民出版社，1985.

② 马可・波罗. 马可波罗行纪：下册. 冯承钧，译. 上海：商务印书馆，1947.

③（元）完颜纳丹《通制条格》卷 27 杂令蒙古男女过海。

④《新元史》卷 109 大德二年。

此登陆，载丁香、豆蔻、青缎、麝香、红色烧珠、苏杭色缎、苏木、青白花瓷、瓷瓶、铁条而来，载胡椒而返。

6. 元朝同非洲诸国的海路贸易

随着海路贸易的繁荣，元代同非洲诸国的贸易有了进一步发展。不论是北非还是东非的一些国家，均同元朝有着直接的贸易往来。其中规模较大的国家包括勿斯里、默伽腊、层摇罗。

勿斯里，又称蜜徐篱，即今埃及。元代，埃及正值马木鲁克王朝时期，交通发达，商业繁荣。1260年埃及马木鲁克王朝苏丹拜伯尔斯在大马士革附近大败蒙古军，占据叙利亚。由此，元朝经中亚陆路或经波斯湾海路同埃及的交往更为畅达。1258年西亚的贸易中心——巴格达被旭烈兀的蒙古军破坏之后，埃及在东西方贸易中的地位就显得更加重要了。埃及西与欧洲，东同印度和中国均有贸易往来，为东西方贸易的要冲。元代商船不断开往埃及，而埃及商人前往杭州、泉州经商者也不少，有的还留居下来。例如，在元埃及人首领欧斯曼·伊本·安法尼就是杭州的一大巨商[①]。

默伽腊，即今摩洛哥。元朝和默伽腊均曾派使节相互通好。摩洛哥的港口丹吉尔在元代文献中称作“吊吉儿”或“刁吉儿”，是地中海著名的国际贸易港，同元朝有着经常的贸易往来。14世纪摩洛哥著名旅行家伊本·白图泰正是丹吉尔人，他在中国遇见摩洛哥休达人毛俩格瓦门丁，该人长期从事东方贸易，来到中国并发财致富[②]，由此可以反映出两国民间贸易的频繁。

层摇罗，即今东非的桑给巴尔岛。元代商船曾来此地贸易，“每货贩于其地者，若有穀米与之交易，其利甚溥”[③]。元代商人以牙箱、花银、五色缎交易当地生产的红檀、紫蔗、象齿、龙涎、生金等商品。

7. 元朝与欧洲的贸易

元代文献通常把欧洲国家通称“发郎”或“富浪”“拂朗”“佛郎”等。随着中西陆海交通畅达，一些欧洲商人也辗转来元贸易。文献记载除意大利马可·波罗父子外，元中统二年（1261年）五月，有“发郎国遣人来献卉服诸物，其使自本土达上都已逾三年”；“发郎”国人自言他们“妇人颇妍美，男人例碧眼黄发”；所经“涂有二海，一则逾月，一则期月可渡，其船艘大可载五六百人。其所献盏斝，盖海鸟大卵分而为之，酌以凉酹即温”；“上嘉其远来，回赐金帛甚渥”。[④]元末，又有“拂朗国献天马”。元顺帝时曾派遣使团出使欧洲，旨在建立与罗马教廷的联系。元至正二年（1342年）七月，罗马教廷为了答谢元廷，由马黎诺里率领欧洲使团携带国书和诸多礼品到达元上都，在使团献给元顺帝的礼物中有一匹骏马，“长一丈一尺三寸，高六尺四寸，身纯黑，后二蹄皆白”。

---

①［摩洛哥］伊本·白图泰. 伊本·白图泰游记. 马金鹏，译. 银川：宁夏人民出版社，1985.

②［摩洛哥］伊本·白图泰. 伊本·白图泰游记. 马金鹏，译. 银川：宁夏人民出版社，1985.

③（元）汪大渊. 岛夷志略·层摇罗. 北京：中华书局，1981.

④（元）王恽《秋涧先生大全集》卷81中堂事记，钦定四库全书本。

第五节 对外贸易对社会经济发展的影响

在元朝对外开放政策下，中外贸易得以广泛深入开展，亚洲各国间及亚洲与非洲乃至欧洲间的物质及精神文明密切交流，从而推动了参与贸易的国家和地区的经济发展与文化交流。作为文明程度处于世界领先地位的元朝，通过进出口贸易活动不但促进了自身经济文化的发展，而且伴随着商品输出与技术输出，中国先进的生产技术在更为广阔的地域扩散，进而推动了世界文明的进程。

一、海外贸易对中国经济的影响

（一）推动了手工业技术的进步

如上所述，元代中国出口商品以丝绸、瓷器等手工业品为主，一方面海外市场的需求导致沿海局部地区出现了一些外向型经济的成分，为适应海外市场的需要，在产品的花色品种、规格品质上不断改进，由此对技术进步提出了新的要求。另一方面，通过进口贸易，中国短缺的产品在得以进口的同时，一些产品的生产技术随之输入，从而实现了某些产品的进口替代或技术改进。

中国传统的丝织业由于出口贸易的发展在生产技术上不断创新，如引进了波斯织金锦缎纳失失和中亚的丝织物撒答剌欺的生产技术，这是当时丝织业生产的重大成就。

据《岛夷志略》记载，元代瓷器出口国家和地区至少有 50 余个，海外需求量巨大，不仅是瓷器生产规模扩大，而且还推动了技术进步。大规模出口使得一些地区专门为外销而生产，考古发掘证实福建德化有一批瓷窑是以生产外销瓷为主的。近代以来，在东南亚、东北亚各国发现的元代瓷器在规格款式上均不同于内销瓷器。规格款式的差异、品种的增加要求技术进步的支撑，从而使元代制瓷工艺兼收并蓄，如景德镇烧制的洁白素地上绘有花纹、鸟兽纹或风景、人物等的青花瓷，即是吸收了波斯伊斯兰陶瓷艺术的风格。元代青花瓷器色泽艳丽，釉面有黑色斑点，则是使用含锰低、含铁高的进口青料的成果。

棉花的引进使中国棉纺织业得以发展，进而又促进了印染业的进步。元人孔齐《至正直记》说：松江能染一种青花布，染法是从日本学来的。用木棉布染印，青文洗涜不脱，并说这种青花布，染印芦雁花草，宛如一幅苑画。

中国的炼糖工艺最初是唐代贞观年间从印度引进的。在此后数百年间，基本上沿用这种熬糖法。到了元代，中非贸易的发展，埃及更先进的炼糖技术传入了中国。前来福建沿海经商的埃及人，将树灰净糖法传授给了泉州府所属的“温敢城”（即永春县）居民，不仅使该地制糖技术有了显著改进，而且还传至其他地区。

唐宋以后，大批波斯和阿拉伯药材输入中国，随之而来的是众多经营药材的商人，有的甚至在中国开设药铺。一些波斯药方，如“悖散汤”在中国颇为流行。元朝还在大都（今北京）和上都（今内蒙古正蓝旗境内）设立两个“回回药物院”，以“掌回回药事”①。隶属于“掌修制御用回回药物”的“广惠司”，是专以波斯、阿拉伯医术行医的机构。

（二）海外贸易的发展推动了沿海市镇经济的发展及国际性大都市的出现

元代还出现了一些新兴工商城镇和手工业城镇。太仓“旧本墟落，居民鲜少，海道朱氏翦荆榛，立第宅，招徕番舶，屯聚粮艘，不数年间，凑集成市，番汉间处，闽广混居，各循土风，习俗不一”，“ 市民漕户云集雾滃，烟火数里，久而外夷珍货棋置，户满万室”。上海镇在南宋时属秀州。元代因海上贸易发达在此设置市舶司，上海人口逐渐增多，于是至元二十九年（1292 年）开始设县，成为新兴的商埠。元代朱清因任漕运万户致富后，在昆山修建宅第，招徕香舶，屯聚粮艘。数年之间，昆山从一个墟市发展成新兴的商业城市。各地商人在此聚居，据说是“番汉间处，闽广混居，各循土风，习俗不一”②。

最大的海外贸易港口泉州，在海外贸易带动下成为东南商业中心，史称：“泉，七闽之都会也。蕃货远物，异宝珍玩之所渊薮，殊方别域、富商巨贾之所窟宅，号为天下最。”③随着海外商人寓居中国港口城市，给这些城市带来了别具一格的建筑艺术。杭州、广州、泉州等港口兴建了不少宗教寺院及具有异域风格的建筑物。元代，在泉州的伊斯兰教建筑物尤多，伊斯兰教礼拜寺竟达六七所，皆具有浓厚的阿拉伯宗教建筑风格。马可·波罗在其游记中说：“刺桐（泉州）以船舶往来如梭而出名。船舶装载商品后，运到蛮子省（南宋）各地销售。……刺桐是世界上最大的港口之一，大批商人云集这里，货物堆积如山，的确难以想象。”

元朝首都大都在国际贸易的推动下成为著名的国际性大都市，李洧孙在《大都赋》中对此有生动的描述：“东隅浮巨海而贡筐，西旅越葱岭而献贽，南陬逾炎荒而奉珍，朔部历沙漠而勤事……。”《马可·波罗行纪》对大都商业兴盛的描述更为详尽，“（汗八里城）城内的公共街道两侧，有各种各样的商店和货摊。……整个城区按四方形布局，如同一块棋盘。设计的精巧和美观，简直非语言所能描述。”“汗八里城内以及和十二个城门相对应的十二个近城居民之多，以及房屋的鳞次栉比，真是非想向所能知其梗概的。近城的人口，比城区的人口更多。商人和来京城办事的人都在郊区住宿。……城郊也和城内一样繁华，也有城内那样的华丽的住宅和雄伟的大厦，……无数商人和其他旅客为朝廷所吸引，不断地来来往往，络绎不绝。……凡世界上最为稀奇珍贵的东西，都能在这座城市找到，特别是印度的商品，如宝石、珍珠、药材和香料。契丹各省和帝国其他各省，凡有贵重值钱的东西都运到这里，供应那些被这个国家吸引，而在朝廷附近居住的大批群众的需要。这里出售的商品数量，比其他任何地方都多。根据登记表明，用马车和驮马载运生丝到京城的，每日不下一千辆次。丝织物和各种丝线，都在这里大量生

① （明）宋濂，等. 元史：卷 88 百官志 4. 北京：中华书局，1976.

② （元）杨譓《昆山郡志》卷 1 风俗，续修四库全书本。

③ （元）吴澄《吴文正公集》卷 16 送姜曼卿赴泉州路录事序。

产。在京城附近，有许多用城墙围绕的城镇。他的居民，大部分依靠做朝廷的生意来维持生活。出售自己生产的物品，换取自己需要的东西全运到汗八里来。”还说到元朝皇帝在杭州征收巨额的盐税和糖、香料、米、酒、丝等商税。杭州的商家有十二个行，官府经由行会抽取商税。又说：“离这城二十五迈耳之远，在东北和正东两方之间，就是大洋海。海滨有澉浦城，城有极良的港口。有许多很大的船，从印度及别的地方，装载巨量的宝贵货物来到这港。京师城和这港口有一河相连。船舰可以上溯到这城和更远的地方，因为这条河流经许多别的地方。”[①]

（三）增加了政府财政收入

对外贸易的发展增加了元政府的税收收入，号称“军国之所资”，说明市舶收入在财政总收入中占有重要份额。至元二十六年（1289 年）江淮行省平章沙不丁“上市舶司岁输珠四百斤，金三千四百两”，对照大德二年（1298 年）元朝财政收入包括：黄金一万九千两、银六万两、钞三百六十万锭，伴随经济发展，税收应相应增加，故大德年间财政收入应高于至元年间，市舶收入中黄金一项占全国黄金收入的 20%左右。到仁宗延佑年间，有记载称海舶税“数十万锭”，也占岁入钱钞 10%左右，说明海外贸易对元朝财政收入有重要影响。

二、元代商品和科技的输出对域外诸国的影响

伴随出口贸易的发展，元代中国不仅输出了大量商品，而且还将中国先进的生产技术传播到域外。

（一）丝织品及丝织技术

到了元代，丝织品仍是中国输出的主要商货。但因元代对外贸易的活动范围超过了前代，故丝织品输出的地域空前广阔，凡贸易所及的国家，皆输入中国的丝织品。同时，丝织品的输出量也十分可观，丝织技术也进一步向外扩散。丝织品及其技术的输出，不仅直接有益于各有关国家人民的生活，而且促进了其丝织业的发展。如元朝与爪哇贸易的发展，使中国的养蚕、缫丝及织锦技术传入爪哇，使爪哇丝织业实现了进口替代。

（二）瓷器及制瓷技术

随着元瓷的大量输出和海外诸国对瓷器的迫切需求，元瓷及其制造术又传到了更多的国家。高丽原先由中国输入琉璃瓦，其后自行燔制，“品色愈于南商（指由海路到高丽的中国南方商人）卖者”[②]。越南人先是学会了中国的制陶技术，接着又向中国学习了烧瓷技术。13 世纪时越南对元朝的赠品中，便有了瓷器一项。而越南产的釉里蓝（即青花），更是受到元代瓷器的影响。元人周达观在真腊见到，当地人“盛饭用中国瓦盘或铜盘”[③]。早在素可泰时代，暹罗（今泰国）国王腊马坎亨曾于 1294 年和 1300 年两次来访中国。第二次返回时，腊马坎亨带走了一批中国制瓷工匠，由此在暹罗创制了与中国河北磁州窑烧制的极其相似的苏古台瓷器。数十年以后又一批中国技工应邀到暹罗，传

---

① [意] 马可·波罗．马可波罗行纪．冯承钧，译．上海商务印书馆，1947.

②（明）郑麟趾《高丽史》卷 28 忠烈王世家一。

③（元）周达观．真腊风土记·器用．北京：中华书局，1981.

入了浙江龙泉青瓷技术，创制了著名的宋伽洛陶瓷器，其产品行销于东南亚各地，成为当时暹罗国重要的出口商品。[①]

元瓷不仅输往东亚、东南亚，还远销南亚、西亚，以至北非和东非。这些地区发掘出土的元瓷便是有力的见证。在南亚，印度东端阿萨姆邦首府高哈蒂邦立博物馆，陈列有几件元龙泉窑青瓷大平碗碎片。斯里兰卡北部雅帕护瓦遗址，亦发现了极其精美的中国宋元时期的陶瓷。另外在西亚也发现有诸多元瓷。伊朗东北的内沙布尔出土了元初朴素的青花碗残片。如叙利亚的哈马遗址还发现了元代青花的仿制品，是用元代青花瓷器为蓝本烧制出来的。这说明元青花瓷不仅输往西亚，且制造技术也同时输出。巴格达以北的萨马拉遗址出土了南宋和元初的青瓷和青白瓷，收藏于阿巴希德宫博物馆。波斯湾沿岸的巴林岛，发现了碗内贴着饼干形菊花纹的特殊的元代青瓷碗残片。阿拉伯半岛南岸阿布扬遗址和其他遗址，出土了许多南宋、元、明的青瓷和青花瓷器。在东非及北非沿海地带也有不少中国元瓷或其仿制品的出土。由此表明，元代瓷器的出口带动了境外国家瓷器制造业的发生、发展。

（三）钱币和铸币技术

随着中外贸易的发展，中国的货币在中外交易中充当了硬通货，在海上丝路沿线的很多国家发现有元代的铸币及纸币。如元代纸币“中统钞”传入缅甸，在当地产生了较大的影响。20 世纪上半期，在爪哇、巴厘诸岛发现的中国铜钱，不少是元代钱币。同时，在爪哇等地还发掘出许多约 9 至 16 世纪当地铸造的铜钱和锡钱，多数为圆体方孔，从中可见中国铸币技术的外传。元代的纸币印制技术甚至远传至北非。

（四）医药

在医药史上，越南医学和朝鲜、日本一样，皆为中国医学的支流。因此，越南人称其为“东医”。宋元时期，中药成为输往越南的主要商品。中国的针灸法也被越医广泛采用。中国的脉学，在北宋时已传入波斯，对其产生了很大影响。至元代，波斯名医、历史学家拉希杜丁·法杜拉于 1313 年编写了一部《中国医学百科全书》，对脉学、解剖学、胚胎学、产科学和药理学皆有论述。波斯医学家阿维森纳在《医典》一书中，也运用了中国脉学。与此同时，中国的许多药物亦传至波斯。

（五）植物和家禽

元代棉花种植传入高丽。1363 年，高丽使节文益渐赴元。回国时，于中国境内路旁棉田取棉实十多枚带回高丽。1364 年，他回故乡晋州，以一半棉实交其舅郑天益种植。当年秋，天益收获棉实达百余枚。其后，天益年年繁育。至 1367 年，以所获棉种分给乡里，并劝令种植，由此开始了朝鲜植棉的历史。元人周达观访问真腊（今柬埔寨）时，带去了中国的荔枝种子，把它种在一座山上。柬埔寨虽然能够生长各种各样的热带水果，但据说只有在这座山上荔枝才能成活。因此，人们称这座山为“中国荔枝山”。真腊原来没有鹅，后在元代时由来华贸易的商人带回，从而增加了其家禽的种类。[②]

---

①［英］吴迪（W.A.R.Wood）. 暹罗史. 北京：商务印书馆，1947；朱杰勤. 中国陶瓷和制瓷技术对东南亚的传播. 世界历史，1979（2）.

②（元）周达观. 真腊风土记·走兽. 北京：中华书局，1981.

（六）书籍和乐器

宋元时期，海外诸国来华的商人和使者不仅在中国进行贸易活动，还从中国带回各种文化用品和书籍。仅 1314 年元仁宗赠给高丽的书籍就多达 4 371 册，共计 17 000 卷。中国的鼓、板、琴、阮等乐器，正是在这个时期经由商船行销马来半岛和马来群岛一些国家的，从而促进了海外诸国文化和艺术的发展。

（七）印刷术、火药

中国的四大发明继唐宋之后，仍通过贸易等渠道向外传播。

元代的印刷术，在唐代雕版和宋代胶泥活字印刷术的基础上，又发展为木活字、锡活字，乃至铜活字，并发明了彩色套印术。这不仅推动了元代文化的发展，还通过将此技术传播到海外诸国，对世界文明发展做出贡献。元明期间，中国许多刻工前往日本，传授了中国的印刷术，推动了日本印刷事业的发展。中国唐代发明的雕版印刷术，至迟于 13 世纪末已传到伊朗。同一时期，伊朗伊儿汗王朝乞合都统治时，用雕版印刷仿照元代的“至元宝钞”，在首都大不里士发行了纸币。在中国印刷术西传的道路上，波斯是一个中转站，由此再西传至非洲和欧洲。

火药于元朝末年由中国传入高丽，见诸记载的第一个向高丽人介绍火药技术的，便是一个中国的江南商人。元军征伐爪哇时，将中国的火药、火器传入了今印度尼西亚。印度尼西亚人在夺取了元军的火器之后，很快学会了制造火药和火器。早在八九世纪，中国硝石已传入伊朗，而用硝来制造火药的技术，却是在蒙古族统治伊朗时传去的。埃及马木鲁克王朝素丹拜伯尔斯在大马士革一役中击败了蒙古西征军，俘获了制造火药的工匠和大量火器。从此，火药传入埃及。火药最初传入欧洲，则是通过那些从事对元贸易的阿拉伯商人。

三、海外贸易与移民及其影响

对外开放不仅带来商品在国际间的流动，而且还推动人员的流动，带来人力资本的输出与输入，从而使中外各国间科学技术、文化在更广泛的领域进行交流。

（一）元代来华的外国侨民及其影响

元代中外交通畅达，在元朝开放政策下，中外人员往来数量众多，其中不仅有大量的商人、使臣，还有为数可观的旅行家、僧侣、学者、艺术家等。

1. 元朝的外侨政策

元朝不仅为来华外商提供诸多便利，而且对其文化、宗教信仰采取兼容并蓄政策。

元代中国的文明也吸引不少外国人在此定居，史称“西域之仕于中朝，学于南夏，乐江湖而忘乡国者众矣”①。《伊本·白图泰游记》中记载：“中国各城市中，都有伊斯兰教徒居住区，筑有清真寺，作为礼拜之所。”《元史》记载，至元二十三年（1286 年）来自钦察汗国的移民组成 19 所千户所；至顺元年（1330 年）收聚 1 万名斡罗斯人屯田。②

① （元）王礼《麟原文集前集》卷 6 义塚记。

② （明）宋濂，等. 元史：卷 99 兵志 2·宿卫，卷 100 兵志 3·屯田. 北京：中华书局，1976.

元代对定居在中国的外国人的管理与唐宋时期不同，唐宋时期，随着海外贸易的勃兴，在中国沿海口岸即有外国人侨居，唐宋政府实行特殊的管理方式——“蕃坊”制度，即在遵守中国法律的前提下，单独划定居住区域，选出各国蕃长实行自治管理，其风俗习惯及宗教信仰得到中国政府的充分尊重，但其不能享受国民待遇，在购买资产及入仕等方面受到限制。元代作为统治民族的蒙古族，以漠北游牧民族身份入主中原，在大规模西征过程中与亚欧各民族密切接触，其所实行的民族政策不同于前代。早在窝阔台汗乙未年（1235 年）即颁布了一条圣旨说：“不论达达（蒙古）、回回、契丹、女真、汉儿人等，如是军前掳到人口，在家住坐做驱口；因而在外住坐，于随处附籍，便系是皇帝民户。”①将居住在其统治区域内的各民族以统一的户籍制度进行管理。

至元二十六年（1289 年）元政府明令：“籍江南户口，凡北方诸色人寓居者亦就籍之。”由此无论来源，各族人在当地入籍的制度被推广到江南。“入籍”意味着定居者均可正式成为中国的居民，对外国侨民而言，他们的政治、经济地位获得国民待遇。

2. 外国移民对元朝科技文化的影响

元朝对各种宗教文化的尊重与宽容、国民待遇的实施，使得外来侨民可以自由开展其经济及文化活动，如在广州自然形成的“回人坊”内，建有寺院、旅馆及市场等各种宗教活动及经营活动的场所，同时还有法官及教长。对外贸易第一大港泉州更是各国侨民云集之地，元朝诗人描述泉州称：“缠头赤脚半蕃商，大舶高樯多海宝”，其中尤以阿拉伯人为众，伊斯兰教礼拜寺达六七所之多。此外，泉州还建有基督教堂和婆罗门教寺院，马黎诺里谈到泉州称：“这是一个令人神往的海港，也是一座令人惊奇的城市。方济各会修士在该城有三所非常华丽的教堂，教堂十分富足；有一浴堂，一栈房，这是商人储货之处。②”大量来元的阿拉伯人、波斯人及中亚的穆斯林在元朝统一管理下，在中国各地自由居住，与汉民族等杂居、通婚，繁衍生息，从而形成了一个新的民族即“回回族”的一部分。

在元朝开放政策下，在元定居的侨民成为中国居民，他们自由经商、入仕及从事各种文化活动，一些人成就卓著，成为元代著名的富商巨贾、政治家、学者、艺术家，为元朝的社会经济发展增加了人力资本存量，推动了中国某些领域的技术进步。其中一些天文学家、医学家还受到元朝重用，他们的活动对于域外科学技术在华传播起了重要作用。

海外科学技术对元朝影响最大的是天文历法，忽必烈在藩邸曾经征召穆斯林星象学者，波斯著名的天文学家札马鲁丁等人应召而来。忽必烈命札马鲁丁负责编制万年历，并在大都建立观象台，札马鲁丁还制成了七件天文仪器，即浑天仪、方位仪、斜纬仪、平纬仪、天球仪、地球仪和观象仪。后元朝政府设立了回回司天台官署，以札马鲁丁为提点。这些仪器即放在他所主管的回回司天台使用。此外，埃及的一些天文成果也传入中国，如亚历山大里亚的学者托勒密的《天文大集》，埃及天文学家阿里·伊本·优努斯制订的“哈基木历表”。该历表对中国天文学家郭守敬修订历表颇有帮助。元代以后，中国天文仪器的巨型化也受到埃及的影响。

---

①《元典章》卷 57 户口条画。

②［英］阿·克·穆尔. 一五五〇年前中国基督教史. 北京：中华书局，1984.

随着大批阿拉伯人东来，阿拉伯医药学传入中国。忽必烈曾设立西域医药司（后改为广惠司）专门负责回回药物方剂的修制及为宫廷和在元阿拉伯人提供医疗服务，阿拉伯名医爱薛负责掌管广惠司，他还在大都创办了阿拉伯医院——京师医药院，其中任职者皆为回回医生。阿拉伯移民的增加使沿海一些口岸对回回医药的需求增加，一些穆斯林医院应运而生，如埃及商人奥托曼即在杭州开办有阿拉伯医院。在元朝各地以贩卖药物为生的阿拉伯商人为数亦不少，元人王沂有诗《老胡卖药歌》："西域胡贾年八十，一生技能人不及。神农百草旧知名，久客江南是乡邑。朝来街北暮街东，闻掷铜铃竟来集。"此诗生动描写了回回医生在民间的影响。除阿伯医药学外，印度医药也传入中国，他们对于中国传统医药学的丰富与发展起了促进作用。

随着外国移民的增多、各种宗教的兴盛，移民聚集的广州、泉州等地，城市建筑更加多姿多彩，既有阿拉伯伊斯兰建筑，也有印度婆罗门及佛教建筑。中统元年（1260 年），元世祖忽必烈还请尼波罗建筑师阿尼哥率领 80 名能工巧匠来华建造佛塔、寺院，他们先后在西藏、大都营造了多座寺院、佛塔，使印度佛塔建筑艺术传入中国。

在元朝开放政策下，域外各种文化在华得以生存发展，并与中华文化不断交融，为中华文化注入了新鲜血液，使其更加生机勃勃，异彩纷呈。

（二）海外华人移民及其影响

自唐代开始即有出海贸易的商人移居东南亚各地，元代出海贸易的商人数量众多、贸易地域广大，且中外贸易关系更为密切，由于各种原因滞留海外定居的华商人数增加。周达观的《真腊风土记》记载真腊国"国人交易皆妇人为之，所以唐人到彼，必先纳一妇人者，兼亦利其能买卖故也"，由此不少华人定居于真腊国，成为柬埔寨最早的华侨。一些定居东南亚的华侨利用当地丰富的自然资源开展农业生产，从而将中国先进的农业生产技术传播到东南亚，促进了当地农业生产的进步。

中外贸易的发展还加深了域外国家对中国各种先进技术的了解，激发了他们引进中国技术的强烈需求，一些国家直接到中国招聘技术工匠，从而使一批批中国工匠移居海外，如上述，暹罗国王敢木丁亲自来元，利用朝贡之机招聘陶瓷工匠，从而开创了泰国陶瓷制造业的历史。日本为发展其雕版印刷业，吸引中国雕版工匠赴日，以致侨居日本的雕刻工匠众多，他们为日本的文化发展做出了重要的贡献。

综上所述，随着欧亚陆海交通的畅达，交通运输条件的改善，政府政策的支持，元代中国对外开放达到了新的水平，开放的地域更为广阔，开放的领域也更为深入，通过对外开放使中外商品、人员、技术及文化得到广泛交流，对于中国沿海地区商品经济的发展起了促进作用，一些行业甚至出现了些微外向型经济的色彩。在贸易推动下的科技文化交流使中华文明得以长足进步，且更加异彩纷呈。但毋庸讳言，元代中国的开放依然是在封建自然经济体系下的开放，其政治、文化的开放更多体现了对域外文明的宽容，经济开放的主旨在于取得稀缺物资，增加使用价值，故而其对外开放的程度、规模、水平均具有较大的局限性，诸如由于一些军事、政治因素元朝一度实行海禁政策，禁商下海。即使在开放海外贸易的时期，元朝对出口贸易的商品、进出港口也有限制，由此元代的对外开放也就难以利用中国具有垄断优势的商品及技术赚取高额利润，大幅提高社会福利水平。

第七章
明代的对外贸易

从明至清前期是我国传统社会的晚期，人口增长，社会生产力提高，中央集权、君主专制的发展程度空前，王朝呈现出盛世与没落的多面相。与此同时，世界正在从分散走向融合，人类开启了近代化的进程，中国日益面临着外部世界的重大挑战。公元 1368 年，朱元璋在南京称帝，建立了明朝。在明朝统治中国期间，中国社会生产力进一步向前发展，特别是江南地区在农业、手工业发展的基础上，商品经济日趋活跃，某些地区甚至出现了稀疏的资本主义萌芽。中国传统出口产品的商品化程度进一步提高，开展海外贸易的物质基础更加雄厚。然而，明朝为巩固其封建政权，极力切断中外民间贸易关系，于明前期实行严格的海禁政策，甚至官方主导的郑和下西洋的凿空壮举，也仅是昙花一现。海上贸易由盛而衰。与此同时，15 世纪末 16 世纪初，欧洲人发现了通往印度及美洲的航路，世界政治、经济格局从此发生了巨大变革。广大的亚洲、非洲、美洲地区纷纷沦为欧洲人的殖民地。中国传统的对外关系受到冲击，中国与欧洲国家的贸易渐次发生，中国与亚非国家的朝贡贸易日趋衰落，民间贸易风起云涌。明政府被迫部分地开放了海外贸易，私人海外贸易终于合法化，但其依然受到封建政府的限制，在与欧洲殖民者的竞争中处于十分不利的地位。欧洲人则在其政府的支持下，在西太平洋及北印度洋的贸易中逐渐占据主导地位，中国在东方海上贸易的优势日益丧失。

第一节　明代社会经济的发展

明代从洪武元年（1368 年）至崇祯十七年（1644 年），共 276 年，跨越 4 个世纪。明代的历史大体上可以分为三个时期：前期（洪武至宣德，14 世纪中叶至 15 世纪前叶）、中期（正统至万历中期，15 世纪前叶至 16 世纪末）、后期（万历中期至明末，16 世纪末至 17 世纪中叶）。在前期和中期，从总的趋势来说社会生产力在逐步提高和发展，并且分别出现过经济繁荣时期；后期，生产力遭到破坏，社会经济转向低落。总体而言，明代中国农业、商业及手工业均获得长足发展，为对外贸易的发展奠定了一定的社会经济基础。

一、社会生产力的提高

明代前期，政府采取休养生息的政策，鼓励垦荒，进行屯田，农业获得较快的恢复和发展。明初土地荒芜严重，明太祖多次下令招民垦荒，允许各处流亡人民开垦荒田，并对开垦荒田的农民实行赋税优惠政策，个别的甚至还可以免税。垦荒措施在明成祖时期也得到很好的推行，到明成祖末年，荒地已大都被开垦耕种，耕地面积的增加使农产品总量提高成为可能。与此同时，明政府注意水利的兴修。明太祖时曾治理黄河，并兼治淮河和运河。明成祖时又修筑江苏和浙江的海塘，使沿海一带的农田免受海潮的破坏。明朝还派出水利官员负责治河，先后完成了许多重要工程，河患大致平息，黄河和淮河各归其道，运河南北畅通，被淹没的农田也退水可耕。经过 70 多年的励精图治，劳动力数量、耕地面积、水利设施、粮食单位面积产量，以及手工业规模和技术、商业、城市、交通等方面都迅速得到恢复和发展，呈现一派复兴之势："洪、永、熙、宣之际，百姓充实，府藏衍溢。盖是时，劭农务垦辟，土无莱芜，人敦本业，又开屯田、中盐以给边军，军饷不仰藉于县官，故上下交足，军民胥裕。"[①]在以农业为主的时代，劳动力数量和耕地面积是社会生产力发展水平的重要标志。洪武二十六年（1393 年），全国编户 1 600 万户，人口 6 000 万人，已经超过元代最高数额，比北宋前期也高出许多。洪武二十六年，全国田土计 850 万余顷，比宋初真宗时期 524 万余顷也高出不少。[②]

在生产力发展的基础上，明代永乐年间出现了社会经济的繁荣。郑和舰队的远航、京师北京的营建、南北大运河的沟通，都是当时国家和社会具有较强经济实力的体现。尤其是郑和七下西洋的壮举，在中国封建时代既是第一次，也是最后一次，它集中体现了当时中国所具有的高超的造船技术、巨大的造船能力、先进的航海知识和充足的物资、丰富的商品、强大的军力。而这些又需要有较高的科学技术整体水平和较高的社会生产力水平为基础。

① 明史·食货志.

② 王毓铨. 中国经济通史·明代经济卷：上册. 北京：经济日报出版社，2000.

二、商品经济的繁荣

随着农业生产力的提高，商品生产在农业经济中也逐渐发展起来。明前期农业生产力的提高主要表现在量的增长和规模的扩大，明中期在劳动生产率上也有了提高。农具的改进和配套、优良品种的培育和推广、肥料的施用和土壤的改良、水利的兴修、双季稻的推广、水稻在北方的种植、杂粮在南方的推广、农业技术和管理经验的进步，特别是高产粮食作物玉米、红薯的引进推广，使得农业生产力在明前期的基础上又有了明显提高，为商业性农业的发展提供了前提条件。首先，农业生产力的提高使得粮食单位面积产量和社会总产量的增加，促进了粮食商品化，粮食成为明中期商业贸易中的最主要商品之一。其次，农业生产力的提高为将更多的耕地从耕地总面积中切割出来种植经济作物提供了可能。明中期不仅农业与手工业的分工扩大，而且农业生产内部的社会和区域分工也在加强，形成一些经济作物比较集中的种植区。明代经济作物除历史悠久的桑麻、甘蔗、茶叶、林果等继续发展外，花生、烟草和棉花的引进和推广也有较大发展。在嘉靖、万历年间，棉花种植已遍布于长江南北、黄河流域、华北平原，并且形成一些专业化的种植基地。经济作物的推广不仅促进了商业性农业的发展，而且也为手工业的发展提供了大量原料。最后，农业生产力的提高为将更多的劳动人口从农业中分离出来转向工商业提供了可能。明中期以后，“弃本逐末”者日渐增多，“去农而改业为工商”的趋势为手工业的发展提供了充足的劳动力，并促进了工商业城镇的勃兴。种种迹象表明，中国传统经济结构和经济运行机制在明中期已经发生了深刻的变动。

手工业生产在明中期有了进一步发展。从总体上看，手工业生产的规模、能力、工具、工艺、分工以及劳动组织、管理经验等都比前代有不同程度的提高和改进。纺织、陶瓷、矿冶、造纸、印刷、木材、制糖、榨油、酿酒、制茶、制盐、军工等传统手工业都有新的发展，并在嘉靖万历之际出现繁荣景象。丝织业到了明代中期焕发出勃勃生机，尤其在东南地区为盛。丝织业生产不仅仅是量的增长，而且有质的提高。当时江南地区流行的织机有绫机、绢机、罗机、纱机、绸机、缎机，这表明生产工具的改进、专业化分工的加强和产品品种的丰富。陶瓷业生产亦呈现兴旺之势，而且工业技术日臻完善。陶瓷业中心景德镇“万杵之声殷地，火光烛天，夜令人不能寝”，有“四时雷电镇”之称。除了景德镇，浙江处州、福建德化、河南禹州、北直曲阳、南直宜兴等地的陶瓷业也很发达。一般而论，明代的白釉和青花瓷器都以其美观、大方、实用的特色，供应各地市场，也是对外贸易的主要商品。矿冶业的发展出现一些新的特点，冶铁、炼钢等部门形成了不少规模较大、分工较细的冶炼手工工场；银矿开采空前高涨；煤炭作为燃料已经较为普遍地使用。明代的造纸业和印刷业也很发达，特别是铜、铅活字印刷，彩色套印、饾版、拱花等新技术的发明和推广，是中国印刷史上的创举。除了传统的手工业，明代还兴起了一些新的手工业，最为突出的是棉纺织业的迅速发展。中国棉纺织业出现于元代，到明代嘉靖、万历时期逐渐超过传统的丝麻业，棉花也成为寻常百姓主要的服装原料，“凡棉布寸土皆有”“织机十室必有”。当时还出现了一些棉纺织业中心，江南松江以其棉布生产享有“衣被天下”的盛誉；北方的肃宁棉布价格较为便宜，也颇具竞争力。

在农业和手工业生产发展的基础上，明中期出现了商业的空前繁荣。粮食、棉花、棉布、丝、丝织品、盐、茶、瓷器、铁器等成为流通领域的大宗商品。商品交易空前活跃，区域市场和全国性市场逐渐颇具规模。“滇南车马，纵贯辽阳；岭徼宦商，衡游蓟北”（明人宋应星《天工开物》），“燕、赵、秦、晋、齐、梁、江淮之货，日夜商贩而南；蛮海、闽、广、豫章、南楚、瓯越、新安之货，日夜商贩而北”（明人李鼎《李长卿集》）。随之而来的是城市经济的繁荣，明前期以两京为首的著名城市有 33 个，到明后期已经增加到 56 个，这些城市遍及南北，城市人口中工商业者所占比重提高，有的城市工商业甚至是主要部分。[①]这可以看出不仅国内贸易实现了前所未有的活跃，而且对外贸易也有了较大发展。明中期，不论是官方贡舶贸易还是民间海外贸易，进出口商品额度都有较大增长。尤其是官府对民间海外贸易的限制能力越来越弱，民间海外贸易额日渐扩大，特别是福建，各种货物“航大海而去者，尤不可计”（明人王世懋《闽部疏》）。明中期，特别是嘉靖以后，经商成为一股社会风潮。随着商人阶层的日益壮大，以地域为中心的商人群体逐渐崛起，俗称商帮，最为著名的有徽州商帮、山西商帮、陕西商帮、宁波商帮、山东商帮、广东商帮、福建商帮、洞庭商帮、江右商帮、龙游商帮等。

从历史发展演变的过程看，明前期，政府推行了一系列不利于商业发展的政策，如户役制度、重农抑商政策（严格控制商人的活动，制定商税制度，实行海禁，严格限制商人对外贸易）等。明中期，随着国内不少地方生产结构发生较大变化，商业有了很大的发展，商品品种大增，商品流通范围扩大，全国范围内的商业市镇兴起。到了明后期，由于社会生产力的提高，农业中经营地主明显增多，手工业中出现了资本主义萌芽，全国各大地区之间的商品交流日益活跃，商人资本积累也非常可观，以至于明后期成为中国传统社会后期商业特别繁荣的时代。

第二节 明代的海外贸易政策

一、明前期的海禁政策

（一）“海禁”政策

明朝政府海外贸易政策始自朱元璋称帝的前一年（1367 年）。元代末年，浙江西部的张士诚、浙江东部的方国珍都重视发展对外贸易，当时太仓是海外贸易的重要港口。朱元璋战胜张士诚、方国珍之后，立即在太仓黄渡（今江苏太仓浏河镇）设立市舶司，其用意应是管理和发展对外贸易。明初制订的《大明律》延续了元代的《市舶则法》，其中有“舶商匿货”律，内容是：“凡泛海客商，舶船到岸，即将物货尽实报告抽分。若停塌沿港土商牙侩之家不报者，杖一百。虽供报而不尽者，罪亦如之，物货并入官。停藏

---

① 吴慧. 中国商业通史：第 3 卷. 北京：中国财政经济出版社，2005.

之人同罪。告获者，官给赏银二十两。”[①]由此可见，明初是允许舶商出海贸易的，朱元璋对海外贸易的态度也是比较积极的。

但是，由于倭寇的骚扰，以及张、方残余力量和海盗在沿海地区的活动，朱元璋很快转向采取“海禁”政策。元末明初，中国沿海不断被倭寇侵扰，倭患日益严重。洪武二年（1369年）三月，朱元璋曾遣使赴日，“诏谕其国，且诘以入寇之故”，诏书中说“间者山东来奏，倭兵数寇海边，生离人妻子，损伤物命”。[②]但日本方面不但置之不理，而且还变本加厉，不仅攻掠山东，还“转掠温、台、明州旁海民，遂寇福建沿海郡”。[③]而张士诚、方国珍余部常与倭寇勾结作乱。朱元璋为了防备内外祸乱，采取加强海禁的措施。所谓海禁，即禁止民间海外贸易，一方面禁止国内百姓出海贸易，另一方面禁止外商以私人身份来华贸易。洪武四年（1371年）明太祖下令“禁濒海民不得私出海”，[④]即禁止沿海百姓出海贸易。当年十二月，朱元璋说：“朕以海道可通外邦，故尝禁其往来。”明朝既然禁止沿海百姓海外贸易，作为管理海外贸易机构的市舶司也被裁撤。太仓黄渡市舶司在洪武三年（1370年）因“以海夷黠勿令近京师”而停顿。洪武十四年（1381年），明朝与日本的关系进一步恶化，鉴于倭寇侵扰不已，明廷又重申“禁濒海民私通海外诸国”；洪武二十三年（1390年）再次诏令“申严交通外番之禁”。

朱元璋的海禁政策主要是禁止中国百姓出海。对于外国人由海道来华，也采取了限制的措施。朱元璋去世后，其孙建文帝继位，在对外关系上完全沿袭了朱元璋的政策。建文四年（1402年），燕王朱棣夺取了帝位，改元永乐，继续执行朱元璋的海禁政策。朱棣在继位之初就宣布：“沿海军民人等，近年以来，往往私自下番，交通外国。今后不许。所司以遵洪武事例禁治。”[⑤]永乐二年（1404年），朱棣又下令：“禁民间海船。原有民间海船悉改为平头船，所在有司防其出入”。[⑥]通过改造船型的措施禁止民间船只出海远航，是想从根本上防止出海贸易。总之，明前期，海禁政策或严或弛，但始终是明朝贯彻不移的“祖宗定制”，严格时甚至规定“片板不许下海”“禁民间用番香番货”。同时明政府规定外商“非入贡即不许其互市”，即将“朝贡贸易”视为唯一合法的对外贸易方式。

（二）实行海禁政策的原因

明朝之所以实行海禁政策，其根本原因在于中国封建社会的经济形态。在自然经济体系中，对外贸易处于无足轻重的地位。当外部环境安定、中外密切联系对封建政权不构成威胁时，统治者自然乐于安享异域奇珍重宝、沾沾自喜于“万国来朝”的盛况，此时便会实施鼓励海外贸易的政策。而当外部环境恶化，中外密切联系可能有损于封建政权的巩固之时，对外贸易尤其是私人贸易就会受到限制，甚至严格禁断。

---

①《大明律》卷8户律五·课程。
②《明太祖实录》卷39。
③《明史》卷322日本传。
④《明太祖实录》卷76。
⑤《明太宗实录》卷10。
⑥《明太宗实录》卷27。

明朝初年，北方有蒙元残余势力的顽抗；东南沿海有曾与朱元璋相抗衡的张士诚、方国珍余部盘踞近海岛屿；同时，来自日本的倭寇更是不断骚扰沿海各地。为巩固新生的明政权，为社会经济的恢复发展创造一个安定的外部环境，明太祖朱元璋一方面派出使臣出访海外各国，宣布明朝将推行和平的外交政策，争取海外各国承认明朝的正统地位，断绝与蒙元残余的联系；另一方面，明朝则极力阻断国内外反抗势力的勾结。为此，明朝实施全面的海禁政策。

二、朝贡贸易与郑和下西洋

海禁政策的实施在一定程度上削弱了海外反明势力，维护了国内和平安定的局面，但它同时也破坏了中外正常的经济联系。为满足统治阶层对海外奇珍异物、香料等的需求，为达到“万国来朝”的天朝盛况，明朝在禁止私营海外贸易的同时，积极推行“朝贡贸易”政策。

（一）朝贡贸易政策的演变

所谓朝贡贸易，即入贡国家表明臣属于中国，将本国或其他国家的奇珍异物以贡品的名义进献给中国皇帝，中国再将丝绸、金银、瓷器等以“赏赐”的名义回赠给“入贡国”。或中国主动派使臣出访“颁赐”，外国回赠品仍被视为贡品。这种表面上的外交往来，实质上是官方的易货贸易，长期成为中国官方贸易的主要方式。

为体现明朝天朝上国的雍容气度，显示国强民富的实力，明朝对“朝贡贸易”实行了超越历代的“厚往薄来”的原则，即对前来“朝贡”的国家回赠品要大大超过“贡品”的价值；并且免费提供来华“贡使”的食宿、交通；对于“贡使”携带来华的私有商品，亦给予免税待遇；甚至贡使触犯中国法律也免于或从轻处罚。因此，凡来华“朝贡者”均可获得巨额利润，以致一些本国无特产可贡献的国家，也不惜远渡重洋到他国购买奇珍异宝再转贡中国求利。有的国家甚至把开展对华“朝贡贸易”作为其财政收入的重要来源。因而海外国家频来“入贡”，出现了一国“一年数贡”“来者不止”的局面。频繁的“朝贡贸易”固然造成了一种“万国来朝”“四夷咸服”的盛世景象，但是，这种不讲究经济效益、不等价交换的官方贸易，也给明朝带来了沉重的财政负担。当时，回赠品由中央负责，沿线地方要负责“贡使”的交通、食宿及货物的转运，加上一些贡使还肆意勒索，各地方政府、百姓不胜其扰，各地官员不断上书要求限制“朝贡贸易”。洪武五年（1372 年）宣布了对各国入贡次数的限制，规定大部分国家“三年一贡”。[①]随后又限制贡道，规定日本自宁波，琉球自福建闽县，安南自广西凭祥，真腊、暹罗、占城及满剌加等自广东，吕宋自福建等地入贡。洪武十六年（1383 年）针对一些外商假冒贡使的现象，明政府又进一步实施了“勘合”制度。所谓勘合，即“朝贡贸易”的许可证。它一式两份，一半为勘合，一半为底簿，中间用朱墨印有“×字×号”的骑缝章，明礼部保存一部分底簿及勘合，相关布政司保存一部分底簿，另外的勘合及底簿颁发给前来“朝贡”的国家。各国入贡时，在上面填写使臣及随员的姓名，朝贡物品名称、数量等。入

---

① 黄彰健. 明实录•太祖实录：卷 76. 台湾：“中央研究院历史语言研究所”，1962.

港后由布政司会同市舶司先检验勘合真伪，确认真实无误后，将使节护送到北京，再和北京礼部存档的勘合及底簿进行核对，鉴定彼此的朱墨字号。明使出访到其他国家也要携带礼部所存勘合，和该国所保存的勘合底簿进行核对，返回时，须将该国赠送的礼物填写在勘合上带回。据《明会典》记载，获得勘合的国家有：暹罗（今泰国），日本，占城（今越南南部），爪哇、苏门答腊、渤泥（均在今印度尼西亚境内），锡兰（今斯里兰卡），苏禄国东王、西王、峒王、古麻剌（均在今菲律宾境内），古里、柯枝（位于今印度半岛的西南部），满剌加（今马来半岛马六甲）等，几乎囊括了明初大部分贸易伙伴。

对“朝贡贸易”的限制，损害了“入贡”国的经济利益，中外官方贸易急剧下降，到 1397 年，前来“朝贡”的国家只有安南、占城、真腊、暹罗和琉球数国。中外经济联系遭到进一步破坏，海外各国对明朝的政策极为不满。到洪武末年，中外关系已经明显恶化。

（二）郑和下西洋①

既坚持海禁和限制民间贸易，又推行朝贡贸易和扩大明朝与海外国家的交往，是朱棣的主要对外政策。从明成祖永乐三年（1405 年）到明宣宗宣德八年（1433 年），明政府派郑和率领庞大船队七下西洋，每次大小船只 200 余艘，人员 2 万多人，各种宝物数以万计，与亚非各国开展了广泛的政治、经济文化交流，从而将明代乃至整个古代中国的官方贸易“朝贡贸易”推向顶峰。

1. 郑和下西洋的目的

关于郑和下西洋的目的，历来众说纷纭，归纳起来大体上有四种说法：（1）追捕建文帝。朱棣发动“靖难之役”，攻克南京，建文帝下落不明。故郑和下西洋的目的被认为是“探寻建文帝踪迹为首”。（2）对外开放，积极发展海外贸易。（3）恢复发展明朝与海外各国的外交关系，以提高明朝的国际威望。（4）加强明朝的海防。这些观点涉及政治、经济、外交、军事的各方而，孰是孰非尚无定论，对这一问题的考察必然涉及明成祖即位初的国内外环境。

明成祖通过发动军事政变夺得帝位后，他所面对的主要问题是国内相当一部分人对他篡位的不满。而海外各国由于洪武时期限制朝贡贸易，导致中外关系紧张，明朝在海外的政治威望低落。为确立“真命天子”地位、获得中外对其正统地位的共同承认，明成祖一方面继承明太祖时期的海禁政策，另一方面则积极鼓励海外国家入明“朝贡”，在其即位伊始即宣布欢迎海外各国发展与明朝“朝贡”关系。公元 1403 年，明成祖派使臣出访朝鲜、琉球、日本、安南、爪哇、西洋锁里、苏门答腊、暹罗、占城、满剌加、柯枝、古里等国，从而恢复了明朝与亚洲诸国的外交关系。同时为与这种和平友好外交政策相适应，明朝恢复设置了浙江、福建、广东三大市舶司，随后又设立交趾、云南两个市舶司，负责管理印度支那半岛国家来华“朝贡”事务。为进一步发展中外关系，明成祖于永乐三年（1405 年）派遣郑和率领大规模船队下西洋，从而揭开了中国航海史、中

① 西洋这一地理概念，在历史不同时期所指范围不一，明初大体是指南海以西至非洲东部的海洋及沿海国家和地区；到明中叶，则以加里曼丹岛的文莱为界，以西称西洋，以东称东洋，明末清初以后，指欧美各国。

外关系史、中国对外贸易史上辉煌的篇章。

据此，我们认为，郑和下西洋的直接目的主要在于“宣威异域”，提高明朝的国际威望，从而开创“万国来朝”“四夷咸服”的太平盛世的政治局面。而经济基础决定上层建筑，外贸要为外交服务，古代中国外贸与外交更是合二而一，外交关系恢复的手段主要依赖对外贸易，因而要恢复发展中外关系，必须要积极开展贸易往来，故郑和下西洋是寓政治目的于经济活动之中，是明代朝贡贸易的继续。

2. 郑和下西洋始末

公元 1405—1433 年，历时 28 年之久，郑和率领庞大的船队，七次出使西洋，每次大小船只 200 余艘，人员 2 万多人，各种宝物数以万计，与亚非各国开展了广泛的政治、经济文化交流。

据史书记载，郑和第一次出使是从永乐三年（1405 年）六月至永乐五年（1407 年）九月。郑和同副使王景弘率领 27 800 余人，驾驶 62 艘宝船，装载大量金银、丝绸，从江苏太仓刘家港出发，沿海航行至福州，再自福建五虎门扬帆南下，先后到达占城（今越南南部）、爪哇、苏门答腊、满剌加，又继而西航，穿过马六甲海峡，过翠蓝屿（今尼科巴群岛），抵达锡兰山（今斯里兰卡）和印度西海岸的古里等国，最远到达印度西海岸的甘巴里（今坎贝）。郑和船队返航时又经过旧港（今印度尼西亚巨港），在此剿灭来自中国的海盗陈祖义集团，使中国至东南亚航路畅通。

第二次出使是从永乐五年（1407 年）九月至永乐七年（1409 年）八月。这次航行的路线除航经暹罗（今泰国）外，其他与第一次航线完全相同。此次郑和船队返航时有古里、暹罗等六国使臣随船来华，中国与东南亚国家间的朝贡关系从此频繁起来。

第三次出使始于永乐七年（1409 年）九月。这次航行同第二次航线基本相同，只是进入暹罗湾后，未从暹罗直达爪哇，而是先抵达旧港（今印度尼西亚巨港），再从旧港东去爪哇，西去印度西海岸各国，直至阿拨把丹（今阿默达巴德）。在锡兰山，郑和生擒锡兰山国王。据史书记载，锡兰山国玉亚烈苦奈尔凭借地理优势，经常劫掠往来使臣，郑和至其国，亚烈苦奈尔发兵 5 万人劫夺宝船，被郑和击败，亚烈苦奈尔及其臣属被俘，永乐九年（1411 年）被郑和押解至南京，后明成祖将其释放回国，此举对于那些阻碍中外交往、恃强凌弱的国家起了极大的震慑作用。

第四次出使是从永乐十一年（1413 年）十一月至永乐十三年（1415 年）七月。这次出使的航线是：当抵达印度西海岸的古里（今科泽科德）后，过阿拉伯海，远航至波斯湾的忽鲁谟斯（即霍乐木兹，今伊朗东南米纳布附近），进而又越过阿拉伯半岛抵达非洲东海岸，自此，非洲国家开始频繁来华访问。

第五次出使是从永乐十四年（1416 年）十二月至永乐十七年（1419 年）七月。这次出使的目的主要是护送亚非各国贡使回国。其航程与前有所不同，当船队到达占城后，未南下直航爪哇，也没有进入暹罗湾，而是抵达马来半岛的彭亨（今关丹），由此再往东南到达爪哇继而西行，穿过马六甲海峡，过翠蓝屿、锡兰岛，到达印度西海岸的各国，由此西北行抵达忽鲁谟斯，再沿阿拉伯半岛东南海岸经祖法儿（今佐法尔）、阿丹（今亚丁），到达北非的剌撒（今祖拉），出亚丁湾再到东非沿岸的各国。

第六次出使是在永乐十九年（1421 年）正月至永乐二十年（1422 年）八月。任务仍然是护送外国使臣回国。当船队到达占城后，过昆仑山（今越南南部昆仑岛），进入暹罗湾，再从暹罗湾南下沿马来半岛东海岸到达马六甲海峡，出海峡经翠蓝屿北上至浙地港（今吉大港），再沿印度东南海岸到琐里，绕印度南岸抵达古里（今科泽科德），越阿拉伯海至阿拉伯半岛的祖法儿（今佐法尔）和阿丹（今亚丁），再沿东非沿岸到达东非各国。

第六次下西洋以后，朝中反对下西洋者渐多。加之永乐十九年皇宫三大殿遭遇火灾，明成祖被迫下令暂停下西洋活动。此后多年明廷不再遣使出国，中外关系疏远，明朝在海外的影响力降低。宣德五年（1430 年）明宣宗又派郑和、王景弘出使西洋。郑和船队进行了最后一次的航行，即第七次出使。"宝船"到达忽鲁谟斯后，未向西行进。其分队则从古里（今科泽科德）过阿拉伯海抵达祖法儿、阿丹直至天方（今麦加）。此次经行二十余国，船队于宣德八年（1433 年）七月返国。

综上所述，郑和下西洋的方向是先向南再向西，西向的终点是爪哇，其后逐渐伸延至东非。郑和船队所经行的路线大体上有四段航线。

（1）越中国南海，经占城、真腊（今柬埔寨），进入暹罗湾，再从暹罗湾沿马来半岛南航至满剌加（今马六甲）。

（2）苏门答腊和爪哇各岛之间的航线。从满剌加经龙牙门（今林加群岛）至三佛齐（今苏门答腊岛东部），再经假里马丁（今卡里马塔）与麻叶瓮（今勿里洞）之间，到达爪哇。再西航，过马六甲海峡至苏门答腊北岸和马来半岛西岸诸国。

（3）孟加拉湾航线。以翠蓝屿（今尼科巴群岛）为汇合点，向北航至榜葛剌（今孟加拉国），向西抵达锡兰岛，再西航至溜山（今马尔代夫群岛）和印度西海岸各国。

（4）阿拉伯海航线。从印度西海岸西北行，至波斯湾口的忽鲁谟斯，再沿阿拉伯半岛东南岸经祖法儿（今佐法尔）至阿丹（今亚丁），越亚丁湾，沿非洲东岸经木骨都束（今索马里摩加迪沙）、卜剌哇（今索马里布腊瓦）、竹步（今索马里准博）、麻林（今肯尼亚马林迪），再南航经莫桑比克海峡，过马达加斯加岛的南端返回。另从阿丹航红海，西北行，抵达天方。

郑和船队所经国家先后达 30 多个，其中印度支那半岛有三国：占城、真腊、暹罗；马来半岛有三国：彭亨、急兰丹，满剌加；马来群岛有八国：苏门答腊、渤泥、南渤利，阿鲁、旧港、爪哇、那孤儿、黎代；印度半岛有十一国：柯枝、琐里、加异勒、南巫里、甘巴里、阿拨把丹、大葛兰、小葛兰、古里、沙里湾泥、榜葛剌；阿拉伯半岛有三国：祖法儿、阿丹、天方；非洲有五国：木骨都束、卜剌哇、竹步、麻林、剌撒；另有锡兰岛的锡兰，印度洋的溜山，波斯湾的忽鲁谟斯。尚有比剌、孙剌，但不知所指；此外还有西洋琐里，即琐里。

3. 郑和下西洋的历史意义

（1）郑和下西洋反映了明代中国的造船及航海水平

郑和船队，每次出使时大小船只数百艘，其中大船是船队的指挥中心和装载宝货的船舶，称为"宝船"，其中最大的宝船，折合今制长约 100 余米、宽约 500 余米，载重量据推测约为 2 500 吨。郑和船队所驾驶的船只较半个世纪后欧洲人地理大发现所用的船只，无论载重量还是船体结构上都先进得多。1492 年，哥伦布航行美洲的船队仅有三条小帆船，水手 90 名，最大船只的载重不到 100 吨，且船体单薄，航行一个月后，40 吨级的“平塔”号就在风暴中损坏了。1497 年，远航印度的达 • 伽马船队，由四艘欧洲最精良的海船组成，而其长度不过 25 米，载重仅 120 吨左右。故英国著名科技史家李约瑟（J. Needham）指出，整个中世纪里中国船舶的吨位要比欧洲大得多。郑和下西洋的最大宝船达到了 19 世纪以前世界木帆船的顶峰。

明代航海技术也达到了相当高的水平，我国指南针发明后，在宋代便用于海上航行，到明郑和下西洋，发展到指向 48 个方向的水罗经了。同时配合天文、地文定位，郑和船队的方位测定极为准确。物标导航、计程仪、牵星板的综合运用使航行路线准确，有效地保证了航行的快捷和安全。《郑和航海图》对郑和船队的航程远近、停泊地、暗礁及浅滩等位置都有详尽精确的记录，表明了郑和船队高超的航海水平。

（2）亚非海上交通网形成

明代以前，虽然中国与非洲国家已经开始了经贸交往，但这种交往并非经常性的，中国商使经海上丝绸之路的贸易，宋元时代大多终于阿拉伯半岛。明代郑和下西洋，前后七次历时 28 年之久，遍历亚非 30 余国，在唐、宋、元三代航海的基础上，将亚、非之间的航行范围大大地扩展了。郑和船队从中国东海之滨出发，经南海进入印度洋，过孟加拉湾后，驶入阿拉伯海、波斯湾、红海，到非洲，然后再由东非沿岸南航，越过赤道，最远到达今莫桑比克。由此将亚非各地的航路纵横串联在一起，构筑了西太平洋与北印度洋之间畅通无阻的海上交通网。

郑和下西洋不仅开辟了远至东非的航路，而且在亚非地区还开辟了许多短距离、多点交叉的新航线，在中国与东非之间建立起了经常性的交通往来。其具体表现在：一是郑和船队在中国至古里（今科泽科特）、锡兰山（今斯里兰卡）、溜山（今马尔代夫群岛）之间建立了固定的交通路线。郑和第一次下西洋时，就到了锡兰山，最后由古里返航。锡兰山、古里成为郑和以后下西洋的必经之地。从第四次下西洋开始，溜山成为郑和船队横渡印度洋远去东非的起航点。二是在中国与东南亚之间建立了密集的交通网络。在《郑和航海图》中记载了中国至东南亚各国，如占城、爪哇、苏门答腊、旧港、南渤利、暹罗、满剌加、阿鲁、彭亨、急兰丹、真腊等地之间航程的远近、航路的方位及各条线路沿途所经浅滩、暗礁、各港口的山川地势等详细情况，从而大大便利了此后东南亚各国与中国之间安全、便捷的海上交往。三是郑和船队开辟了中国横渡印度洋到达波斯湾、阿拉伯海、红海远至东非及南部非洲的航线。自郑和第四次下西洋开始，其船队就由古里直航忽鲁谟斯（即霍乐木兹，今伊朗东南米纳布附近），由此畅通了中国至波斯湾的航线。与此同时，一部分船只则由锡兰山驶往溜山，再由溜山向西，横渡印度洋，直达非洲东岸的木骨都束（今索马里摩加迪沙）、卜剌哇（今索马里布腊瓦）、麻林（今肯尼亚马林迪）。第五次航行时，郑和船队又由古里横渡阿拉伯海直驶阿拉伯半岛的祖法儿、阿丹和剌撒。

郑和下西洋，航海船队之庞大、航行路线之长、线路之错综复杂，在人类航海史上是空前的，其所建立的亚、非远洋交通网，成为欧洲人地理大发现的先导，半个世纪后欧洲人绕过好望角后，即沿着郑和所开辟的亚、非航线抵达印度。

（3）加强了中国与亚、非各国的经贸往来，使明前期的官方朝贡贸易达到顶峰

在长达 28 年的时间里，郑和率领大规模船队，满载中国金银、钱币、丝绸、瓷器等各种手工业品，远航亚、非 30 余国，每至一国即宣谕皇帝诏书，向各国国王、地方首领颁赐礼物，这种和平友好的外交活动有助于增进各国的利益，因而各国对郑和一行多欢迎备至，同时他们还遣使随郑和船队来华。一时间，海外诸国使节纷至沓来。来华朝贡国家众多、规模之大史无前例。据统计，1415 年，有古里、柯枝、南渤利、甘巴里、麻林、忽鲁谟斯、苏门答腊、占城八国使臣来华；1416 年，则有古里、爪哇、满剌加、锡兰山、木骨都束、阿丹、麻林等 19 个亚、非国家的使臣来华朝贡；1419 年又有亚、非 17 个国家使臣前来；1421 年、1423 年均有 16 国使臣来华。各国使团人员众多，如永乐二十一年（1423 年），16 个国家的使臣成员多达 1 200 余人。

除派遣使臣来华外，一些国家的国王还亲自来华访问，见于记载的有渤泥、满剌加、苏禄、古麻剌朗等国。国王亲自来访将他们与中国的官方贸易推向高潮。

（4）推动了东南亚地区社会经济的发展，增进了亚、非各国人民的友谊

15 世纪初，郑和下西洋所经国家和地区，特别是东南亚一带，社会经济还较为落后，一些地区甚至还处于渔猎和采集的原始生活状态。郑和下西洋奉行的“厚往薄来”政策，使东南亚各国获得了较大的经济利益。而郑和船队在其所到之处，积极传播中华文明，使中国高度发达的封建文化被南洋国家所吸收，大大推进了其社会的进步。郑和下西洋所开创的中国与东南亚经贸交往的新局面，并未随下西洋活动的终止而结束，大批中国人沿着郑和的足迹前往南洋各地，随之带去了中国先进的物质及精神文明，数量众多的华人侨居在南洋，他们世世代代辛勤劳作，为南洋的开发建设、社会发展做出了不可磨灭的贡献，从而也增进了东南亚各国与中国人民的友谊。

4. 郑和下西洋的终止

永乐年间轰轰烈烈的下西洋壮举，只在宣德五年延续了一次，此后便戛然而止。到宪宗成化年间，有人提议效仿永乐郑和再下西洋，却招致一片反对声，最后竟将郑和出使的有关资料销毁。明代反对下西洋最有力的理由是：“三保下西洋，费钱粮数十万，军民死且万计，纵得奇宝而回，于国家何益？”[①]如上所述，郑和下西洋是明成祖为达到其政治目的而开展的官方贸易活动，为显示其天朝上国的泱泱气度，实行“厚往薄来”的交换原则，无论是郑和到各国主动颁赏，还是海外国家贡使随宝船前来贡献，中国赠品均大大超过贡品价值若干倍。这种严重的不等价交换，除了为明朝增加了消费品种类外，并不能增加物质财富的总量，反而在经济上遭受严重损失。这样的活动当然不能持久，在明初“百姓充实，府藏衍溢”的情况下尚能维持。而此后国力衰弱，内忧外患交困，明廷财政危机日趋严重。特别是官营手工业规模缩减，下西洋活动失去了雄厚的物质基础。

① （明）严从简《殊域周咨录》卷 8。

郑和下西洋，这一人类航海史上的壮举，由于缺乏长期发展的经济动因，难以持续。而其所开拓的中外海上交通的新局面，由于明朝的海禁政策，亦未能导致中国海外贸易的长足发展。半个世纪后，欧洲人为追逐财富，凭借几只小船驶向了印度和美洲，开辟了所谓新航路，从此欧洲人在各国政府积极支持下，扬帆于亚、非、欧、美之间，开创了海外探险和殖民时代。大规模的殖民掠夺和殖民贸易，大大加速了欧洲资本原始积累的进程，欧洲资本主义文明迅速占据了世界主导地位。

在海禁政策之下，朝贡贸易是唯一合法的对外贸易方式，然而这种不讲究经济效益的贸易活动，给明朝造成沉重的财政负担。英宗正统十四年（1449 年），蒙古瓦剌军大举南侵，“土木之变”中英宗被俘，蒙古军一度围攻北京，明朝自此“国势寖弱”，巨额的军费开支，加重了百姓的赋税负担，进而激起民众反抗。镇压农民起义又进一步加重了明朝的财政匮乏。这种不计成本、无所节制的朝贡贸易终于难以为继了。与此同时，以走私方式存在的民间海外贸易则日趋兴盛。

三、明中后期隆庆开海

明代前期实行海禁政策，不许百姓私自下海，只允许官方控制下的朝贡贸易。而朝贡贸易所得的奇珍异宝，主要为了满足皇室和官僚集团的需要；至于社会普遍需要的蕃香、蕃货，便难以得到满足。从国外来看，海外各国普遍希望获得更多的中国丝绸、瓷器和其他商品。沿海闽粤地区，人多地少，百姓以海为生，为了生计和谋求财富，便走上了下海走私的道路。例如福建，“海滨一带田皆斥卤，耕者无所望岁，只有视渊若陵，就成习惯。富家征货，固得稛载归来，贫者为佣，亦博自给”。[①]因此，尽管明前期朝廷三令五申严禁私贩，但私贩依然存在。这些私贩行动，有时其实也得到地方官吏的默许和纵容。弘治年间，“私舶以禁弛而转多，蕃舶以禁严而不至”。[②]在这种情况下，明朝政府不得不做一些改革，原来只有持勘合文书的外国贡船才许入境，到武宗正德四年（1509 年）三月，“暹罗国船有为风漂泊至广东者，镇巡官会议，税其货以备军需。市舶司太监熊宣计得预其事以要利，乃奏请于上。礼部议阻之。诏以宣妄揽事权，令回南京管事，以内官监太监毕真代之”。[③]地方官府对没有勘合文书的“漂泊”海船征税，意味着允许它入口贸易。

“禁弛”虽然刺激了沿海民间贸易的发展，但也带来了新的社会问题，遭到不少官员的反对，朝廷重新把海外贸易严格限制在朝贡贸易许可范围之内。此后，又先后发生了正德十二年（1517 年）葡萄牙强闯珠江、嘉靖二年（1523 年）“争贡”的事件，加强“海禁”的主张在明代政府中占了上风。从武宗末年开始到世宗一代的严行“海禁”导致了几个后果。第一，蕃货、蕃香缺少。龙涎香是抹香鲸的肠道分泌物，香味奇特，定香能力强，是很好的香料安定剂，还可以入药。迟至唐代，龙涎香已经输入中国，深受上层

---

①（明）张燮. 东西洋考：卷 7 税项考. 北京：中华书局，1981.

②《明孝宗实录》卷 73。

③《明孝宗实录》卷 48。

人士的欢迎，也是郑和下西洋时采购的重要商品。而且，蕃货、蕃香虽然以奢侈消费品为主，但其中也有不少实用物品，“禁海”给社会各个阶层都带来了许多不便。第二，地方财政收入减少。仅仅靠恢复朝贡贸易，蕃舶入口极为有限，地方抽解所得也很少，这对连年用兵的广东等地区的财政是颇为沉重的打击。第三，海上走私泛滥。明世宗厉行海禁，不仅未能达到目的，而且还激起了走私的高潮。自嘉靖二十三年（1544 年）十二月至嘉靖二十六年（1547 年）三月的两年多时间里，到日本从事走私活动或者被风刮到朝鲜因而押送回国的福建人就达千人以上。[①]

这一时期的沿海，形成了几个走私活动的中心，如福建漳州月港、浙江定海双屿港、广东南澳港等。其中，月港在漳州城东五十里，港湾曲折，附近海域是传统的国际交通航道，附近多岛屿，便于私商活动。宣德、正统时开始兴起，正德、嘉靖时私贩更加张狂。双屿在浙江普陀，位于南北交通孔道，正德年间，葡萄牙船只曾来此停驻，自此逐渐兴盛。嘉靖初年，宁波港因为“争贡”开放时间停止，双屿便取而代之，成为一个国际性的走私贸易港。南澳是广东与福建交界处的一个大海岛，港湾交错，岛屿众多，便于私商出没活动。从事海上走私的，除了穷苦百姓，也有富商大贾、豪门贵室，他们亦商亦盗：为了对抗官府的缉捕，逐渐发展成为一些拥有武装的走私集团；在走私的过程中，也从事劫掠。[②]

总之，明世宗前期推行的“禁海”和朝贡贸易政策，并没有取得预期的效果。面对复杂的形势，明朝政府内部一直存在严禁和改制这两种主张。隆庆元年（1567 年），“福建巡抚都御史涂泽民，请开海禁，准贩东、西二洋”。原来设有市舶司的港口，仍然负责接待朝贡的外国船只，明朝允许民间商人从福建漳州月港出海贸易。在此之前，明政府已允许外国商人以私人身份到广东贸易，由此结束了明代长达近 200 年之久的“海禁”历史，“朝贡贸易”的独占地位丧失，私营海外贸易终于合法化。明朝实行了 200 年之久的祖宗定制，到隆庆年间之所以被打破，其原因是多方面的。

（一）明前期倭寇之乱的教训总结

明前期的“海禁”政策，既未能阻止百姓出海贸易，也未能消除外敌寇扰，反而导致沿海民众纷纷武装走私，倭寇更是凭借中国沿海武装走私集团之力大肆寇掠。嘉靖倭患时期，明朝已有不少人认识到“倭患”与明廷的“海禁”政策有关，如有人曾指出“严禁商道，不通商人，失其生理，于是转而为寇”[③]。1564 年，福建巡抚谭伦上疏一一列举禁海之弊，请求适度开放海外贸易，他说：“闽人滨海而居，非往来海中则不得食，自通蕃禁严，而附近海洋鱼贩一切不通，故民贫而盗愈起，宜稍宽其法。”[④]有人甚至明确提出罢“朝贡贸易”，发展民间海外贸易，他们说：“互市所输皆国家帑藏，即闾阎脂膏；海市所易，皆民间财货，无妨国计，互市有损而无得，海市有利而无害。”[⑤]1567 年，隆

① 《明世宗实录》卷 321。
② 陈高华，陈尚胜．中国海外交通史．北京：中国社会科学出版社，2017.
③（明）陈子龙．明经世文编：卷 270．北京：中华书局，1962.
④ 黄彰健．明实录・世宗实录校勘记：卷 538．台湾：“中央研究院历史语言研究所”，1962.
⑤（明）张翰，松窗梦语。

庆登基，开海贸易的呼声四起，他们纷纷力陈“海禁”政策的种种弊端及开海贸易的好处，请求开放私人出海贸易。

（二）江南商品经济发展的产物

随着社会生产力的发展，江南商品经济呈现出空前活跃的态势。用于商品交换的经济作物的种植已很普遍。如棉花的种植“遍布天下，地无南北皆宜之，人无贫富皆赖之”[①]。桑树的种植更是遍布华东、华南、华中及华北的广大地区。如浙江湖州，出现了“富者田连阡陌，桑麻万顷”的景象。江南出现了不少专门向市场提供各种经济作物的经营地主。农产品商品化程度的提高，为手工业生产提供了充足的原料。

明前期，政府对手工工匠实行“轮班制”，即工匠每年必须在规定的时间内集中起来为政府无偿生产。嘉靖八年（1529 年），明政府下令废除“轮班制”，一律改纳“班匠银”。这一改革使手工工匠与国家的人身隶属关系松弛，工匠有了较多的自由，其技术和产品可以更多地流入市场。

随着农业商品化程度的提高、工匠应役制度的改革，到明代中后期，民营手工业有了飞跃性发展，特别是在纺织、制瓷及冶铁业方面，无论生产技术，还是生产规模和品质均大大超过前代。如纺织业，明后期江南的机匠已把原来的手工土机改为半机械化的“纱绸机”。生产工具的改进促进了劳动生产率的提高，生产成本的降低，利润的提高，刺激更多的人从事专业化生产。史载“（浙江嘉兴的王江泾）多织绸收丝编之利，居民可七千余家，不务耕绩”[②]。明后期江南还出现了以专业划分的几大手工业中心区域，如松江的棉纺织业、苏杭二州的丝织业、芜湖的浆染业、景德镇的制瓷业等，生产规模都蔚为可观，史称：松江“绫布二物，衣被天下”；苏州丝绸“转贸四方”。景德镇 16 世纪中叶时已成为全国瓷器制造业的中心，仅民窑就有 900 余座，从业人员数万人，其生产的瓷器“东际海，西被蜀，无所不至”。瓷器数量增加的同时，品种也在不断创新，明中后期，出现的五彩瓷器、斗彩等不但色彩艳丽，而且制造精良、工艺独特，成为海内外推崇的精品。福建的德化窑生产的白色瓷器，在海外大受欢迎，成为专门的外销商品。农产品及手工业品的空前丰富，为明后期国内外贸易提供了充足的货源，而海外贸易的超额利润，引致中国沿海商民强烈要求开放海禁。

（三）中外关系相对缓和，为开海贸易提供了较为安定的环境

明前期的倭寇侵扰是海禁政策实行的原因之一，而海禁政策的推行又使倭患愈演愈烈，到嘉靖三十一年（1552 年），终于演发成一场空前的祸患——壬子之患。在中国海寇的引动下，倭寇大举劫掠我东南沿海。史载：“（倭寇）连舰数百，蔽海而至，浙东西、江南北，滨海数千里，同时告警。”[③]这场祸患一直持续到嘉靖四十五年（1566 年），前后长达 15 年之久，使我国山东、江苏、浙江、福建、广东数省，沿海数万里，乃至内陆的“淮、扬、徽、太、杭、嘉、金、衢之间，至窥南京，裂国家幅员之半”[④]，皆受摧

---

①（明）丘濬《大学衍义补》卷 22。

② 万历《秀水县志》卷 1 市镇。

③ 《明史》卷 322 外国传。

④ （明）陈子龙. 明经世文编：卷 435. 北京：中华书局，1962.

残。明朝军队及沿海各地居民纷纷组织武装抗击倭寇，到嘉靖末年，在爱国将领俞大猷、戚继光等人的领导下，中国军民于闽、粤、浙等地给倭寇以歼灭性打击，基本上平息了倭寇之患。从明初以来，骚扰中国沿海近200年之久的倭寇问题终于得到解决。

从正德时期开始，葡萄牙殖民者来华后，不断对中国沿海进行骚扰。嘉靖二十八年（1549年），浙江巡抚朱纨指挥明军在福建走马溪给葡寇以重创，自此，闽浙沿海的葡患得到一定程度的缓解。到嘉靖三十六年（1557年），葡萄牙人以欺诈和贿赂的手段占据了中国的澳门，得以从事获利丰厚的东南亚—中国—日本之间的三角贸易。

综上所述，16世纪后期的国内外客观环境为明朝的开海贸易创造了条件，而明朝统治阶层之所以实行开海政策，并非认识到海外贸易对国家经济发展的意义，只不过是将之作为减少祸乱、巩固统治的一种权宜之计。所谓“于通之之中，寓禁之之法”，即部分开放的目的依然在于加强对百姓的控制，甚至连已经对西学有所接触的大学士徐光启也认为“惟市而后可以靖倭，惟市而后可以知倭，惟市而后可以制倭，惟市而后可以谋倭”①，即开放海禁可以起到解除倭寇之患的作用。因而明后期虽然部分开放海禁，但实质上实行的依然是对海外贸易的限制性政策。明朝的开海贸易仅限于漳州月港②——这一明前期走私贸易最为集中的地区，而真正适于开展对外贸易的地区并未开放。

四、明后期开海贸易的主要内容

（一）中国商人领引出洋，缴纳饷税

明政府于隆庆元年（1567年）开放走私贸易最为集中的福建漳州月港，允许商人领取引票后出海贸易，私人海外贸易自此取得合法地位。

月港开放后，私人海外贸易的管理由海防馆（后改由督饷馆）负责。明前期为实行海禁，在月港先后设立了一系列防范打击走私的机构，有靖海馆、海防馆等。隆庆元年月港开禁，海防馆的职能改为管理私人海外贸易，万历二十一年（1593年）海防馆改称督饷馆。海防馆及督饷馆的主要职能包括以下方面。

1. 发放引票

引票即出海贸易的许可证，商人出海必须先向督饷馆申领引票，申请书上要注明商人的姓名、广籍所在地、贩运货物的种类、数量、船只大小以及将要前往的国家，核对无误后，商人交纳引税，由督饷馆官员发给引票，商人持有引票方可出海。引票最初限定为50张，万历十七年（1589年）增至88张，万历二十五年（1597年）进一步放宽出海政策，引票又增至117张，此外还有供预备用的引票20张，共计137张。

2. 征收进出口税——饷税

督饷馆所征进出口税大体有三种：（1）水饷，即船舶税，由船商交纳。根据出海船只梁头大小及前往贸易的不同目的地征收，往西洋的船只宽一丈六尺以上者，每尺征水饷五两，每多一尺加银五钱；往东洋的船只，税率低于西洋船十分之三。而到鸡笼、淡

① （明）陈子龙. 明经世文编：卷491. 北京：中华书局，1962.

② 福建漳州月港，由于便于隐藏，因而成了私营海外贸易的重要港口，被走私者称为“小苏杭”。

水贸易的船只也要交纳饷税，标准是每船宽一尺，税银五钱，依此递增。(2)陆饷，即货物税，按货物的多少从价计征。为防止偷漏税饷，明廷规定，商船返航进港后，海商不得擅自卸货，须等铺商（开设有店铺的经营国内贸易的商人）上船接买，在船上由铺商交纳完税后，才能卸货。所征税率根据货物的种类及时价的高低随时调整。(3)加增饷，这是一种特别附加税。征税对象是到吕宋（今菲律宾）贸易的商船。当时占据菲律宾的大批西班牙殖民者开展吕宋—墨西哥阿卡普尔科的“大帆船贸易”，将中国商人运到吕宋的货物转运至墨西哥赚取墨西哥银元。而菲律宾本土可进行国际流通的货物很少，因而中国商船从菲律宾返航回国时，船中主要装载的是墨西哥银元。为此明廷规定：凡往吕宋贸易的商船，除缴纳水陆两饷外，每船还须另纳白银150两，称为“加增饷”。后因商人抗议税额过高，万历十八年（1590年）加增饷被减至120两。

饷税制的实行，使中国对外贸易税收由实物税转向货币税，反映了商品货币经济的进步，同时反过来又有助于商品经济的活跃，更为重要的是它为明政府增加了财政收入，充实了明廷的军饷。

3. 监督、检验进出口商船

每年初春，商船出海时，督饷馆官员负责检验每艘出海船只，核对其所载货物种类、数量是否与申请登记的一致，是否夹带有违禁物品。到夏秋之季，商船陆续返航，督饷馆则派官员巡视东南沿海各地，对返航商船逐程派船“护送”，此举名为防止海寇抢劫货物，实则为防止商人私卸货物偷漏饷税。

（二）广州、澳门开放对外商的贸易

明前期的海禁政策受到中外商人不断反抗，同时，沿海地方经济发展也需要开放海外贸易。明正德四年（1509年）广东沿海官员试图开放外商来华贸易，但这一做法不断遭到保守派官僚的反对，多次出现开而复禁，再开再禁的反复。这种局面一直持续到嘉靖中后期，随着澳门港的兴起，中外商人云集于此。明后期在开放中国商人出海后，澳门、广州亦对外国商人开放，由市舶司负责管理，其主要职能包括以下方面。

1. 对来华外商的税收管理

明前期由广东地方官及市舶司共同负责对外商的征税工作，税制为抽分制，即按货物的多寡征收一定比例的实物。1554年明政府在澳门设立市舶司，负责征收进出口税和停泊税。其中停泊税相当于水饷，按船舶体积征收。进出口税即货物税，仍然实行抽分，税率是十分抽二。隆庆五年（1571年）为防止外商隐匿瞒报、少报货物，将抽分制改为丈抽制，即按船舶体积大小来确定税额，征收货币税。

2. 举行广州出口商品交易会

大体在明后期，广州每年都要举行出口商品交易会，最初一年一次，自1580年改为一年两次，春季当西南季风即将来临时，外商在广州购买贩运至东南亚、欧洲的商品。夏季大体在六月份，在东北季风来临前，外商购买大量中国商品以备贩运至日本。明政府规定外国商船不得进入广州，只能停靠在附近的一些岛屿上，并且还为每个国家划定一固定的停泊地。外商购买贵重物品需经明朝官员批准，普通货物则可自由购买。广州出口商品交易会成为外商购买中国商品的重要渠道。

3. 对外商来华贸易的监督检验

外商进港后，须首先向地方官申报，然后由地方官通知市舶司，共同查验外商带来的货物，确认无违禁物后，按章征税。

明后期虽然对海外贸易仍有种种限制，但毕竟允许中外民间贸易往来，贸易自由度提高，海外贸易空前发展，据估计，开海贸易初的隆庆年间，所征饷税年约为3 000两，20年后，万历时已达29 000两。

（三）开放海禁后的海上走私

开放海禁后，海上走私活动仍然存在，而且规模很大。这主要是由于以下几方面的原因：首先，官府对海外贸易的限制很严格，而且官员也常常利用职权敲诈勒索，严重损害了商人的利益。如出港检查，“一概嗜为利孔，尽行留难，总哨目兵，次第苞苴，藉声捎诈，阻滞拖延”；回港之时，“仓巡下属逢船至，营求差事，如田夫逐鹿，一有奉委，骤以富名。称验查而常例不赀，称押送而常例不赀，称封钉而常例又不赀。……故差官是瘠商之蟊贼也”。“夫衙役之横，无如饷馆之甚。……报货则匿其半，而输半直于吏书。量船则匿其一，而酬其二分于吏书。喜则啸虎，怒则张鸱，甚官坏而吏仍肥，饷亏而书悉饱。……故衙党是残商之蜂虿也”。[①]其次，明朝官方严禁海商赴日本贸易，但由于中日贸易利润较高，于是不少商人铤而走险，甚至形成强大的海上走私集团。最后，由于只开放福建月港，浙江、广东的商人殊感不便，这些商人的走私就难以禁绝。

总而言之，明朝的海外贸易政策与宋元时代有很大不同。在隆庆开海前的二百年时间里，基本上都实行“海禁”和朝贡贸易政策，不允许民间商人出海，这就导致走私盛行。隆庆开海以后，民间商人可以出海贸易，但由于政府管理不善，走私商船更多。

第三节　市舶制度的演变

兴于唐，发展于宋、元的海外贸易管理制度——市舶制度，被明朝所继承。不过，与明代对外贸易政策相适应，市舶制度无论在机构设置，还是职能上都与前代有了很大不同。到明代后期，随着中外贸易关系的变化，市舶司在对外贸易管理中的作用日益弱化，这一制度终于走向完结。

一、明前期市舶司机构的设置

（一）市舶司沿革

明太祖立国初，于江苏太仓黄渡镇设立市舶司。后鉴于此处与国都南京过近，恐不利于国家安全，遂于洪武三年（1370年）将太仓市舶司撤销，随即海禁政策全面施行，中外官方朝贡贸易成了唯一合法的对外贸易方式。为管理朝贡贸易，明政府在朝贡船舶经常出入的口岸——广州、泉州、宁波，设置了粤、闽、浙三个市舶司，并规定：宁波

---

① （明）张燮《东西洋考》卷7饷税考。

通日本；泉州通琉球；广州通占城、暹罗、西洋诸国。洪武七年（1374 年），由于倭寇骚扰严重，明廷宣布停置浙、闽、粤三市舶司。

明成祖继位后，为恢复发展中外关系，推行积极的朝贡贸易政策。永乐元年（1403 年），重新恢复设置了浙江、福建、广东三处市舶司。永乐二年（1404 年），明政府又分别在三处市舶司处修建了安远驿（浙江）、来远驿（福建）和怀远驿（广东）三处驿馆，用以接待入贡使臣及其随行人员。据记载，仅广州怀远驿就有房舍 120 间，每年接待来自 10 余个国家的使臣。永乐六年（1408 年），明成祖又在交趾和云南设立两处市舶司，以接待印度支那半岛国家的使节，不过，此两处市舶司存立时间不长，即被废撤。嘉靖二年（1523 年）浙江市舶司发生“争贡之役”后①，明廷下令撤除浙江、福建市舶司，仅留广东一处市舶司。直到明万历二十七年（1599 年）明神宗“大榷天下关税”，开始恢复浙江、福建市舶司。可见整个明朝，市舶司机构较之宋元数量减少，且废立无常，反映了这一制度的衰微之势。

市舶司隶属于布政司，属五品衙门，地位远逊于唐宋两代。明成祖积极经营海外，大力开展朝贡贸易，作为主管机构的市舶司地位有所提升，与盐课司、茶马司等都是“繁要之缺”，但市舶司官位不高的局面并没有多少改变。据《明史·职官志》，市舶司设提举一人，从五品；副提举二人，从六品。从实际情形看，各处市舶司除了提举外，其余各官的设置不尽相同，大概因事务的繁简不同而因地制宜。

宦官在古代海外贸易管理中占据重要的地位。唐代就开始形成“中央主导”的贸易管理体制，如朝廷在广州设置市舶使主持舶务，独立于地方政府，中唐以后常以宦官充任，并且常以监军使兼任市舶使。明代宦官涉足对外关系和对外贸易始于永乐年间。明前期的朝贡贸易管理，具体事务由隶属于地方系统的市舶司负责。永乐元年，成祖派遣市舶中官，凌驾于市舶司提举之上。宦官与镇守、巡抚、三司等官员在市舶司之上形成了多头领导，由于宦官以皇帝钦差身份常驻地方，权势煊赫，而且经常兼任或转迁提督地方军务、盐政、海道等官职，凌驾于地方政府之上，这就改变了明朝初年的贸易管理制度，加强了朝廷对朝贡贸易的管理。市舶宦官有独立的办事机构，名称有“市舶府”“市舶公馆”“提督市舶衙门”等，直属内府。

（二）明前期的市舶司

明前期先后设置了 5 处市舶司，以浙、闽、粤三司为主要；正德、嘉靖年间，由于海禁与对外贸易转型的影响，浙江、福建市舶司废置不常，只有广东市舶司比较稳定。②

1. 太仓黄渡市舶司

太仓位于娄江入海口，元代至元年间在此开创海运漕粮，此后海外蕃舶汇聚于此，当时有“六国码头”之称。明代郑晓说：“洪武初，设太仓黄渡市舶司，至今称‘六国码头’；寻以海夷黠，勿令近京师，遂罢之。”③太仓市舶司主要管理前来浙江贸易的海外

---

① 嘉靖二年（1523 年）处于战国时代的日本两位诸侯大内氏和细川氏，分别遣使宗设谦道和宋素卿来华朝贡，而浙江市舶司镇守太监赖恩受宋素卿贿赂，在礼节上偏重于宋素卿，冷落宗设谦道，结果日本使臣之间相互仇杀，进而演变成一场对中国江浙沿海大肆烧杀抢掠的惨祸，史称“争贡之役”。

② 李庆新. 明代海外贸易制度. 北京：社会科学文献出版社，2007.

③（明）郑晓. 今言：卷 3. 李致忠，点校. 北京：中华书局，1984.

蕃商，其机构体制大概仿效宋元，有提举、副提举、吏目等。太仓市舶司设置时间不长，但其管理体制为明前期市舶司建置确立了基本制度。明人沈德符说：“太祖初定天下，于直隶太仓州黄渡镇设市舶司。司有提举一人，副提举二人，其吏目二人，驿丞一人。后以海夷狡诈无常，迫近京师，或行窥伺，遂罢不设。洪武七年，又设于浙江之宁波府、广东之广州府，其体制一同太仓。”[①]

2. 浙江市舶司

浙江是对日贸易的传统口岸，宋代浙江市舶司设立于宁波府东北隅姚家巷。明代浙江市舶司迁到原来方国珍元帅府正衙旁边的花厅。浙江市舶司下设魏家巷、小梁巷、大池头、盐仓门这四处衙门，分理舶务。浙江市舶司下附属安远驿。由于浙江沿海经常受到倭寇和海盗的侵扰，海防紧张，市舶司作为管理贸易的机构，长期处于废弛的状态。嘉靖二年因为“争贡之役”，该处市舶司被罢，后来其地改为巡视海道司。

3. 福建市舶司

福建是东南沿海贸易的重要地区，宋元时期在泉州设立市舶司。明代市舶司初期也设立在泉州，后来逐渐变成专门管理琉球入贡的机构。明朝嘉靖时人说：“福建提举市舶之官不常置，自宋绍兴二十一年李庄始为之，嗣后废兴沿革，代不相袭。至我朝始专官，以督理蕃市之事，然不专为琉球设也。迄于今，始为琉球专其官矣。”[②]其后，福建市舶司在成化年间从泉州移至福州。迁移的原因大致有以下几个方面：第一，福州是福建的首府，在形胜、文物、兵防等方面都比泉州显要，能够震慑外蕃。第二，洪武年间因为琉球忠顺，朝廷赐以“闽人之善操舟者三十有六焉，使之便往来”，这些闽人多是福州河口人，所以将琉球贡使引导向福州。第三，明代琉球朝贡由福建布政司负责管理和接待，相关的镇巡官员、市舶宦官都驻福州，市舶司设在泉州不便于接待。第四，福州各方面条件确实比泉州优越。泉州经元末战乱，已经不复往日繁华，而福州港口良好，有马江通海，是永乐年间郑和下西洋的重要港口。

4. 广东市舶司

广东市舶司最初在广州城归德门外，后来迁入城内。附属的怀远驿有各类房舍 120 间，规模在三省驿馆中最为宏大。万历《广东通志》“驿馆”条记载：“永乐间，四夷来王，市舶至用内官监镇，寻置怀远驿于郭西南蚬子步，创屋百二十间，以司馆谷。时内官总货，提举官吏但领簿而已。其入贡者，惟正使进城，余皆就驿止宿，遇设宴管待方入，宴毕即出。成化、弘治间犹然。其衣服诡异，至有帽金珠，衣朝霞者。将侍宴，老稚咸竞观之。”

5. 交趾市舶司

永乐四年，明朝讨伐安南黎季犛，并设立州府 48 处。永乐六年六月，明朝设立交趾市舶司，驻云屯。这里是南宋以来就非常繁荣的国际商贸港口。嘉靖时人说：“云屯海镇，在交趾新安府云屯县之云屯山，在大海中，番贾舟舶多萃于此。永乐中亦置

① （明）沈德符《万历野获编》卷 12 户部 • 海上市舶司。

② （明）高岐. 福建市舶提举司志 • 序//李庆新. 明代海外贸易制度. 北京：社会科学文献出版社，2007.

一市舶所。”[①]不过，明朝虽然在安南设置司官，但统治并不稳固，叛乱频仍。宣德二年，明朝政府放弃交趾，云屯的市舶司也随之废止。

二、市舶司的职能

明代市舶司的职能与其海外贸易政策的变化紧密相连，前后期有很大不同。

（一）明前期市舶司的职能

唐、宋、元时期的市舶司负责海外贸易的全面管理，而明前期实行海禁政策，中国商人不得出海贸易，外商也只能以朝贡的名义来华，即只有朝贡贸易是合法的对外贸易方式。因而明代前期市舶司的职能发生了相应的变化，从而成为明廷海禁政策的工具。据《明史·职官志》记载，市舶司的职责是：“掌海外诸番朝贡、市易之事。辨其使人、表文、勘合之真伪。禁通番，征私货，平交易。”意即当外国贡船来华进港后，市舶司会同地方官员查验勘合、辨别真假，确定无误后，将贡物封钉，以防贡品偷漏上岸。然后运往进贡厂（市舶司下设的存放贡物的仓库），将贡使及其随行人员接入驿馆招待，然后奏报朝廷。待朝廷命令下达后，市舶司会同地方官将贡使及贡物解送到京城。

对于随贡附载而来的商货，市舶司负责检验其中有无违法、违禁物品，并代其向地方政府报告。随后对蕃货抽分（即征税），但抽分后又“给价偿之”，即按价收买，故实际上仍是给以免税待遇。蕃物的交易由市舶司下设立的牙行来管理。牙行负责货物价格的评估、介绍中国商人与外商交易。

市舶司还有责任禁止中国商人的出海贸易活动。对于出海贸易的商人，市舶司负责追捕，为打击走私贸易，市舶司甚至一度有遇警可调动军队的权力。

综上所述，明前期市舶司的职责有三项：（1）管理朝贡贸易；（2）查禁民间商人的海外贸易；（3）征税及管理中外互市贸易。其中又以第一项任务为主。

（二）明后期市舶司的职能

隆庆元年（1567 年）以后，明廷部分地开放了中外民间贸易，中国海商准于漳州月港出海，由海防馆（后改为督饷馆）负责管理；外商来华准于广州、澳门入港，其管理则由市舶司负责。市舶司的职责是：查验进出口商品和征收进出口税及停泊税。对中外商人交易的管理由牙行负责。明后期牙行已从市舶司中独立出来。即海外贸易的行政管理与经营管理出现了分离。随着外商来华增多，官牙制度的各种弊端暴露无遗，明末牙行逐渐被专营进出口货物的广东三十六行代替，市舶制度的重要职能之一——海外贸易的经营管理权彻底丧失，自唐以来实行了近千年的市舶制度终于完结。

第四节　明代中外贸易关系

公元 16 世纪以前，即欧洲人东来之前，中国依然保持其传统的对外贸易关系，即主

①（明）陈全之《蓬窗日录》卷 2 安南海镇。

要开展与亚、非国家的贸易。16 世纪以后，欧洲人到达东方，在东南亚、南亚等地建立起殖民地。自此，中国与这些地区的传统贸易关系遭到破坏，中国与欧洲国家的贸易关系发展起来，并在中国对外贸易关系中日益占据主导地位。

一、中国与亚、非国家的贸易关系

明前期中国与亚、非国家的贸易主要是以官方朝贡贸易为主，如前所述，郑和下西洋，将中外官方贸易推向顶峰。与此同时，民间走私贸易风起云涌。到明朝后期，随着朝贡贸易的衰落，民间贸易成为中国与亚、非国家贸易关系发展的主导力量。

（一）东亚

1. 朝鲜

明代中国与朝鲜半岛的政治经济关系密切，明前期，朝鲜李氏王朝一面积极开展对明朝贡，一面帮助明朝打击中国走私贸易的商人。史载：明嘉靖二十三年，1544 年（朝鲜中宗三十九年），中国福建商人李王乞等私贩于朝鲜，被朝鲜官兵捕捉。此后，朝鲜官兵又多次剿捕来自中国的走私商人，并将他们送交明朝。鉴于朝鲜的忠顺，明朝对其朝贡特别优惠，如在贡期上，其他国家多限定为三年一贡，而朝鲜可以一年两贡或一年三贡，再如贡使在北京的活动，其他国家使节大体上允许五天出会同馆一次，而朝鲜使臣则可随时出入。在贸易的商品上，明廷规定硫黄、粮食等不得输出，但对朝鲜例外。

这一时期中国输往朝鲜的商品有丝绸、瓷器、茶叶、药品及书籍等，自朝鲜输入的商品有马、牛、苧麻布及折扇等。其中规模最大的贸易是“绢马贸易”，即朝鲜以马交换中国的丝织品。史载：洪武二十六年（1393 年）朝鲜“进马九千八百余匹，命运纻丝、组布一万六千七百余匹酬之”。永乐五年（1407 年）、永乐二十一年（1423 年）朝鲜使臣带来的马均有成千上万匹，他们同时获得明廷大量丝绸的回赠。

2. 日本

明代中日关系较为复杂，明前期由于倭寇问题及胡惟庸之乱，明朝对日本来华朝贡实行极为严格的限制政策，甚至一度规定日本“十年一贡”，每次入贡，船不得过三只，人数不得超过 300 人。不过，这一限制并未完全奏效，日本在明前期入贡仍较频繁。这一时期，日本运到中国的贡品中出现了大量的刀剑，倭刀以其锋利精良受到中国人的赞赏。日本向中国进贡刀剑获利丰厚，据《日中文化交流史》记载：一把在日本最多价值一千文的刀，进贡给明朝，明朝给价五千文。因而倭刀成为日本入贡的大宗货物，仅宣德八年一次即带来 3 052 把。除刀剑外，硫黄、铜、折扇及描金漆器等也是日本输华的重要商品。而日本作为中国传统的商品销售市场，其对中国生丝、瓷器有很大的需求。相对严格的朝贡限制，诱使不少中日商人铤而走险，从事两国间的走私贸易。明前期前往日本的中国商人为数已经不少，史载：1557 年，在日本长崎岛聚集明商有两三千人。时人估计当时在日本列岛，明商约有二三万人。在博多、平户岛、五岛列岛及鹿儿岛等地还出现了华人聚居的“唐人街”。

明后期漳州月港开放后，明廷仍旧禁止中国商人到日本贸易，因而中日之间仍以走私贸易为主。一些中国商人以到其他国家贸易为名，申请引票。出洋后，先向西南行驶，越过明军的监视线后，再转而东行前往日本。日本德川家康执政时，也积极采取措施，吸引中国商人赴日贸易。如明万历三十八年，1610 年（日本庆长十五年）有广东商船到日本，德川家康特发给“朱印状”予以保护，朱印状上书“广东商船来到日本，虽任何郡县岛屿，商主均可随意交易，如奸谋之徒，枉行不义，可据商主控诉，立处斩刑。日本人其各周知勿违。”[①]到明末，福建海商郑芝龙集团通过从事中日间特别是台湾省与日本间的贸易而迅速发展壮大起来，并且还开辟了一条由泉州安平直抵日本长崎的新航线，中日贸易由此盛极一时，史称“自是往返于日本、漳泉之间的货船，月不停舶”。[②]

3. 琉球（今日本冲绳县）

早在汉代，琉球群岛与中国已开始了经贸往来。明朝建立后，明太祖朱元璋实行和平外交政策。洪武五年（1372 年）明遣使琉球，琉球接受明廷册封，从此成为中国的重要朝贡国。明廷对琉球来华朝贡贸易也实行较为优惠的政策，允许其一年两贡或三贡，并特许其随贡商船在北京及福建市舶司，不拘期限与华商交易。成化十年（1474 年），明廷特在福建福州修建柔远馆，用以专门接待琉球贡使。琉球经济发展水平落后，本国亦不产香料等中国需要的大宗贡品，而朝贡贸易获利丰厚，故琉球国不惜远渡重洋，到东南亚各地购买香料转贡于中国，同时还将中国的丝绸、瓷器、铜钱等物转口于东南亚、日本等地，琉球从这种转口贸易中获取了巨额利润，使之由一个名不见经传的弹丸小国，成为海上丝绸之路上一个举足轻重的国家。

明万历三十七年，1609 年（日本庆长十四年）日本九州鹿儿岛藩主岛津氏入侵琉球，对琉球颁布了一个所谓的“裁制令”，其中规定：琉球不得随意与中国往来，不得随意通商别国。至此，明朝与琉球的朝贡贸易遂告衰落。

（二）东南亚

明前期，中国与东南亚各国的贸易也是沿着两条途径进行的，一条是合法的朝贡贸易，另一条是民间走私贸易。到明后期，东南亚国家大多被欧洲人占领，他们与中国的官方朝贡关系中断，民间贸易成为唯一的方式，而且，这一贸易也不再仅仅是中国与东南亚本国人的贸易，相当一部分成了中国与欧洲人的贸易。

1. 印支半岛

明代印支半岛上的主要国家有安南（今越南北部）、占城（今越南中部及南部）、真腊（今柬埔寨及越南南部）、暹罗（今泰国）等。这些国家和地区均为中国传统贸易伙伴，与中国有着悠久的贸易关系。明朝建立后，双方开展朝贡往来。特别是郑和下西洋后，印支半岛国家与中国的朝贡关系进一步密切。与此同时，中国东南沿海商人不顾海禁令，亦不时到这些国家开展贸易活动。印支半岛各国对中国商人的到来非常欢迎，如安南国“酋为商人设食，乃给木牌于廛舍，听民贸易”。[③]

明朝建立后，主动遣使与真腊通好，洪武三年（1370 年），明太祖派使臣郭征前往

① [日] 木宫泰彦. 日中文化交流史. 胡锡年，译. 北京：商务印书馆，1980.

② 《台湾省通志》卷 3。

③ 张燮. 东西洋考：卷 1. 上海：商务印书馆，1936.

真腊，两国间自此建立起了外交关系。郑和下西洋后，中国与真腊的友好关系得到空前的发展。据统计，1371—1452 年的 81 年间，真腊先后来华朝贡 21 次，真腊进贡的物品以大象、象牙、犀角、孔雀翎、宝石及各色香料为主，中国回赠品主要是金银、钱币、丝织品和瓷器。双方朝贡贸易的规模也相当可观，如洪武二十年（1387 年）真腊进贡的物品有大象 59 头、香 6 万斤。次年又贡献大象 28 头、象奴 34 人、蕃奴 45 人。明朝回赠的礼品更加丰厚，如洪武十六年（1383 年），明廷赠予真腊：织金文琦 32 匹、瓷器 1.9 万件。中国商品在真腊极受欢迎，被称为“唐货”，在真腊，大额交易用金银，小额买卖则以“唐货”为中介物。

明朝立国时，泰国大城王国已统一暹罗，明太祖于洪武三年（1370 年）派使臣吕宗俊等人前往暹罗，与大城王国建立起了友好关系。永乐年间，郑和下西洋进一步密切了双方的关系。此后，两国使臣往来相继，暹罗国遣使来明朝贡极为频繁，据统计，明代中国遣使暹罗 19 次，暹罗遣使中国 102 次。朝贡贸易的规模也很可观，如 1387 年，暹罗进贡胡椒 1 万斤、苏木 10 万斤；1390 年又贡献胡椒及苏木达 17 万斤、大象 30 头。两国民间贸易也并未因明朝的海禁令而断绝，郑和下西洋时，已有很多华侨在暹罗经商，暹罗对前来贸易的中国商人也是欢迎备至，史称其对华商“甚挚，倍于他夷”。并为华商在暹罗交易提供诸多便利，如华商“所至关，辄听与其近地交易，不必先诣王也”。前往暹罗的中国商人众多，嘉靖年间“漳州月港家造过洋大船，往来暹罗诸国通易货物”。著名武装走私商人汪直也“造海舶，置硝黄、丝绵等违禁货物抵暹罗……来往贸易”。明后期月港开禁后，明政府规定前往暹罗的船只每年可达四艘，数量居西洋国家的第一位，而实际并不限于此数。据西方学者研究：“当时来自闽南的华人，每年都运载相当大批的各种中国货物到该国（暹罗），然后运回大宗苏木、铅及其他货物。”[①]

2. 菲律宾群岛

作为中国的近邻，菲律宾群岛与中国的贸易关系由来已久。明代，在菲律宾群岛分布着多个国家，北部有吕宋，中部有民都洛、巴拉望，南部有苏禄、宿务、麻剌朗等，他们与中国均保持通商贸易关系。明前期，中国与菲律宾群岛以朝贡贸易关系为主，永乐三年（1405 年），明成祖曾派使臣访问吕宋。菲律宾群岛各国遣使来华更是史不绝书，其中苏禄国与中国的朝贡关系最为密切。明成祖永乐年间，苏禄国王多次亲率王公大臣来华朝贡，如永乐十五年（1417 年），苏禄王率领 300 余名臣属来华，明成祖以厚礼待之赏赐给大量珍贵物品，计有：金镶玉带 1 条、黄金 100 两、白金 2 000 两，罗锦文绮 200 匹、绢 300 匹、钱钞 1 万锭、铜钱 3 000 贯、金绣蟒衣、麒麟衣各 1 袭，对随行官员按等级赐以相应数量的丝织品及钱钞等物。此外古麻剌朗（今菲律宾的棉兰老岛）国王也于永乐十九年（1421 年）率众来华。

由于地理上的接近，中国海商特别是闽南商人到菲律宾贸易者众多，中国商品在菲律宾深受欢迎，史载：中国商船一到苏禄国，当地商人立即“将货尽数取去”，“携入彼国深处售之，或别贩旁国，归乃以夷货偿我”。而当地人往往“以珠与华人市易，大者利

① 施坚雅. 古代的暹罗华侨. 南洋问题资料译丛，1962（2）.

数十倍”。经营华货获利较高，因此菲律宾商人殷切希望中国商人前来贸易，为此，菲商甚至采取扣留人质的做法，《东西洋考》卷五记载：菲律宾商人因担心中国商船回国后不再前来，因此，每当中国商船返航时，菲商都要留下数名华商作人质，以使中国商船再来贸易。明前期，仅到吕宋岛贸易的闽商就有数万人，不少华人甚至侨居吕宋。隆庆开禁后，中国海商前往菲岛贸易的数量进一步增多，且除了闽南商人外，江浙商人也大量赴菲贸易，史称“近来中国人都从海外商贩至吕宋地方，获利不赀”。随着中国商人前往菲律宾的数量增加，侨居在菲律宾的华人数量也日渐增多，以至在吕宋形成了华人聚居区——“涧内”。

1571 年，西班牙人占领吕宋岛，随即又征服了菲律宾其他岛屿，自此，吕宋与中国的官方朝贡贸易关系中断，中菲贸易相当程度上是中国与西班牙人的贸易。西班牙人为维持其殖民统治，进行掠夺性贸易，以马尼拉作为对华贸易的基地。西班牙人一方面采取鼓励华商赴菲贸易的政策，另一方面为独占中菲贸易利益，又极力排挤在菲律宾的华侨。他们不断制造事端，甚至大规模残杀在菲律宾的中国人。由于明朝开海的目的并不在于积极发展海外贸易，只不过是以此缓解百姓的反海禁斗争，因而，明政府对于出海贸易的商人不予保护，更使西班牙人对待华人肆无忌惮，使中菲贸易的正常发展受到严重影响。

3. 马来半岛及马来群岛

明代时在马来半岛及马来群岛活跃着诸多小国。与明朝关系较为密切的国家有：爪哇（今印度尼西亚爪哇岛及苏门答腊岛的部分地区）、三佛齐（今苏门答腊岛巨港，1397 年被爪哇灭掉）、阇婆（今印度尼西亚爪哇岛中部）、兰无里（今印度尼西亚苏门答腊岛的亚齐）、渤泥（今印度尼西亚西加里曼丹岛北部的文莱）、美洛居（今印度尼西亚马鲁古群岛）、满剌加（今马来西亚马六甲）等。

爪哇国当时为马来群岛的一个大国。明朝建立后，太祖朱元璋即派使臣前往爪哇，双方建立起了朝贡贸易关系。此后，两国使臣往来不绝，洪武十四年（1381 年）爪哇甚至进贡 300 名黑奴。郑和下西洋，爪哇为其南下的终点和西向的起点，地位十分重要，下西洋又大大加强了彼此之间的联系。此后双方关系更加密切，官方贸易盛极一时，在明前期前 100 余年间，爪哇曾来华朝贡 20 余次。由于爪哇地处东西洋交汇点，从而成为各国商品荟萃之地。中国闽粤一带不少海商私自下海前往爪哇，爪哇对中国商人的到来非常欢迎，据《东西洋考》记载：“中国商船将到，有地方官吏来迎接船主，送橘子一笼，小雨伞两把，并即刻派人报告国王，国王专门为每船设通事一人，并在涧城外设立铺舍，展开贸易。”中国商人将丝绸、瓷器等物运往爪哇后，获得当地的银钱、铅钱，然后等到其他国家的香料等商品到达后，再以银钱、铅钱购买所需商品。

明后期中国商人到爪哇主要是与荷兰、葡萄牙等欧洲商人展开贸易，贸易规模空前扩大。明万历三十七年（1609 年）西方人记载：“在万丹的中国人，在全印度也没见过经营这样盛大的贸易，他们每年两次乘着自备的中国帆船来航，带来中国出产的珍异物品和高价商货。”[①]

渤泥国明前期与中国的官方贸易关系也较密切，永乐六年（1408 年）八月，渤泥国王麻那惹加那乃率领王妃、子女及大臣等 150 余人来华访问，明成祖对他们“优待礼隆，赐予甚厚”。渤泥王后不幸病逝于中国，明成祖命其子暇日王继位，并派人护送回国。后暇日王多次亲自来华朝贡。中国与渤泥的关系日益密切。

满剌加国是公元 14 世纪末兴起的一个国家，也与明朝有着密切的贸易关系，明永乐年间郑和下西洋，由于满剌加地扼东西海上交通要冲——马六甲，成为郑和船队必经之地。满剌加国对郑和船队每次都友好相待，并允许郑和在此设立“官厂”即仓库，作为其船队的中转站，从中国带来的货物存储在此，进行分类后根据各国需要，再分装到前往不同国家的船只上。从各国得到的各种货物汇聚于此，等候西南季风到来后，再打包装舱运送回国。与此同时，满剌加使臣也频繁来华朝贡，据《明实录》记载，从永乐初年至正德初年（1405—1508 年），满剌加曾派出 26 批使臣来华朝贡。永乐九年（1411 年）七月，满剌加国王拜里迷苏剌亲率其妻子、众臣 540 余人来华，明廷亦给予隆重接待，当其归国时，明成祖赐给他们大量金银、宝钞、铜钱、各类丝织品服装等物。永乐十七年（1419 年）七月，拜里迷苏剌之子亦思罕答儿沙继位后，又率其妻、子及臣属来华访问。由此形成定制此后继任的满剌加国王都亲自来中国朝贡。明朝除郑和外还曾多次派其他使臣前往满剌加。

1511 年满剌加被葡萄牙人占领，从此与明朝的朝贡关系中断。而民间贸易不断发展，早在朝贡贸易兴盛之时，已有不少中国海商私自远航满剌加贸易。16 世纪初，中国商人到满剌加贸易已经相当普遍了，时人称：中国商船“夏去秋来，率以为常”。[②]

（三）南亚

南亚地区，当时主要的国家有榜葛剌（今孟加拉国）、加异勒（今印度南部加耶尔巴达）、西洋锁里（今印度南部科里伦河口）、古里（今印度西海岸科泽科德）、柯枝（今印度西海岸柯钦）、小葛兰（今印度西海岸奎隆）、锡兰山（今斯里兰卡）、溜山国（今马尔代夫）。这些国家，都是明代郑和下西洋所经之地。在郑和下西洋的推动下，南亚国家纷纷遣使中国，如溜山国曾于永乐年间四次遣使朝贡。锡兰山使节来华次数更多，赠送给中国的物品见于记载的就有珍珠、珊瑚、宝石、水晶、西洋布、乳香、木香、檀香、没药、芦荟、乌木、胡椒、驯象等。郑和船队在南亚各地，按当地习俗开展交往，受到各国欢迎。如古里国“其二大头目受中国升赏，若宝船到彼，全凭二人主为买卖”。柯枝国“名称哲地者，皆是财主，专一收买下宝石、珍珠、香货之类，候中国宝船或别国番船客人来卖”。锡兰山国“见中国麝香、纻丝、色绢、青瓷盘碗、铜钱、樟脑甚喜，则将宝石、珍珠换易。王常差人赍宝石等物，随同回洋宝船进贡中国”。16 世纪欧洲人东来以后，中国商船进入印度洋的咽喉马六甲被其控制，南亚诸国也相继沦为西方殖民地，中国与南亚的贸易关系走向了衰落。

---

① [日] 岩生成一. 下港（万丹）唐人街盛衰变迁考. 南洋问题译丛，1957（4）.

②（明）谢肇淛《五杂俎》。

（四）西亚、非洲

明代中国与西亚、非洲的贸易关系继续发展。自第四次下西洋开始，郑和船队便深入波斯湾、阿拉伯海、红海，与阿拉伯半岛及东非各国开展交往，中国与这些地区的贸易关系达到了封建时代的顶峰。

忽鲁谟斯（即霍乐木兹，今伊朗东南米纳布附近）是15世纪初的一个伊斯兰教大国。该国是郑和第四次下西洋的主要目的地，郑和至其国，对其国王、大臣大加赏赐，此后忽鲁谟斯国王多次遣使到中国，赠送的礼物有名马、狮子、长颈鹿、斑马、羚羊、珍珠、宝石等物。两国间贸易往来相继。

阿丹国（今亚丁），永乐十四年（1416 年）遣使来华，进贡土特产。明成祖命郑和携带礼物回访。宣德五年（1430 年），郑和船队再至阿丹，受到阿丹王的隆重接待，阿丹王亲自率领文武百官出迎，并通告全国百姓，取出珍宝与郑和船队友好贸易。郑和下西洋期间，阿丹国曾先后五次遣使来华。

祖法尔（今佐法尔）盛产香料，永乐十九年（1421 年）遣使中国。该年，明政府命郑和携带国书及各种中国商品回访祖法尔。宣德五年（1430 年）郑和船队再次访问祖法尔，受到当地人民的热情接待，祖法尔国王命令国人将乳香、血竭、芦荟、安息香、苏合油、木别子等物品拿出与郑和船队交换中国的丝织品、瓷器等物。

天方国（今麦加），在明前期曾 20 余次遣使来华，天方使臣带到中国的货物有宝石、骆驼、珊瑚、毛纺织品、各种珍禽异兽及阿拉伯名马等物。郑和船队则将中国的丝绸、麝香、瓷器等物运至其国。

每次郑和船队从阿拉伯半岛回航时都有阿拉伯使臣随船来华，而这些阿拉伯使臣大多为商人，他们往往携带大量私货到中国贸易。明政府给其免税待遇。明后期，依然有一些阿拉伯商人不畏欧洲殖民者的劫掠，越过印度洋来华贸易。据史书记载：当年阿拉伯商人大多合伙搭乘商船到澳门贸易。因阿拉伯商人善于鉴赏珍宝，经常能以很便宜的价格购买到珍贵的物品，因而当时人“称识宝曰回回”。[①]

在郑和船队到达非洲以前，已有东非国家使臣来华，永乐十年（1412 年），麻林（今肯尼亚马林迪）曾遣使到中国，向明政府赠送麒麟（长颈鹿）。永乐十四年（1416 年）麻林又与卜剌哇（今索马里布腊瓦）、木骨都束（今索马里摩加迪沙）等国一起再来中国开展朝贡贸易。该年，明政府命郑和第四次下西洋，这次，郑和船队越过阿拉伯半岛，与来华的非洲使节一起回访东非，将中国丝绸、瓷器、铁器及金银钱币等物赠予东非国家的国王及臣属。此后郑和下西洋又多次到达东非沿岸各国，使中国与非洲的贸易关系发展到一个新的阶段，建立起了经常性的官方贸易关系。其中明朝与木骨都束、卜剌哇、竹步（今索马里准博）、速麻里儿国（今索马里）、麻林等国的贸易关系最为密切。自郑和船队到达东非后，这些国家都频繁遣使来华朝贡，双方交换的商品种类丰富，数量众多。其中非洲国家运到中国的货物有象牙、香料，以及非洲特有的动物如斑马、长颈鹿、非洲鸵鸟、金钱豹、鹿、狮子等珍贵物品。中国商品也深受非洲人珍视，以至其中一些

---

① （明）陈仁锡《皇明世法录》卷 81。

商品成为这些地区的通货，如木骨都束流通的货币有金银、色缎、檀香、米谷、瓷器、色绢等物。卜剌哇的通货有金银、色缎、米豆、瓷器等物。竹步也是用土珠、色缎、色绢、金银、瓷器、胡椒、米谷等物作为货币。其中各种丝织品、瓷器等显然是来自中国。近代以来曾在东非沿岸发现不少明代瓷器碎片，为这一时期中国与东非贸易关系的发展提供了佐证。明朝与北非的埃及也建立了贸易关系，近代在埃及考古发掘中，发现有中国明初的生丝及丝织品，史书记载埃及马木鲁克王朝曾于公元1441年遣使来华，明廷曾赠以各种精美丝绸数十匹。

二、中国与欧洲国家的贸易关系

中国与欧洲国家的贸易历史悠久，早在丝绸之路开通以前，中国商品已流入欧洲。汉代中国与大秦（中国古代对罗马帝国等地区的称呼）的贸易，使中国与欧洲的贸易进一步发展。不过，限于当时的生产力发展水平，中国与欧洲间的贸易大多是间接进行的。公元15世纪，西欧资本主义生产关系逐渐发展起来，出于增加资本原始积累的需求，追逐物质财富、海外探险成为欧洲人的选择。自马可·波罗以来流传的关于古老神秘的东方遍地黄金、香料的传说，始终在诱惑着欧洲人。公元15世纪中叶，拜占庭帝国被奥斯曼土耳其灭亡，奥斯曼帝国占领了西亚、北非的大部分地区，从而控制了经红海、波斯湾通往地中海的传统贸易航线。奥斯曼帝国对过往船只肆意征收高额税金，阻碍东西方贸易的开展。为避开奥斯曼帝国，欧洲人积极寻求通往东方的新航路。1492年，哥伦布在西班牙王室的资助下，驾船横渡大西洋到达美洲，发现了所谓新大陆。公元1498年，葡萄牙航海家达·伽马驾船绕过非洲的好望角横渡印度洋到达印度，由此打通了欧洲至印度的航路。1519—1522年，麦哲伦船队自西班牙出航，环球航行成功。通往印度航线的开辟及美洲的发现，被称为人类历史上的“地理大发现”。这些返回欧洲的船只都满载着来自新大陆及东方各地的黄金、白银、宝石及香料等各种财富，在欧洲引起极大轰动，由此掀起了欧洲人海外掠夺及海外殖民的狂潮。亚洲、非洲、美洲的广大地区纷纷沦为欧洲人的殖民地。

新航路的开辟将世界各地区联结了起来，亚洲、欧洲、非洲、美洲的许多国家被卷入了世界经济的旋涡，传统的区域性的贸易开始变成全球性的世界贸易。中国传统的对外贸易秩序受到巨大的冲击。从16世纪初（即明中叶）开始，越来越多的欧洲人到达中国，使中国的对外贸易格局发生了急剧的变化。中国与西欧的贸易关系日趋发展，并逐渐占据了中国对外贸易关系的主导地位。

（一）葡萄牙

葡萄牙在《明史》中被称为“佛郎机”。1510年，葡萄牙舰队驶入印度洋，首先占领了印度西海岸的卧亚（今印度果阿），1511年又占领了东西方海上贸易的枢纽——满剌加，此后便积极寻求通往中国。

明正德九年（1514年），葡萄牙驻马六甲总督派遣以阿尔瓦雷斯为首的先遣队前往中国，葡萄牙人到达广州，明朝官员禁止其进入广州城，但准其出售货物，“葡人获大利而归”。1518年，葡总督又派安得洛德（Fernao Andrada）和皮来资（Thome Pires）率领八艘武装船只来华，到达中国广东屯门，要求与中国建立起正式的通商关系。广州地方官员认为明朝与葡萄牙以前并无朝贡关系，双方贸易的开展应奏报朝廷批复。故允许葡萄牙两艘船只进入广州，令其交易完毕立即回国。但葡萄牙人抗令不遵，继续盘居屯门。他们不但在中国东南沿海进行走私活动，还在屯门杀烧劫掠，无恶不作。1521 年，明廷派出军队将占据屯门的葡萄牙人驱逐。随后，葡萄牙人又流窜到我国闽浙沿海一带，与倭寇勾结在一起，大肆进行武装抢劫及走私活动。直到 1549 年，被浙江巡抚朱纨赶走。

1553 年，葡萄牙人又以欺诈和贿赂的手段强占了中国的澳门。澳门又名香山澳，位于广东香山县（今中山市）南端，明嘉靖十四年（1535 年）广东市舶司移至澳门，葡萄牙人趁机混入澳门贸易。嘉靖二十二年（1544 年），葡萄牙人贿赂广东海道副使汪柏，借口其商船遭遇风暴，请求暂借澳门海滩晾晒货物。从此葡人在此筑室久居，来澳葡人日渐增多，一些葡萄牙商人举家迁来澳门，史书记载葡人“举国而来，扶老携幼，交相接踵”。澳门从此成为葡萄牙开展对华贸易的基地。葡萄牙人占领澳门后，组织中日贸易船队，从事东南亚—中国—日本间的转口贸易，澳门也逐渐发展成东方国际贸易的转运中心。

（二）西班牙

《明史》称西班牙为“大吕宋”。1567 年，西班牙远征军到达东方，占领菲律宾宿务。1571 年又占领吕宋岛，随后西班牙人便积极寻求与中国开展贸易。1574 年广东海盗林凤集团被明军击溃，逃往吕宋，被西班牙人剿灭。因西班牙人助明讨伐林凤有功，1575 年，西班牙人来华贸易受到明政府厚礼接待。但他们在广东沿海一带的贸易受到葡萄牙人的阻挠。此后，西班牙人转向我国闽浙台一带贸易，并要求明廷指定一处地方供其居住贸易，被明廷拒绝。1626 年西班牙人以武力占领了台湾省北部，以此作为对华贸易的基地，直到 1641 年被荷兰人驱逐。

西班牙人占领的菲律宾群岛较为贫瘠，“既无香料，又无金银”，甚至一些日用品也要靠海外供应。而中国物资丰富，与菲律宾地理接近，为维持其殖民统治，西班牙人一度鼓励中国商人前来贸易。明后期的开海贸易政策也使中国商人出海贸易激增。据记载，16 世纪 70 年代，每年前往马尼拉的中国商船为 12～15 艘，16 世纪 80 年代每年约为 20 艘，16 世纪 90 年代每年约为 30 艘，17 世纪初每年为 40～50 艘，最多时曾达 60 艘。贸易额也迅速增长，据西班牙人记载，1575—1583 年平均每年为 20 万比索，1598 年已达 80 万～100 万比索，1609—1610 年则高达 200 万比索。

中国商船运来的货物种类繁多，有吃穿用的各种物品，如牛、马、骡、驴、鸡、鸭等家畜、家禽；各种生丝、丝织品，棉布麻织品等纺织品；瓷器、铁、铜、锡、铅等器具；食品、水果及胡椒、肉桂、丁香、糖、面粉等食用品。其中最大宗的是生丝及丝织品，大约占 90%。中国商船到港后，先将货物运入涧内的华人商店，然后有当地的华人再将货物卖给菲律宾人及西班牙人。

西班牙人依靠中国商船运来的货物不但解决了在菲律宾群岛的生存需求，而且他们还将中国商船运来的丝绸、瓷器等物品转贩到其美洲殖民地，中国丝绸、瓷器由此传遍世界。当年，西班牙大帆船频繁往来于马尼拉与墨西哥的阿卡普尔科港之间，贩运中国的丝绸、瓷器、漆器等。中国的丝绸质优价廉，为“欧洲的丝货望尘莫及”，在美洲各地极为畅销，西班牙人从中获取了丰厚的利润。据统计，西班牙人将中国货物从马尼拉运往美洲获利在100%至300%之间。这一贸易对西班牙美洲殖民地的繁荣也起了很大作用。西班牙人在墨西哥对中国商品所征的关税，充实了西班牙王室的财库，部分弥补了马尼拉的财政赤字。中国海商赴菲律宾贸易获得的利润也很可观，如湖州的生丝运到菲律宾群岛，利润率高达 100%，赴菲海商运回大量拉丁美洲白银，对于明后期商品经济的发展起了有益的作用。然而，中国商品特别是丝织品大量销往美洲，对于西班牙本国的纺织业造成了冲击。塞维利亚、加的斯、安达卢西亚的丝织业集团不断上书西班牙国王，要求限制中国丝绸在美洲的销售，以保护本国的丝织生产。西班牙国王乃下令限制中国丝绸对美洲的贸易，限令遭到墨西哥及菲律宾的西班牙人的抵制，实际效果甚微。

从 17 世纪 20 年代开始，澳门的葡萄牙人开始大量贩运中国的丝绸及生丝到菲律宾群岛及墨西哥，中国海商受到极大排挤。而同时占领台湾省的荷兰人在我国沿海及马尼拉湾口的海盗式抢劫也使中国赴菲商船大大减少。

（三）荷兰

《明史》称荷兰为“红毛番”。16 世纪末荷兰人从西班牙的统治下独立出来后，积极推行发展海外贸易的政策。到 17 世纪，其航海能力已超过了葡萄牙和西班牙，世界航运业的 80%为其掌握，有“全世界的海上马车夫”之称。荷兰凭其海上优势和商业霸权占领了广大殖民地，并且击败葡萄牙人，夺得其大部分东方殖民地。

明万历三十二年（1604 年）荷兰首次派出军舰到达中国广东沿海，要求与中国开展通商贸易，因葡人从中阻挠，荷兰人在广东贸易的目的未能实现。随后荷兰人转向闽台一带，1624 年强占澎湖列岛，不久被明军驱逐。随即又占领台湾省南部，并于 1641 年将西班牙人赶出北部，独占台湾。此后，荷兰人即以台湾为对华贸易的基地，与中国海商开展大规模的贸易活动。如明崇祯元年（1628 年），荷兰驻台湾长官与海商郑芝龙订立为期三年的购货合同，规定郑芝龙每年向荷兰交付生丝 1 400 担、糖 5 000 担、绢绫 5 000 匹，荷兰人支付白银 299 700 元。与此同时，以东南亚为基地的荷兰东印度公司通过贩运中国货物获得高额利润。据估计，荷兰东印度公司将中国的生丝运往欧洲的利润高达 320%。为获得中国丝绸，荷兰人还千方百计地劝诱中国海商前往荷兰东印度公司的基地——巴达维亚城（今雅加达）。1620 年，荷兰东印度公司指示其北大年商馆：“你们必须劝诱北大年、宋卡、博他仑等地的华船，下年载运大批美丽的生丝、绢绸以及其他中国货物前来雅加达，向他们保证，我们不缺乏现款，也不缺乏檀木、胡椒，而且他们前来可以不交纳任何税款，一切捐税全部豁免。”①荷兰人以台湾省为基地，将中国的丝织品、瓷器等物转贩于日本、东南亚及欧洲各地。到明末，绝大部分的中日贸易由荷兰人经营，据统计，明末由荷兰人运往日本的中国丝及丝织品，几乎每年都超出中国海商运输的数量。1637 年，荷兰人运量大约相当于中国海商的 13 倍。

---

①《燕·彼得逊·昆东印度商务文件集》卷二，转引自黄文鹰《荷兰东印度公司统治时期吧城华侨人口分析》，厦门大学南洋研究所，1981 年。

（四）英国

16 世纪英国经济迅速发展，都铎王朝实行扶植海外贸易的政策。1588 年，英国歼灭西班牙的无敌舰队，与荷兰共同取得海上霸权。自 17 世纪开始，英国工业特别是其纺织业迅速发展，英国资本家强烈要求开拓海外市场。1600 年，英国成立了垄断东方贸易的特权公司——东印度公司。1637 年（明朝崇祯十年），英王查理一世授权科腾商团的威德尔船队赴华贸易。同年六月，威德尔船队到达澳门，未经中国官员允许，擅自赴广州贸易。明朝官员加以阻止，英国悍然开炮，攻打虎门炮台，造成击沉中国商船及水师船只的严重事件。不过，17 世纪前期，荷兰及葡萄牙人在华势力强大，阻挠其他国家的对华贸易，英国与明朝的贸易进展缓慢。

第五节 对外贸易与中外经济文化交流

明前期，郑和下西洋，畅通了亚、非远洋交通网，使亚非各国间的贸易关系达到了新的高潮。16 世纪后，随着欧洲人的东来，国际贸易逐渐形成，中国海外贸易日益突破传统的区域，不再限于亚、非地区，中国商品开始流播于欧、美各地。一方面以商品为载体及商品流通带动下的中国先进的物质、精神文明传播到海外，另一方面更广大地域的海外文明传入中国，促进了彼此经济发展及文化繁荣。由此，中外经济文化交流达到空前的规模与水平。

一、中外经济交流

随着贸易区域的扩大以及各国社会经济的发展，明代中外贸易的商品种类更加丰富，贸易的规模和水平达到了一个新的高度。

（一）进出口商品构成

1. 出口商品

明前期，郑和下西洋使古代官方贸易达到顶峰。郑和船队通过赏赐、馈赠、贸易等途径，将中国商品大量输往海外，见于记载的大宗商品有瓷器、漆器、茶叶、麝香、樟脑、雨伞、生丝、丝绸、丝绵、金、银、铜钱、铁器、金属制品、书籍、纸张、粮食、建筑材料等。明后期，随着私人海外贸易的发展，中国输往海外的商品种类和数量都有了进一步增加。据统计，中国输出的商品多达 230 余种，包括手工业品、矿产品、水产品、农副产品、文化用品及药品等。其中手工业品特别是丝织品、瓷器依然占据主导地位。

（1）丝织品

丝及丝织品是明代最大宗的出口商品，随着海上交通的发展，中国丝织品传遍了世界各地。明前期所有与明朝保持朝贡关系的国家都获得了大量中国丝织品。到明后期，中国丝织品的销售市场更加广阔。除传统的亚洲各国和地区外，随着欧洲人的东来，中国丝及丝织品还远销欧洲及美洲各地。

（2）瓷器

明代中国居于第二位的大宗出口商品是瓷器。中国瓷器很早就已经外销。到明代，随着瓷器制造业的进步，特别是民营制瓷业的发展，陶瓷产量和规模都有了显著提高，经朝贡贸易及中外商人贩运输往世界各地的瓷器数量大幅度增加。洪武十六年（1383 年）明廷一次赠予占城、暹罗及真腊的瓷器各有 1.9 万件。郑和下西洋携带大量青花瓷器前往海外，郑和的随员马欢在《瀛涯胜览》中说到爪哇国人“最喜中国青花瓷器”。费信的《星槎胜览》记载暹罗国“货用中国青白花瓷器”。明初中国瓷器已遍及亚、非两大洲，近世在东南亚、西亚及东非等地都曾出土大量的明初青花瓷器，其中东南亚数量最多。明代瓷器已成为东南亚人民的日用生活必需品，而在西亚、东非，中国瓷器还被用于伊斯兰建筑装饰上。

明朝中后期，瓷器出口规模进一步扩大。其地理方向几乎遍及亚、非、欧、美的很多国家和地区。西班牙人控制的菲律宾是明代中国瓷器外销的一个重要市场。西方文献记载，当年华商除了贩运丝织品外，“还运来一些精陶器，所有货物，销路都很好”。爪哇的巴达维亚也是中国瓷器的重要出口市场。荷兰东印度公司每年从中国大陆购买大量瓷器运往台湾，再由台湾运往巴达维亚，贩运数量巨大。据西方人记载，崇祯九年（1636 年），荷印公司运往巴达维亚的华瓷多达 379 670 件。据估计，荷印公司每年运往巴达维亚的中国瓷器至少在 15 万件以上，明末荷印公司贩运的中国瓷器至少有 1 200 万件，这些瓷器除在东南亚各地销售外，大部分被转销欧洲。据记载，1604 年，荷印公司在阿姆斯特丹拍卖中国瓷器，引起欧洲皇室竞相争购，在欧洲掀起购买中国瓷器的热潮。此后，欧洲其他国家商人也大肆贩运中国瓷器。

明末，为满足出口贸易的需要，江西景德镇等地的民窑还出现了根据外商的要求而设计的专门外销的瓷器。如“加橹瓷”（在盘子口沿分为若干格，绘以郁金香纹）即是专门销往欧洲的产品。

2. 进口商品

明代进口商品种类丰富，郑和下西洋进口商品约为 185 种，其中既有奢侈品及珍禽异兽，也有手工业原料性产品及生活日用品。如金、银、锡等五金类共有 17 种；乳香、木香、树香、丁香、檀香、沉香等 23 种；水晶、玛瑙、宝石、珊瑚、珍珠等珠宝类 23 种；孔雀、狮子、麒麟、鸵鸡、金钱豹等动物类 21 种；白棉布、西洋布等布类 51 种；没药、肉豆蔻、大枫子等药类 22 种；折铁刀、琉璃瓶等用品类 8 种；石青、粗黄、脑紫等颜料类 8 种；番盐、糖霜、胡椒食品类 3 种；苏木、乌木、花梨木 3 种。明后期开海贸易时进口的商品，有记载的也多达 100 余种，包括香料、珠宝、矿产品、手工业原料、手工业品、农副产品等。其中香料、珠宝等奢侈品主要来自东南亚、西亚及非洲，矿产品主要来自日本。

（1）香料及奢侈品

自唐、宋以来，香料始终在中国进口贸易中占据主导地位。到明代中国与亚、非国家的香料贸易依然兴盛不衰。明初，由于中外贸易规模狭小，胡椒进口数量有限，成为中国的一种奢侈品，随着郑和下西洋宝船带回的胡椒越来越多，国内市场几近饱和。胡椒价格从明初每 100 斤值白银 20 两跌到每 100 斤值白银 5 两的地步，到宣宗时竟被硬性折抵官吏俸禄，到明后期东南亚、南亚的胡椒依然是中外商人贩运的重要商品。史书记载：安南（今越南北部）人用胡椒交换中国的瓷器、纸张。婆罗洲的文莱“周围山上满布着胡椒园，并同中国有大帆船来往贸易”。其中爪哇输入中国的胡椒最多。据西方人记载：16 世纪末，每年当胡椒收获季节，侨居爪哇的中国商人深入农村直接向农民收购。到第二年二月有大批中国商船到达，将胡椒运载回国。东南亚的其他贵重香料，如奇楠香、檀香、乳香、沉香等也源源不断进入中国。此外，阿拉伯半岛及非洲东海岸的香料经由欧洲商人继续运往中国。

除香料外，非洲的象牙等奢侈品也通过朝贡及民间贸易的方式输入中国。

（2）矿产品

明代中国进口的矿产品主要有金、银、铜、汞、铅、锡等。其中金、银、铜主要来自日本，主要由中日商人以走私的方式输入，其规模较大，如 1453 年日船贩运到中国的铜即达 154 500 斤。

（3）原材料及手工业品

郑和下西洋从海外进口的木材，丰富了中国的建筑材料，如永乐时，南京建造静海寺，就是用郑和从东南亚带回的沉香木为柱子。郑和下西洋还从海外带回了瓷器的部分原料，如明代青花瓷上的青花原料是“苏泥、勃青”，据考证，苏泥来自苏门答腊、勃青来自加里曼丹。另一种说法是，苏泥、勃青是产于东非索马里的钴料。而明代的另一瓷器新品种——祭红瓷器，其原料中含有西洋红宝石的粉末。而宣德炉，据说其原料中有暹罗国的风磨铜、天方国的硇砂、三佛齐的紫石、渤泥的胭脂石等。明代进口的手工业原料及制品有相当一部分来自日本，其中大宗货物有硫黄、倭刀等。明初，日本以朝贡贸易的方式将这些商品运来中国，数量相当可观，甚至超过明朝的需要，明朝不得不劝阻日本以后不要入贡硫黄。14 世纪，日本刀已负盛名，因其锻造精良深受中国喜爱，所以“中国人多鬻之”[①]。明末，各方战事不断，日本的军用品输入中国更多。

（二）中外植物品种的交流

随着区域性贸易发展为世界贸易，中外物种在世界范围内得以交流。美洲的一些植物品种被欧洲人带到东南亚，又由此传入中国。据史书记载，明代传入中国的植物新品种主要有以下几类。

1. 经济作物

明代传入中国的海外经济作物主要有烟草、落花生及瓜果等。烟草约在 16 世纪末自拉美传入菲律宾，万历年间由福建海商传入中国。烟草传入中国后由于其利润丰厚，故推广速度很快。时人记载：种植烟草“一亩之收，可以敌田十亩，乃至无入不用”。[②]到天启二年（1622 年）时，已经是“艺及江南北”。烟草种植面积的扩大，不但供本国人

---

① （明）张燮. 东四洋考：卷 6 日本条. 上海：商务印书馆，1936.

② （清）杨士聪《玉堂荟记》。

吸食，还出口到海外，甚至返销菲律宾。史载：烟草“今反多于吕宋，载入其国售之”。随着吸烟的普遍，烟草对身体健康的危害也逐渐被人们认识，时人已知烟草“性燥有毒，能杀人”“久服则肺焦，诸药多不效。”崇祯十二年（1639 年）下诏禁止种植和贩卖烟草，但禁令无效，烟草终于成为中国历久不衰的重要的物产。

落花生也是明后期从东南亚传入中国，最初在福建种植，万历时传播到浙江一带，以后逐渐在各地繁殖起来。

明代引入中国的瓜果种类繁多，如南瓜，《海澄县志》云“种自荷兰，味甘微酢”，可见南瓜也是由欧洲人传入东南亚，再传到中国。明代著名医学家李时珍说：“南瓜种出南番，转入浙，今燕京诸处亦有之矣。……入药可补中益气。”再如苦瓜，李时珍也说“原出南番，今闽广皆种之”。①

2. 粮食作物

明代传入的粮食作物主要有番薯和玉米。番薯原产美洲，16 世纪以后欧洲人将之引入东南亚，又由福建海商带回中国。何乔远《闽书》载：“闽人多贾吕宋焉，……截取其蔓咫许，挟小盒中以来，于是入吾闽十余年矣。”另据史书记载：万历二十一年（1593 年），长期在吕宋经商的福建长乐人陈振龙，在菲律宾掌握了番薯种植技术，在其家乡福建南头试种成功。这一高产作物后经福建巡抚提倡推广，在闽东南地区普遍种植，解决了这一地带的民食问题。随后番薯很快由沿海向内地传播，成为中国又一新的农作物品种。

玉米原产地也在美洲，16 世纪由欧洲人引入东南亚，再传入中国。

由于番薯和玉米对自然条件要求不高，在干旱的丘陵、山地及沿海沙丘均可种植，大大提高了土地的利用率，增加了中国人民的粮食供给量。其节约出的土地可用于经济作物的种植，对于农业的商品化起了促进作用。除了新品种的引进外，明代随着中外贸易的开展，一些农作物的优良种子也被引入，如暹罗稻米被引种江南，被称为“洋暹米”。

与此同时，中国的农作物品种也在明后期，沿着新航路传入美洲。其中主要有茶树、柑橘及樱桃等。

（三）生产技术的交流

明代中外贸易的开展带动了中外技术的交流。明前期的交流主要在亚洲国家间进行，明后期则主要是与欧洲国家的交流。

随着中外贸易的开展，中国商民移居海外的增多，明代中国先进的生产工具及技术广泛地传播于东南亚各地。

1. 农业生产工具

这一时期传入东南亚的农业生产工具最主要的是中国犁具、水车及水磨等。16 世纪，中国犁具传入菲律宾，据英国人记载菲律宾人用的犁具是中国式的，有一个手柄，设有犁头或犁头后的定型铁，犁头的上部是扁平的，在耕地时转向一边而发挥功用。与此同时，中国人还将牵引犁的畜力——马及水牛运到菲律宾。

① （明）李时珍．本草纲目：卷 28．北京：人民卫生出版社，2004．

2. 农产品种植及加工技术

16世纪以后，中国精耕细作的农业生产技术逐步传播到东南亚。如印度尼西亚的万丹地区，16世纪以前虽广泛种植胡椒，但因其技术落后，产量有限。16世纪中国移民采用先进的种植技术，使产量提高了100%。西方人认为：对于胡椒的生产，由于华侨采取了一套完善的先进、优越的种植技艺，简直是魔术般地使万丹成为世界上最大的胡椒生产地，并且提高了它的国际贸易地位，从而成为世界贸易中心。16世纪以前，东南亚各地水稻耕作法比较原始，他们通常利用雨季播种，此后既不施肥，也不除草，故产量很低。中国移民将中国先播种幼苗、再插秧及除草、施肥等技术经验传入东南亚，大大提高了单位面积产量。到17世纪初，中国移民还将中国甘蔗的种植及加工技术带入印度尼西亚等地。此前，印度尼西亚人也能用土办法制造蔗糖，但技术落后，产量很低。17世纪荷兰占领印度尼西亚，巴达维亚迅速发展为繁荣的国际贸易港口。崇祯十年（1637年），中国移民在此创办了首家甘蔗榨糖厂，并租用土地种植甘蔗。此后大约200年，印度尼西亚的制糖业主要由中国移民经营。

3. 计量工具

明代以前，东南亚地区社会经济较为落后，商品交换亦不发达。明代以后，随着中国与东南亚贸易关系的发展，中国用于商品交换的计量工具及货币也随之传入。明朝应暹罗（今泰国）大成王国的要求，于1403年和1404年两次向暹罗提供了中国的度量衡器具。不过，到明后期，东南亚地区很多地方依然没有度量衡器具，买卖货物以手掬之。中国移民将大秤带入此地，深受欢迎。连当年荷兰殖民者亦普遍使用。史载，荷印公司一位在外地的代理商曾向巴达维亚总部要求提供中国人秤。这位代理商声称："中国人所使用的大秤（手提秤），可以衡量两担左右，此处甚为需要，望即送来，因为我们无法对付计重问题。我们现在以一套石码计重，每天都得变换。"

早在宋代，中国铜钱已传入东南亚。但限于其生产力发展水平，至明代，这里货币经济依然落后，除爪哇、旧港、南渤利已使用中国铜钱外，多数国家流通贝币。明代随着贸易关系的进步发展，东南亚各国对货币需求的增加，中国铜钱输出数量进一步增加，成为更多地区的通用货币。与此同时，中国的钱币铸造技术也传播到了东南亚。早在明前期，满剌加国即运用中国铸币技术以锡铸造了本国的货币——"加矢"，取代了原来的"斗锡"（重1.8斤的锡块）。到明后期，东南亚不少地区依然流通中国货币，据西方人记载："当1595年荷兰人的船舶第一次来爪哇时，爪哇及其周围岛屿都已存在大量的中国货币，这些货币是由每次来装运胡椒的中国船带来的，后来由于不够辅币使用，万丹的中国商人就在中国定制锡币，这些锡币是仿制中国铜钱铸造的，钱的中心也有一个四方孔。"货币及铸币技术的传入，有助于东南亚商品经济的发展。

4. 建筑技术

15世纪，在东南亚、南亚，很多地区居民的居住方式还较落后。如南亚的柯枝国居民多"穴居树巢"，也有住房子的，但房屋非常矮小，"房檐高不过三尺"。溜山国也是"巢居穴处"。郑和船队到达后，便教他们建造房屋。据史书记载：满剌加国居民房屋用瓦的技术也是郑和船队所教。郑和船队还将中国的高档建筑材料——琉璃瓦输入东南亚，在满剌加、暹罗等国被广泛应用于王室及佛教寺院建筑中。

5. 丝织技术

郑和出使西洋前，印度半岛诸国多不善织丝，如古里国，仅能织五六样细布，郑和船队的工匠将中国的丝织技术教授给当地人。此外，榜葛剌国的丝织技术也是学自郑和船队，后还将他们制造的丝绸服装赠给中国官兵，以示谢意。苏门答腊在明初时已经广植从中国引入的桑树了，但只懂得养蚕，郑和下西洋后，苏门答腊与明朝的贸易关系日益密切，逐渐掌握了中国的缫丝织绸技术。

此外，中国海商传入东南亚的生产技术还有陶瓷、家具制作及金属冶炼、印刷技术等。中国先进技术的传播促进了东南亚社会经济的发展，对于东南亚与欧洲资本主义市场的联系起了有益的推动作用。

明代从亚洲国家传入中国的生产技术最著名的是来自阿拉伯的玻璃制造技术。如前所述，西方玻璃制造技术早在魏晋南北朝时期就曾传入中国，但此后这一技术并未得到发展。到宋元时代，中国玻璃虽然在色泽上非常鲜亮，然而质地不佳，不耐高温，特别是不适应骤冷骤热的变化，极易破碎。而这时来自海外的玻璃虽然色泽上不如中国产品，但结实耐用，时人称外来玻璃“与瓷银无异”。郑和下西洋到阿拉伯半岛后，寻访掌握先进玻璃制造技术的工匠引进到中国。永乐年间，随着西方玻璃制造技术在中国的传播，中国玻璃制造水平逐渐赶上了西方，外来玻璃从此不再珍贵。

这一时期中国与日本进入双向经济交流阶段，来自日本的洒金折扇丰富了中国的扇子品种，其技术也逐渐被中国人所掌握。嘉靖年间，中国还派人专门到日本去学习描金漆器的制造技术。

二、中外文化交流

（一）中国与亚洲各国的文化交流

明前期中外文化交流主要是在亚洲国家间进行。明初南亚、东南亚不少地区的居民尚处于原始的生存状态，中国商品的输入大大促进了这些地区的物质文明和精神文明的进步。随着中国丝绸、服装的输入，南亚、东南亚一些地区的着装文化逐渐发生了变化，如溜山国，原来居民“不着衣衫，只以树叶遮蔽前后”，尼科巴群岛“男女赤体如禽兽然，无寸衣着肤”，自郑和下西洋后这种状况很快得到改变。

明初，东南亚多数国家没有历法，如占城国“不解朔望但以月生为初，月晦为尽，不置闰分，昼夜为十更”。而吉里地闷国甚至“不知年岁”。中国历法随郑和下西洋传入后，不但增长了这些地区的历法知识，而且对于农业生产大有裨益。

各种香料的进口，除满足上层社会的奢侈享受外，还有一部分作为药品，丰富了中国的医药宝库，随之传来的印度、阿拉伯的医药知识有助于中国医学的进步。

中国儒学对日本、朝鲜及东南亚各国的影响进一步扩大，如《论语》在日本首次出版，中国的诗词歌赋在日本广为传播，在日本逐渐形成了专门模仿中国诗文的“五山文学”。

（二）中国与西方国家的文化交流

1. 西方科学技术的输入

明后期随着中西贸易的发展，为西方文化在中国的传播开辟了道路。在葡萄牙的支持下，罗马教廷陆续派出传教士来华，欧洲宗教天主教开始在中国传播。天主教在中国最初遇到了抵制，为顺利进行传教活动，罗马教廷选派了一批熟悉中国语言文化并且拥有西方先进科学知识的传教士来华。这些传教士为适应中国社会，注重学习中国语言文字、典籍，努力了解中国社会，同时又以传播欧洲科学文化为手段，竭力削弱中国人的传统观念及社会习俗，以达到传播天主教的目的。其结果，一方面天主教逐渐在中国传播，另一方面，西方科学技术传入中国，中国文化被介绍到西方。

16、17 世纪，欧洲科学技术迅速发展，无论是天文学、化学、物理学还是医学都有显著的进步。16 世纪，哥白尼提出太阳中心说，“从此自然科学便开始从神学中解放出来”。西方自然科学开始进入近代发展阶段。明后期西方传教士将大批西方典籍带入中国，向中国的知识分子介绍西方的科学知识，经他们介绍到中国来的近代科学技术主要有天文学、数学、地理学及机械工程学等。天文历法对古代农业具有较大的指导意义，中国历代封建王朝对此都极为重视。到明代，中国的天文历法已落后于西方，明代使用的大统历已有较大的误差。16 世纪末，欧洲传教士意大利人利玛窦来华，一些中国学者如徐光启、李之藻等向其学习了西方天文学。1614 年，由利玛窦、李之藻合著的天文著作《圜容较义》一卷在北京问世。西方天文学逐渐为更多的人接受，要求改革传统历法的呼声日趋强烈。崇祯二年（1629 年）明廷起用精通西方天文学的徐光启主持修改历法，徐光启聘请了龙华民、汤若望等西方传教士参与编修。徐光启去世后，由李天经续编。1634 年，新的历法编制完成，书名《崇祯历书》，又名《西洋新法历书》。此书较中国以前的历书准确得多，同时它还包含大量的西方天文学、数学知识，对于中国天文历算的进步起了积极的作用。

最早介绍到中国的西方数学著作是欧几里得的《几何原理》，该书于万历三十五年（1607 年）由利玛窦口授、徐光启笔述完成前六卷。万历四十一年（1613 年），利玛窦又和李之藻合译了西方笔算著作《同文算指》。这两部书的译出揭开了欧洲数学传入中国的新篇章。

利玛窦还将西方地理学传入中国，万历十一年（1583 年）利玛窦抵达广东肇庆，将世界地图介绍给中国人，此后我国各地开始纷纷翻刻。世界地图的传入丰富了我国地理学知识，从此，中国人开始有了热带、南北温带、南北寒带及五大洲的概念。一些地名、国名如亚细亚、欧罗巴、罗马、加拿大、古巴、大西洋、地中海等一直沿用至今。

西方传入的机械工程学中的水利科学，因其与封建国家的命脉——农业密切相关因而最先受到重视。1606 年意大利传教士熊三拔（Sabbathinus De Ursis）来到中国，翻译了多部西方水利学著作，1612 年，他编著出版了六卷本的欧洲水利工程学著作《泰西水法》。该书记述了欧洲各种水利机械的制造原理及其功能，并附有图解，由此开始了西方农田水利技术在中国的应用。后徐光启著《农政全书》，水利部分几乎全部采用《泰西水法》，反映了西方水利技术在中国的广泛传播。系统的机械工程学是由瑞士传教士邓玉涵介绍到中国的，1627 年，邓玉涵翻译出版了西方机械工程著作《奇器图说》，成为中国第一部力学专著。后中国学者王徵据此设计发明了多种机械，如自行磨、自行车等。

2. 中国文化的西传

当来中国的欧洲传教士将欧洲科学文化引进到中国的同时，他们也在潜心研究中国的传统文化，并将中国的优秀典籍译为西文介绍到欧洲。1593 年，利玛窦将“四书”译成拉丁文，寄回意大利。同时他还编写了《中葡意字典》《中国文法》，以供欧洲人学习中文之用。利玛窦晚年还将其在中国的见闻写成札记，其死后由另一位传教士金尼阁整理出版，名为《利玛窦日记》。该书较为详细地介绍了中国的政治、经济、文化及风俗习惯等，为欧洲人“揭示了一个新世界和一个新民族”。以后又有多部中国的经史子集被译为西文，传入欧洲。这些书籍不但使欧洲人增强了对中国的了解，更为重要的是对此后欧洲资产阶级启蒙运动起了促进作用。

明代海外贸易在封建政府的压制下未能得到长足的发展，使中国丧失了利用世界市场的逐渐形成，凭借自身商品独特的优势，开展更大规模的对外贸易来增加财富的机会。不过，明前期的官方朝贡贸易及民间走私贸易，依然促进了这一时期的中外经济文化交流。明后期，随着欧洲殖民者东来，明朝部分地开放民间海外贸易，使中外经济文化交流从地域上、规模上都大大超越了前代，对世界文明的进步起了有益的作用。

第八章
清前期的对外贸易

公元 1644 年，满族大军入关，建立了中国最后一个封建王朝——清朝。明清交替之际，葡萄牙、西班牙等西方殖民者已经来到中国东南沿海，他们的重商主义和海外扩张热潮一浪接一浪地冲击着东亚、东南亚、南亚等地区，破坏了原先中国主导的东亚朝贡贸易体系，也打乱了亚洲原有的国际贸易格局。这一时期，西方殖民势力内部的力量对比也发生了迅速的变化，荷兰、英国后来居上。沙俄也迅速向东方推进，开始侵占中国领土。清朝建立之初，就面临着空前严峻的国际形势和前所未有的强劲对手。在清朝前期，中国封建社会生产力相对发展缓慢，在世界经济中领先的地位逐步丧失。然而，清朝依然以天朝上国自居，鄙视一切外来文明，闭目塞听。尽管这一时期越来越多的西方商人来到中国，西方国家的对华贸易在中国对外贸易中的地位进一步上升，但清朝始终实行对外贸易的严格限制政策，并在与西方国家的贸易冲突中不断强化这一政策，其结果是中国在世界贸易中处于被动地位。中国社会故步自封，又加以专制压制下内乱纷扰，落后挨打的命运也就难以避免了。

第一节　清前期社会经济的发展

清代是中国历史上最后一个封建王朝，它无论在政治上还是经济上都取得了封建社会巨大的成就。清政权建立后，统一了蒙古、新疆、西藏、台湾以及云贵、东北等各边疆地区，并经过经营开发，大大加强了中原地区和边疆地区的经济和文化联系，建立了中央政权对边疆地区有效的政治管理。国家政治统一的加强，促进了社会经济的进步，清代前期社会经济取得了重大发展，诸如粮食生产、农业和手工业中的商品生产、市场一体化，以及财政制度、租赁制度、雇工制度等方面的发展变化，均大大超越前代。正因如此，清代前期人口急剧增长，出现了“康雍乾盛世”，据统计，中国经济总量居世界第一位，GDP 占世界的 40%，人口占世界的 1/3。但是，由于军费开支巨大、官吏贪腐等原因，嘉庆以后清代经济日趋由盛转衰。

一、农业和手工业的发展

（一）农业

清代粮食生产最突出的成就就是地区扩散，即粮食亩产量在全国广大地区普遍提高，从而导致粮食总产量和平均亩产量的提高。据郭松义教授估算，鸦片战争前，全国平均亩产 239 市斤，粮食总产量为 274 509 百万市斤，人均占有粮食 653 市斤。如果把全国划分为北方旱作区和南方稻作区，则北方平均亩产 114 市斤，总产量为 60 123 百万市斤，人均占有 464 市斤；南方平均亩产 344 市斤，总产量为 214 386 百万市斤，人均占有 737 市斤。南方的农业生产水平，总体上要高于北方。这个估计并不包括粮食以外的商品性农作物。棉花、蚕桑、苎麻、烟草、甘蔗、茶叶、蓼蓝、花生等的种植均有发展，其中棉花、烟草、甘蔗、花生等的种植，发展尤为显著。据估计，清代前期商品性农作物的播种面积大约占全部耕地面积的 1/10。李伯重教授根据明清时期经济发展的先进地区江南的情况估算认为，清代前期农民家庭劳动生产率还是有所增长的，因此，随着江南地区先进技术和生产结构向四方扩散，受益地区的农民家庭劳动生产率的增长应该是更为显著。在家庭劳动生产率普遍增长的基础上，清代前期的农业生产、手工业生产、商品性生产、自给性生产总量都分别达到了历史上的高峰。

清代粮食生产的发展具有多方面的原因。从粮食生产本身来说，首先是多熟复种制度的推广。明代北方地区的土地利用并不充分，复种指数不高。清代特别是 18 世纪中叶以后，北方各省除一年一熟地区外，山东、河北、陕西关中等地区已经比较普遍实行了三年四熟和二年三熟制，并逐步完善，趋于定型。其次是水稻、玉米、甘薯等高产作物得到推广，粮食作物结构得到调整。再次，品种改良、栽培管理、肥料施用等精耕细作经验由官府和民间推动，特别是移民的传播，在各地得到广泛交流。最后，开垦荒地、改良土壤、改造低产田、兴修水利和植树造林等农民长期的劳动积累得到了充分发挥。特别是农田水利建设方面，清代兴建了大量的中小型灌溉工程，这些工程多是随处因地制宜而修建的，收到了很好的灌溉效益。

清代农业的发展与清政府的一些制度安排是密不可分的。清代始终抓住农业这个“根本”，采取了招抚垦荒、赈恤、蠲免、治水、发展多种经营等一系列政策措施，保证农业的发展。人多地少的矛盾在康熙末年显露端倪，到了乾隆时期已经日益突出。康熙雍正两朝都高度重视发展农业，乾隆朝更是提出了一种类似大农业的思想，要求发展多种经营。赋税蠲免是清政府的一项重要经济政策，被《清史稿·食货志》视为“古今第一仁政”。蠲免制度有两种：一种是恩蠲，凡遇国家庆典或巡幸或用兵，蠲免田赋；一种是灾蠲，有免赋、有缓征、有赈、有贷、有免一切逋欠各项。终清一代，赋税蠲免大大超过前朝。特别是康熙、乾隆两朝，多次普免天下钱粮，灾蠲的次数更是“不能悉举”。这些政策在一定程度上减轻了人民的负担，有利于促进农业发展，也缓和了社会矛盾，巩固了清政府的政权。

按田亩征税和按人户派役是历代长期采用的赋役政策。明代中期一条鞭法、各项复杂的田赋附征和各种性质的徭役一律合并征银，徭役银不由户丁分派，而由地亩承担，从而打开了废除徭役和人头税的通道，但未能彻底施行。清代继续了明代的这项改革，征收代役银两，称为徭银或丁银，按照人丁征课。康熙五十一年，清政府宣布以康熙五十年的全国人丁数作为定额，不再增减，对新生人丁不征收丁银，这就是所谓的“滋生人丁，永不加赋”。人丁数和丁银额的固定为实行摊丁入亩准备了条件。摊丁入亩就是将丁银归入赋银，将人丁税并入土地税征收。雍正年间，这项改革在全国范围内全面展开，到乾隆初年基本完成。永不加赋和摊丁入亩这两项政策，使得税制统一、简化和定额化。摊丁入亩施行后，免除了城镇工商业者、手工业者和无地贫民的丁银，客观上有利于工商业和佃农经济的发展。更为重要的是，简化了征税的中间环节，从而减少了官吏贪污中饱私囊的弊端。清政府的农业政策总体上来说是有利于社会经济发展的。但是，也应该看到，吏治的良劣是王朝经济政策能否得到切实贯彻的关键。乾隆末年以后吏治日益腐败，政策的有效性大打折扣。清政府的工商业政策和其他经济政策也大都与此类似。

（二）手工业

手工业是仅次于农业的重要生产部门。明代中后期，手工业的发展已经达到相当高的水平，清前期的发展则超过了以往历代。这一时期，主要手工业行业门类已经初步形成，生产规模扩大，商品生产发展，市场交换增长。特别是在一些经济发达的地区，逐渐形成了相对集中和规模化的手工业生产区域，在工场内外出现了专业化分工协作。

清代手工业的发展是以整个社会经济的发展为基本条件的。第一，它继承了前代特别是明代手工业发展的积累。明代手工业在生产工具、技艺等方面达到了很高水平，也积累了丰富的生产经验；明代后期随着匠籍制度的瓦解，手工业者获得了人身自由，极大地激发了生产积极性。第二，清代农业、特别是经济作物种植的扩大，为手工业的发展提供了更为充实的物质基础。第三，清代人口的激增导致了人们对手工业产品需求的扩大，无论衣食住行的日常用品和生产所需的生产资料，还是奢侈性消费品，商品性需求都大大增加。在那些手工业发达的地区，人们生活水平的提升也刺激了消费，社会经济发展出现了良性循环。第四，清前期国内外市场条件也发生了很大发展。自明代中叶以来，一方面随着商路的兴盛，交通运输条件改善，国内市场和商品流通活跃，刺激了手工业生产；另一方面私人海外贸易发展，扩大了丝织品、茶叶、瓷器、糖类等商品的出口。国内外市场为手工业生产提供了强大的推动力。江南地区和珠江三角洲等沿海地区手工业的发展，正是得益于其便利的交通条件和千丝万缕的国内外市场联系。第五，清政府对手工业的政策也起到了推动作用。清政府鼓励纺织业的发展，如一些地方政府出资购置桑苗无偿发给农户，并从发达地区雇用工匠高手仿制缫丝、织造工具；康熙年间开放海禁，逐渐松弛了限制造船业发展的政策；清政府从乾隆时期开放矿禁，听任民间开采。[①]

以最重要的手工业行业棉纺织业和丝织业来看，据学者的研究，其生产力水平已经相当高。[②]棉纺织工具主要有纺车和织机。元明时期曾出现过三锭脚踏棉纺车，但由于小农经济规模的限制，未得到推广。普遍常见的纺车是单锭手摇纺车，每日纺纱约4～8两。明清时期的棉织机在样式、原理等方面与元代类似，其生产效率因布匹的规格而有较大差异。棉纺织的技艺在明清时期有所改进，棉布的品种、花色增多，质量提高，耐磨耐穿，非常适合普通百姓。在西方洋布输入的初期，土布物美价廉，具有相当强的竞争力，甚至还出口到国外。据估计，当时从事棉纺织业的家庭约占全部农户的50%，棉布产量约为每年6亿匹，其中商品布产量为3.1亿匹。

丝织业中生产工具主要是织机，此外还有一些辅助工序的专门工具。明清时期织机性能有较大进步，丝织过程工序日益严密和专业化。据估计，当时江南地区约有织机8万台。四川的丝织业在咸丰时期达到年产70亿匹，以每年每机织绸300匹计算，则织机约有2 000台。丝织技术方面，传统技艺水平不断提高，明清时期，丝织品品种丰富多彩，锦、缎、纱、罗、绫、绸、绢、绒等，织造技艺精熟，文彩华丽。丝织品的产品，据估计在清前期江南地区商品量为4.9万担，价值为1 455万两。清前期丝织业已经与农业分离，在江南、四川、广东等发达地区出现了专门从事丝织行业的工人。

二、商业的发展

清代统治区域空前辽阔，国内市场空前扩大，商业发展也进入了前所未有的鼎盛时期，以下从商业流通的基本条件、国内市场长途贩运、市镇发展、商业城市和商人组织的角度简要说明。

首先看交通网络、服务设施和金融机构等商业流通的基本条件。第一，相对于前代，清代的水陆交通和陆路交通都较为通畅。由各级政府负责管理和维修的“官马大道”与民间士绅和当地官员自行捐资筹建的分支路线共同构成了国家四通八达的交通网络。其中，官马大道主要是驿道，以陆路为主，水陆联运。清前期的驿道以京师为中心，分达各省省城及边疆重要城市，是王朝统治的主动脉，也是商品流通的主要道路。商贾贩运

① 方行，经君健，魏金玉．中国经济通史（清代经济卷）：上．北京：经济日报出版社，1999.

② 方行，经君健，魏金玉．中国经济通史（清代经济卷）：上．北京：经济日报出版社，1999.

货物一般都是利用官马大道，因为网络密集，也比较安全。第二，清前期，商品流通中的各种服务设施，如运输、转运、储存、保管、食宿、纳税、保安等方面，无论数量还是质量，都有很大改善。这些设施既有官府根据需要而设置的，也有民间百姓作为谋生方式而提供的，客观上都促进了商业流通的发展。清朝对官设基础设施的建设与管理，制定了许多政策，并由各级政府具体执行，如设置船、车、夫行和旅店，规定其担保条例；设置导航标志、救生船、巡船、卡房等，保护商人与货物安全。民间的各项设施，如旅店、货栈、镖师等，又弥补了官方设施的不足，也具有重要的作用。第三，明清时期金融业迅速成长，从钱庄、银号到账局、票号，从简单的银钱兑换到存放款、汇款、信贷，既保证了商品流通的顺利进行，也促进了商业交易的快速实现。特别是票号的出现，极大地便利了大规模的商业活动和长途贸易。

其次看大宗商品的长途贩运。商品流通距离的大大延长是清前期贩运贸易的一个最大特点。由于从内地到边疆交通路线的畅通，内地商人在新疆、青海、西藏、甘肃、东北、塞北、云贵等边远地区的经商活动十分活跃。中原地区的长距离贩运也非常活跃，近者横贯全省，远者跨越数省，如浙江宁波的商人，“四出营生，商旅遍于天下”。在贩运贸易中，商品种类比过去更加丰富。粮食长途流转增多，棉花南运和棉布北运也不输于明代。此外，如丝绸、茶叶、瓷器，以及铁器、染料、笔墨纸砚、烟草、木材等商品，也各处行销。各地都有一些土特产品驰名和行销全国。以粮食为例，清前期粮食的商品量约为536.6亿斤，占粮食总产量的17.26%，其中跨区长途贩运的商品粮占粮食总产量的5.5%。粮食跨区流转具有非常重大的意义，它是社会经济出现较大发展的一个显著标志。

再次看市镇的发展。清代市镇一般是在市、集、场、墟和军事镇的基础上由小到大发展起来的。市镇的繁荣带动了市、集、场、墟的发展，也有力地促进了城市经济的发展。有学者把清前期的市镇归纳为5种基本类型，即地方供需型市镇、产品产销型市镇、商业转运型市镇、综合型市镇和军事型市镇。[①]地方供需型市镇，如山西潞安府长治县“西火镇地方，相距县城九十里，居民稠密，商贩络绎。且界连壶关、高平、陵川三县，而附近之阴城、桑梓、桥头等村镇，均系居民众多，商贾聚集之区”。[②]产品产销型市镇，如苏州府盛泽镇，位于运河沿岸，兴盛于明代，到清代时持续繁荣，“居民百倍于昔，绫绸之聚亦且十倍，四方大贾辇金至者无虚日。每日中为市，舟楫塞港，街道肩摩。盖其繁阜喧嚣，实为邑中诸镇之第一”。[③]“凡邑中所产，皆聚于盛泽镇，天下衣被多赖之”。[④]这里是全县的丝织业中心，“镇之丰欠，固视乎田之荒熟，尤视乎商客之盛衰。盖机户仰食于绸行，绸行仰食于商客，而开张店肆者即胥仰食于此焉。倘或商客稀少，机户利薄，则怨咨者多矣”。[⑤]盛泽镇与周围乡村之间，经济联系非常密切，形成了一种完整的丝绸业生产、流通模式，这是一种极具特色的手工业专业市镇。

---

① 方行，经君健，魏金玉. 中国经济通史（清代经济卷）：中. 北京：经济日报出版社，1999.

②《宫中档乾隆朝奏折》第22辑，山西巡抚和其衷奏（乾隆二十九年八月初一日）。

③《吴江县志（乾隆）》卷4镇市志。

④《吴江县志（乾隆）》卷5物产。

⑤《盛湖志（乾隆）》卷下风俗。

再次看商业城市的发展。传统社会的城市大体上可以分为两类：一是各级行政中心或军事中心所在地的政治军事性城市，二是手工业和商业发达的工商业城市，后者又可以细分为手工业城市和商业流通城市。清代以手工业发达而著称的城市有苏州、杭州、南京等，以商业流通枢纽而著称的城市有临清、淮安、上海、天津、重庆、汉口等。此外，还有以贸易口岸而著称的广州、张家口等城市。清代商业城市主要是因商品流通而繁荣起来的，城市中的中转批发、金融业以及为商业流通服务的运输、旅馆、餐饮等行业都较为发达。总而言之，清代的商业城市是随着区域经济的发展而发展的，与全国经济布局和流通格局的变化密切相关。

最后看商人组织。这方面的研究成果极为丰富，论著甚多。简而言之，清代商人遍布社会各个阶层，清代“弃本逐末”的现象远超明代，农民阶层经商更为普遍。除了在明代已经形成的山西、陕西、徽州、福建、广东、江西、洞庭、龙游等地区商人外，清代还出现了鲁商、安徽宁国商人、浙江宁波商人等。各地商人组建的会馆和公所发展很快。清代商人的商业资本也十分庞大，资本形态和利润分配方式有所创新，商业经营方式也有了一些新的变化，突出表现为所有权与经营权相互分离，这些都反映了从传统店铺向企业制度演进的趋势，由此也可见清前期商业发展确乎达到了前所未有的水平。

第二节　清前期的海外贸易政策

从1644—1840年近200年间，针对尖锐的满汉民族矛盾、西方国家的殖民扩张，清朝继承并进一步强化了明代对外贸易的严格限制政策。随着外部环境的变化，清代中国对外贸易限制政策又经历了从开海到禁海，从开海设关、多口通商到一口通商的演变历程。

一、顺治初年的开海贸易政策

顺治初年清朝允许商人出海贸易，甚至一度鼓励商人从事铜的进口贸易。顺治三年（1646年），顺治帝颁布敕令：“凡商贾有挟重赀愿航海市铜者，官给符为信，听其出洋，往市于东南、日本诸夷。舟回，司关者按时值收之，以供官用。”[①]《皇朝经世文编》卷二十六中也提到“犹记顺治六七年间，彼时禁令未设，见市井贸易咸有外国货物，民间行使多以外国银钱”。

二、全面海禁与局部开放

这一政策的实施是从顺治十三年到康熙二十三年（1656—1684年）。鉴于满汉尖锐的民族矛盾，特别是台湾郑成功抗清势力的不断壮大，清朝力图阻断台湾郑氏集团与大陆的联系。从顺治十二年（1655年）起清朝颁布了一系列的禁海令，一方面严禁商人出

---

① （清）宋文蔚，张寿镛. 皇朝掌故汇编：内编卷19钱法一. 扬州：江苏广陵古籍刻印社，1987.

海贸易，另一方面对来华外商严加限制。顺治十二年清廷批准了浙闽总督屯泰提出的“沿海省份，应立严禁，无许片帆入海，违者立置重典”的意见，“敕谕浙江、福建、广东、江南、山东、天津各督抚镇曰……自今以后，各该督抚着申饬沿海一带文武各官，严禁商民船只私自出海。有将一切粮食货物等项，与逆贼贸易者，或地方官察出，或被人告发，即将贸易之人，不论官民，俱行奏闻正法，货物入官。本犯家产，尽给告发之人。其该管地方文武各官，不行盘诘擒拿，皆革职，从重治罪；地方保甲，通同容隐，不行举首皆论死”。[①]海禁严格时，甚至规定“寸板不许下海”“片帆不许入口”。为有效实施海禁改策，从顺治十七年（1660 年）到康熙十七年（1678 年），清政府先后三次颁布实施迁海令，强迫沿海居民内迁。在严刑峻法之下，清朝海外贸易基本处于停顿状态，极大地破坏了沿海民生。康熙十二年（1673 年），福建总督上奏，自迁界后，“沿海之庐舍、畎亩化为斥卤，老弱妇子辗转沟壑，逃亡四方者不计其数，所余孑遗，无业可安，无生可求，颠沛流离，至此已极”。[②]全面海禁之时，清朝于康熙十九年（1680 年）宣布开放澳门贸易，允许中外商人前往澳门交易。

三、开海设关、多口通商

开海设关、多口通商政策是从康熙二十三年到乾隆二十二年（1684—1757 年）实施的。清朝平定了三藩之乱和收复台湾后，多次颁布禁海令和迁海令的康熙皇帝，立即废除了海禁，于康熙二十三年（1684 年）颁布了开海贸易令，“今海内一统，寰宇宁谧，无论满汉人等一体，令出洋贸易，以彰富庶之治，得旨允行”。[③]次年即康熙二十四年（1685 年），又宣布江苏的松江（今上海）、浙江的宁波、福建的厦门、广东的广州为对外贸易港口，并分别设立江海关、浙海关、闽海关和粤海关，负责管理各省沿海的对外贸易。中国对外贸易行政管理制度海关制度诞生了。

康熙颁布实施开海贸易政策反映了这一时期东南沿海人民发展海外贸易的迫切要求，同时也是统治集团内部开海与禁海思想斗争的结果。康熙的开海贸易政策曾在清廷中引起激烈争辩。康熙对一些坚持禁海的官员提出批评说：“百姓乐于沿海居住，原因海上可以贸易捕鱼。尔等明知其故，前此何以不议准行。”内阁大学士席柱称：“海上贸易，自明季以来，原未曾开，故议不准行。”康熙说：“先因海寇，故海禁不开为是。今海氛廓清，更何所待？”席柱答曰：“据彼处总督巡抚云：台湾、金门、厦门等处，虽设官兵防守，但系新得之地，应俟一、二年后，相其机宜，然后再开。”康熙说：“边疆大臣，当以国计民生为念，向虽严海禁，其私自贸易者何尝断绝。凡议海上贸易不行者，皆总督巡抚，自图射利故也。”席柱答曰：“皇上所谕极是。”[④]开海思想最终占据上风，开海派认为：“今海外平定，台湾、澎湖设立官兵驻扎，直隶、山东、江南、浙江、福建、广

---

① 《清世祖章皇帝实录》卷 102。
② 杨廷璋等《福建续志》卷 87。
③ （清）席裕福等《皇朝政典类纂》卷 117 市易五·藩部互市，1982 年。
④ 《清实录·圣祖实录》卷 116 康熙二十三年七月乙亥，中华书局，1987 年。

东各省，先定海禁处分之例，应尽行停止。”[①]康熙还进一步阐述了开海贸易的积极作用。他说：“向令开海贸易，谓于闽、粤边海民生有益，且此二省民用充阜，财货流通，则各省亦俱有益。夫出海贸易。本非贫民所能，富商大贾，懋迁有无，薄征其税，可充闽粤兵饷，以免腹地省份转输协济之劳。腹地省份钱粮有余，小民又获安养，故令开海贸易。”[②]可见，康熙已认识到海外贸易有助于沿海人民的生计、增加财政收入以及充裕军饷等。

然而，当西方商人在本国军舰保护下向东方开拓之时，中国的海外贸易并未得到真正的鼓励，清政府的开海令附加了诸多的限制性规定，此后颁布的一系列法令对出海贸易的中国商人、商船、来华贸易的外商及其船只、进出口商品的限制越来越严格。如清朝规定：沿海百姓出海贸易，必须“呈明地方官，登记姓名，取具保结，给发执照，将船身烙号刊名，令守口官弁查验，准其出人贸易”。[③]同时禁止 500 石以上、双桅船出洋；再如规定禁止商人将船只私卖外商、禁止在海外造船运回国内；出洋贸易商人三年内必须回籍，否则永远不准回籍；外商来华必须先到澳门，经批准才可到广州；兵器、硝磺、金、银、铜、铁及铁器、粮食、头蚕丝等禁止出口。

康熙五十六年（1717 年），随着海外贸易的发展，移居海外的人数不断增多，清朝以“噶罗巴及吕宋，皆红毛西洋泊船之所，藏匿盗贼甚多”为名，下令禁止同南洋贸易，“凡商船照旧东洋贸易外，其南洋吕宋、噶罗巴等处，不许商船前往贸易，于南澳等地方截住，令广东、福建沿海一带水师各营巡查，违禁者严拿治罪”。[④]此令招致商人的强烈反对。次年，康熙帝被迫宣布澳门与南洋及内地与安南的贸易不在禁列。清政府之所以严禁南洋贸易而不禁东洋贸易，一方面是由于担心汉族反清势力在南洋聚集，另一方面是由于需要商船赴日本采办“倭铜”。

雍正初年，东南沿海的地方官员纷纷上疏请开南洋之禁。但直到雍正五年（1727 年）和七年（1729 年），清廷才先后解除福建、浙江同南洋的贸易禁令。清廷解禁后对南洋贸易又做了一些新的限制：“嗣后凡出洋船只，俱令各州县严查船主、伙长、头椗、水手并商客人等共若干名，开明姓名籍贯，令族邻保甲出具，切实保结。……如有报少载多及年貌箕斗不符者，即行拿究，保甲之人一并治罪。回棹时照前查点。如有去多回少，先将船户人等严刑治罪，再将留住之人家属严加追比”。[⑤]同时还规定：“从前逗留外洋之人，不准回籍”。

可见，康熙实行开海贸易依然是有限制的对外贸易政策的继续。上述诸种限制，使中国商人无法利用本国商品在国际市场的绝对优势获取高额利润，对船舶规模、携带兵器的限制使中国商人无法开展远洋贸易，甚至连在印度洋西岸、阿拉伯半岛等传统贸易区域的优势也逐渐丧失了。

---

① （清）刘锦藻. 清朝文献通考：卷 33 市籴考二·市舶互市. 上海：上海古籍出版社，1988.

② 赵之恒，等. 大清圣祖仁皇帝圣训：卷 21 康熙二十三年，九月甲子朔. 北京：燕山出版社，1998.

③ 《大清会典》卷 629。

④ 《清圣祖仁皇帝实录》卷 271。

⑤ 《朱批谕旨》第 46 册，第 26–27 页。

四、广州一口通商

随着中外贸易的发展，欧洲殖民主义者的行径引起清朝的疑惧，中外冲突不断加剧。由于历史及地理原因，在多口通商时期，欧洲国家商人来华贸易主要集中于广州。但从18世纪50年代初开始，为打开毛织品市场、接近丝茶产地，英国商人频繁往来于宁波、定海等地。英国商船频繁北上引起清政府疑虑。康熙晚年开始，清政府对外国来华船只就偏重于防范。到雍正十年（1732 年），清政府又从广州城安全的角度考虑，将外国来广州贸易商船的停泊地点从黄埔外迁到澳门。乾隆二十二年（1757 年）春，清廷颁布谕旨："近来奸牙勾串渔利，洋船至宁波者甚多，将来番船云集，留住日久，将又成一粤省之澳门矣。于海疆重地，民风土俗均有关系，是以更定章程，视粤省稍重，则洋船无所利而不来，以示限制。"[①]可见清廷担心中外贸易的进一步发展会威胁海防、破坏中国传统社会风俗道德。随后，清廷下令将浙海关关税率提高到粤海关的两倍，试图"寓禁于征"，然而这一不禁之禁的办法未能奏效，英商仍然不断北上。1757 年年底，清廷下令禁止外商到江、浙、闽三关贸易，只许在广州一口通商。

一口通商后，清政府对来粤外国商船严加管理，先后颁布了《防范外夷规条》（乾隆二十四年，1759 年，由两广总督李侍尧提出）、《民夷交易章程》（嘉庆十四年，1809 年）、《查禁官银出洋及私货入口章程》（道光十年，1830 年）、《查禁纹银偷漏及鸦片分销章程》（道光十年，1830 年）、《防范夷人章程八条》（道光十一年，1831 年）、《防夷新规八条》（道光十五年，1835 年）等管理贸易章程，对外商限制日趋严格，如规定外商不得乘轿、不得向官府直接投递文书、不得随意出外游览、外国妇女不得进入广州城等。清朝对外贸易的限制政策达到了顶峰。

第三节　海外贸易管理制度

清前期的海外贸易活动主要由海关与十三行负责管理。1685 年，江、浙、闽、粤四大海关的设立，标志着中国海关制度的确立，自唐代以来中国实行的海外贸易管理制度市舶制度终结，中国海外贸易管理掀开了新的篇章。

一、海关制度

1685 年，清朝在江苏的松江（今上海）、浙江的宁波、福建的厦门、广东的广州设立江、浙、闽、粤四大海关。四大海关作为沿海各省总关统一管理本省各口岸的对外贸易，如粤海关下属关口达 50 多处，总关最高长官称为监督。由于广东在全国对外贸易中具有突出重要的地位，其海关监督由皇帝直接委派，一般由内务府官员充任，其地位仅次于总督、巡抚、提督等，高于布政使、按察使。由于其多为皇帝亲信，因而位高权重。

---

① 《清实录·高宗实录》卷 533，中华书局，1987 年。

为杜绝弊端，监督任期通常仅为一年。监督以下有副监督、防御等各级关员。闽、浙、江三关监督由地方长官派出或督府兼任。

海关的职能主要分为两个方面：其一，监管进出口商人、商船及货物。清朝对进出口船舶大小、随船携带物品、商人出港程序、进出口商品种类等均有明确规定，海关依例进行监官。其二，征收关税。清前期全国各口岸关税制度不尽统一，大体上海关征收的关税主要有船舶税、货税、附加税三种。船舶税，又称为船钞或梁头税，是按货船体积分等征收。货税，又称商税或进出口税，清海关将货物分为几个等级，按货物的多少从量计征，个别商品从价计征。附加税即杂税，又称规礼，是正税以外的各种杂费，名目繁多，诸如规银、船规、分头、担头、耗羡等。其中税额最大的是规银，雍正四年（1726年）规银纳入关税征收则例，外国商船进港每船需纳规银 1 125.96 两，出口规银 533 两。杂税征收带有随意性，弊端丛生，所征税额经常超过正税数倍之多，构成进出口贸易发展的重大障碍。

二、十三行制度

十三行制度又称行商制度。所谓行商是指清朝特许的经营海外贸易的垄断商人，其所开商行被称为“洋行”或“洋货行”，统称“十三行”。

1686 年，即粤海关成立的第二年，为加强对海外贸易的管理，广东地方政府将从事国内外贸易的商人分开，将商行分为“金丝行”和“洋货行”，前者主要从事国内商品的国内贸易，后者则是从事进口商品及出口商品的经营活动，同时规定充当行商者必须是身家殷实之人，他们先提出申请，批准后，缴纳保证金，政府发给行帖（执照），才能设行开业。十三行并非指洋行的确切数目，基于经营状况的好坏，洋行数目时多时少，最多时曾达 26 家，最少时仅有数家。洋行除有行主外，还有买办、通事、司事、观点、亲役等。康熙五十九年（1720 年），行商组织了行会团体——公行，议定行规 13 条，如共同议定货价、保证货物质量，并将行商分为三等，各等规定不同的贸易份额，以抑制竞争。公行并未选出法定领袖，也没有统一章程，组织松散，作用有限。但因其垄断性的增强，引起外商的强烈不满。

清政府规定，外商到达广州后，不得自由贸易，必须首先投住到行商开设的商馆中，此后外商所有活动均在商馆内完成，因而西方商人将其在广州的贸易称为“商馆贸易”。西方商人在广州所有的贸易活动由行商代理，其行动受到行商的监督管理。行商代官府行使一定职权，所以行商又具有半官方色彩。

行商的主要职责如下：第一，承保税饷。外国商船进港后，其应纳进口税由行商向海关保证并于洋船返航时缴纳，故行商又称为保商。外商应纳出口税由行商为其代买货物时扣缴。第二，代购代销进出口商货。外商在广州的贸易，除少量手工业品在行商加保的条件下可与普通商人贸易外，其他大宗进出口货物必须由行商代理经营。即外商带来的进口货由行商承销，外商所需出口货由行商代购。嘉庆以后，行商对进出口贸易的控制逐渐松动。第三，代办各种交涉事宜。清政府官员不与外商直接接触，外商与清政府间的一切交涉都由行商代为传递或转达，即代外商向政府承递文函、代政府宣布对外商的指令。第四，监督管理外商。行商有责任按照《防范外夷规条》对外商及船员在广州的活动予以监督、管理。

由此可见，行商作为清政府特许的半官方的对外贸易垄断组织，成为清政府与外商之间的媒介，以及中国市场与海外市场之间联系的桥梁，这一制度限制了中外商人间的自由贸易，成为清政府严格限制海外贸易政策的重要工具。

第四节　中外贸易关系

一、与东亚和东南亚各国的贸易关系

（一）朝鲜

鸦片战争前，清朝始终同朝鲜保持着友好贸易关系。顺治时期，外国使节赴京，均于限定的日期在会馆内进行贸易，而朝鲜使节却不受此限制。

康熙年间海禁时，仍对朝鲜使节予以优惠。清朝严禁米粮输出，即使是在康熙二十三年开海贸易后也是如此。但是，鉴于朝鲜遭灾、粮食短缺的状况，清朝对其放宽了限制。

（二）日本

鸦片战争前的清朝，尤其是康雍两朝，对中日贸易十分重视。自康熙开海贸易以来，中国商船驶往日本的不断增加。

鸦片战争前，正值日本实行锁国政策，禁止日船出海，仅允许中国和荷兰船驶往长崎进行贸易活动。可以说，这时的中日贸易，是指中国商船开往日本的贸易，或者称中日长崎贸易。每年抵日华船从数十艘到上百艘不等。贸易商品品种增加，中国对日本出口虽依然以丝、瓷等传统商品为主，但新增加了大量食品、水果的输出。日本输华商品以铜、金、银为主，同时新增加了海产品，表明中日贸易发展不再限于奢侈品。面对中日贸易的繁荣发展，日本政府担心金、银、铜的大量外流会对经济带来不利的影响。于是，日本政府于贞享二年（康熙二十四年，1685 年）开始推行消极的贸易限制政策。从这一年起，日本规定中国赴日商船年贸易总额不得超过 6 000 万贯。日元禄元年（康熙二十七年，1688 年），又限令驶日的中国商船为 70 艘，[①]并限定其时间和地点等。但是，以上限制并未达到预期的目的，被勒令返归的中国商船往往徘徊在长崎一带，以走私的方式继续将日本的金、银、铜大量载运出去。从 1662 至 1708 年的 46 年间，日本共流出铜高达 114 498 700 余斤。[②]鉴于此，日本政府又于 1715 年颁布了“正德新令”。按此新令，中国赴日商船每年限定为 30 艘；贸易额依然限定为 6 000 万贯；铜输出量不准超过 300 万斤；额定内的中国商船，须领取信牌为凭证进行贸易。此外，日本政府借发放信

---

① ［日］木宫泰彦. 日中文化交流史. 胡锡年，译. 北京：商务印书馆，1980.

② ［日］木宫泰彦. 日中文化交流史. 胡锡年，译. 北京：商务印书馆，1980.

牌之机大肆敲诈勒索，加之日本铜产量日渐减少，致使中国赴日商船亦逐年缩减。

（三）暹罗（今泰国）

鸦片战争前，中国同暹罗的贸易不论是官方贸易形式，还是商船贸易形式，均相当活跃。

顺治九年（1652 年），暹罗便派遣使节来华通好。顺治年间，暹罗一般是 3 年来华 1 次，康熙、乾隆年间，几乎是年年来华。清朝对暹罗来华使船始终给予厚遇。康熙初年，暹罗使船所载货物，允许存广州发卖。康熙二十三年（1684 年）开海贸易后，规定暹罗使船至东莞虎门具报以后，可就地买卖。[①]暹罗使船所携土特产品，品种繁多，数量庞大。清朝的回赠品亦相当可观。

中暹两国的商船贸易十分频繁。据统计，自开海贸易后，1689 年，中国商船前往暹罗的有 14～15 艘；1695 年，为 8 艘；1698 年，为 7 艘；1699 年，为 6 艘；1702 年，为 10 艘以上。[②]驶向暹罗的中国商船，主要来自广州、澳门、厦门、漳州、泉州、宁波等港口，抵达暹罗的阿瑜陀耶、北大年、宋卡和六坤等地。双方交易的商货，自中国输出的有丝绸、瓷器、铁、铁器、白铜、铜器、明矾、水银、土布、纸张、蔗糖、糖果、干果等；从暹罗输入的最大宗的货物是大米。暹罗不仅盛产稻米，同时也是供应周边国家食米的主要国家。清朝为解决粮食短缺问题，鼓励大米进口，故对暹罗米的输入给予减免税收的优惠。大规模的粮食贸易使暹罗成为清前期中国在东南亚最大的贸易伙伴。此外，中国从暹罗进口的商品还有锡、铅、宝石、犀角、象牙、胡椒、苏方、槟榔、鹿皮、牛皮等。清朝对中暹间的商船贸易，除禁止同南洋贸易时期外，一直采取支持和鼓励的态度。中暹之间除双边贸易外，还开展了中、暹、日的三角贸易，对推动两国间的双边贸易起了积极的作用。自 17 世纪中叶日本实行锁国政策以来，仅允许中国船和荷兰船赴长崎贸易。于是，暹罗王派遣配备了中国船员和暹罗官员的船只前往日本贸易。这些船只在往返日本途中，常常停靠中国港口，除修船和避风外，更重要的是装卸货物。

（四）缅甸

鸦片战争前的清代，中缅两国之间的贸易有了进一步发展，其中以陆路贸易为主要方式。据霍尔说："17 世纪中叶，中国的丝绸和其他商品已大量由陆路输往缅甸，商队的牛车多至三四百辆，驮运的骡马多达 2 000 匹。当时设在阿瓦的荷兰厂商也和华商建立了密切关系。"[③]另据安徒生说，公元 1765 年以前，庞大的中国商队，由 300～400 头牛和 2 000 匹马组成，浩浩荡荡地从云南驮运丝绸和其他商品到缅甸的八莫。中缅间相互交易的商品品种也增多了。自中国输入缅甸的商品有生丝、绸缎，裁制朝服的丝绒，云南生产的茶叶、金、铜、钢、酒、火腿、水银和大量的针线等。自缅甸输往中国的商品，棉花为最大宗的货物，至 19 世纪初，由云南商队运至中国境内的棉花，"每年所入

---

①（清）刘锦藻. 清朝文献通考：卷 33 市籴考二・舶互市. 上海：上海古出版社，1988.

②［泰］沙拉信・维拉尔. 清初的中暹走私贸易. 南洋资料译丛，1991（1）.

③ D. G. E. Hall: Europe and Burma, pp. 34. 转引自陈炎. 中国和缅甸两千多年的友好往来. 亚非问题研究，1979（3）.

不下二三千驼”。[①]据记载，1862 年输入中国的缅棉，最高达 1 400 万磅，价值为 228 000 英镑。[②]缅棉的输入不仅改变了云南棉花的短缺状况，还促进其棉纺织业的发展。中国从缅甸进口的其他商品还有燕窝、盐、象牙、鹿茸、琥珀、漆器和宝石等。[③]

二、与欧美国家的贸易关系

（一）英国

1. 中英贸易不平衡发展（正当商品）

到 18 世纪初，英国对华贸易已超过所有国家对华贸易的总和，从而成为中国最大的贸易伙伴。据统计，1785—1833 年，英国贩运到中国的商品占中国进口贸易总额的 80%～90%，自中国输出商品占中国出口贸易总额的 60%～80%。在正当商品贸易中，中国始终处于顺差的地位。1710—1759 年，英国出口到中国的货物仅为 9 248 306 镑，带来的白银则高达 26 833 614 镑。18 世纪后期中英年均贸易额参见表 8–1。

表 8–1　18 世纪后期中英年均贸易额　单位：银两

年份	英国对中国出口额	中国对英国出口额
1760—1764	470 286	979 931
1780—1784	1 301 931	2 083 346

按英方统计，从 1760 年至 1833 年的 70 多年间，中国对英国出口增长了 9 倍，自英国进口增长了 15 倍。但从绝对数字来看，中国基本上是出超的，到鸦片战争前夕的 1837—1839 年，英货入华年均不到 91 万英镑，华货入英国则达 427 万英镑，英国年均逆差高达 330 万英镑。英国为支付茶叶进口不得不将白银大量运往中国。17 世纪末 18 世纪初，东印度公司来华商船中白银通常要占 90%以上。贸易的不平衡及白银的输出，与英国资产阶级急于扩大市场推销工业品、获取财富的愿望背道而驰。

中英贸易发展之所以不平衡，其根本原因是中国封建社会经济形态。中国男耕女织的自给自足的自然经济，对市场的依赖很小，对进口商品的需求尤弱，因而英国商品在中国的市场狭小。中英贸易发展不平衡的直接原因则是中英贸易的商品结构。英商购买的中国商品以茶叶为主，其次是生丝、土布、大黄及零零星星的物品。18 世纪后期，茶叶已成为广大英国人民的生活必需品了，以致英国国会下令东印度公司必须经常保持一年供应量的存货。1760—1764 年，英国年均进口华茶 42 065 担；1780—1784 年年均增至 55 840 担；1800—1804 年年均为 221 027 担；1839 年为 30 万担，价值为 4 000 万英镑。东印度公司获得了巨额利润，英国政府也从茶叶进口税中获得了大量财政收入。与此同时，中国对英国商品缺乏有效需求。英国向中国输入的商品，19 世纪前主要是毛纺织品，因其不适用且价格昂贵，在中国没有销路。18 世纪末 19 世纪初，英国产业革命

① （清）寸开泰《腾越乡土志・商务》。

② J. L. Christian：Modern Burma，p226，转引自肖泉. 中国和缅甸的历史关系. 暨南大学学报，1980（2）.

③ ［英］戈・埃・哈威. 缅甸史. 北京：商务印书馆，1973.

完成，其棉纺织生产能力大大提高，棉纺织品大量外销，出口到印度，几乎完全摧毁了印度的手工棉纺织业。1786 年，东印度公司开始运棉纺织品来华，行商看到样品后认为："在这个市场上，随便哪一种都卖不出去，棉布成本太高了，而中国人是织造多种多样棉布的，那些布匹虽不怎么漂亮，却更合乎他们的服式之用。"两年后，英印公司再次尝试出口棉布，依然未能成功。直到 1819 年，英印公司运来一批仿华棉布，"仿得也拙劣"，东印度公司的档案记载，"条子布没人喜欢，他们（指行商）对这些布匹的美好好像全没有感觉似的"。

中国对外贸易限制政策也是阻碍中英贸易发展的重要因素，而英国人将其看作最主要的原因。到 18 世纪后期，英国占统治地位的贸易思想已由重商主义过渡到自由贸易。1776 年，亚当·斯密发表了《国富论》，提出了自由贸易理论，他认为通过自由贸易可为国内剩余产品找到市场，从而促进分工，扩大生产，提高产量，增加社会财富。斯密甚至专门提到中国，"单单这个广大的国内市场，就够支持很大的制造业，并且允许很可观的分工程度。……就面积而言，中国的国内市场，也许并不小于全欧洲各国的市场。假设在国内市场之外，再加上世界其余国家的国外市场，那么更广大的国外贸易，必能大大增加中国制造品，大大改进其制造业的生产力。如果这种国外贸易，有大部分由中国经营，则尤有这种结果。"自由贸易理论成为英国对外贸易的指导思想，与中国严格限制对外贸易体制存在着尖锐的矛盾。为此，英国采取了一系列措施试图打破中国的对外贸易限制体制。

2. 英国外交使团来华

（1）马嘎尔尼使团来华

1792 年 9 月，英国组成以马嘎尔尼勋爵（George Lord Macartney）为首的外交使团，在英国东印度公司资助下，以为乾隆帝祝寿为名，分乘数艘炮舰，携带天球仪、地球仪、自来火枪、望远镜等物来华。清朝最初将英国使团视为仰慕中华文明前来朝贡的蛮夷，对其厚礼相待，而对其礼物中所体现的英国生产力发展水平及科技含量完全不加理会。当英国人邀请清军将领检阅英国使团卫队演示枪炮的操练时，清朝官员竟然表现得毫无兴趣。

1793 年 9 月，乾隆帝在热河行宫接见了英国使团，马嘎尔尼提出了五项要求：中国开放舟山、宁波、天津口岸；划出舟山附近的小岛，供英商存货与居住；英国在北京设立商馆，派人驻京贸易；减免英商商税；允许英商自由居住广州等地。英国这些带有殖民强权色彩的自由贸易主张与中国封闭的对外贸易限制政策发生了激烈冲突。对英国人提出的要求，乾隆帝大为震怒，他在给英王的答复中说道："天朝物产丰盈，无所不有，原不藉外夷货物以通有无，特因天朝所产茶叶、瓷器、丝斤为西洋各国及尔国必需之物，是以加恩体恤，在澳门开设洋行，俾得日用有资，并沾雨润。……所有尔使臣恳请……皆不可行。"[①]乾隆帝同时还警告英国人："……至尔国王表内恳请派一尔国之人，住居天朝，照管尔国买卖一节，此则与天朝体制不和，断不可行。"意思是对外贸易对中国无

---

① 《清实录·高宗实录》卷 1435，中华书局，1987 年。

益，中国允许有限的对外贸易是对外国人的单方面恩惠，英国人自由通商的要求不符合中国封建政治经济体制，因而是行不通的。

马嘎尔尼使团未能完成既定的外交使命，但在其前往广州途中搜集了大量有关中国物产、地理环境、兵力设防等方面的信息，为英国后来发动对华战争做了先期准备。

（2）阿美士德使团来华

嘉庆二十一年（1816 年），英国又派遣阿美士德使团来华。该年 8 月英国使团抵达通州，因“礼仪之争”未能进京。1833 年，英国取消东印度公司的特权，采取了自由贸易政策，更多的英国商人要涌入东方，中英间的矛盾冲突进一步加剧。

3. 鸦片贸易

早在唐代就有阿拉伯商人将鸦片的种植及其功能的知识传入中国，此后中国的医药典籍中有了关于鸦片药用作用的记述。自 16 世纪，随着中国与欧洲贸易的广泛开展，葡、荷商人从土耳其贩运鸦片来华。但直到 18 世纪以前，鸦片并不是作为吸食的毒品，而是作为药品，同时进口量亦有限。

1757 年英国占领印度鸦片产地孟加拉后，英商就成为最大的鸦片贩子。1773 年，英国为了扭转对华贸易的逆差，赋予东印度公司贩运鸦片的专利权，由此确立了英国对华鸦片贸易的政策。东印度公司将此权力拍卖给英国散商，后者成为鸦片贸易的实际经营者。此后，英国对华鸦片贸易规模迅速扩大。

早在雍正七年（1729 年），清廷已下令禁止吸食鸦片。但鸦片的输入与中国吸鸦片的人数的上升呈恶性循环状态。随着鸦片输入的增加，中国吸鸦片的人数越来越多。嘉庆元年（1796 年）清政府下令停征鸦片税，严禁鸦片输入，鸦片贸易自此非法化。但是，由于鸦片商人通过贿赂清朝官员，组织走私和偷运等办法来破坏禁令。19 世纪以后，输华鸦片数量逐年增加。据统计，鸦片战争前 45 年（1794—1839 年）共输入鸦片 42 万箱，鸦片成为 18 世纪、19 世纪英美输华的主要商品。19 世纪前期，鸦片占中国进口总额的 50%左右，其中 90%是由英商经营的。

大规模的鸦片走私贸易，首先使中英贸易的平衡状况发生了逆转，中国由顺差变为逆差（正当商品仍是顺差）。英国不但扭转了对华贸易逆差，还从鸦片贸易中赚取了大量白银。英印政府从中得到的税收占其全部财政收入的 1/7。鸦片商人更是赚取了巨额利润。据估计，经营鸦片的利润率高达 600%。统计显示，鸦片战争前 40 年，英商通过对华鸦片走私赚取了两亿多银元。因而他们认为鸦片贸易是“最安全和最有绅士气派的投机生意”。而中国由对外贸易的顺差转向逆差，从 1827 年起，中国的国际收支也出现了逆差，白银开始外流。其次，中国社会生产力严重萎缩。1835 年全国吸鸦片者约有数百万人，地区遍及十余省，包括社会各阶层，“上自官府缙绅，下至工商优隶，妇女，僧尼道士，随在吸食”。吸鸦片使人神志萎靡不振，丧失劳动能力，社会经济受到直接破坏。再次，阻碍社会经济的发展。中国人将大量的财富耗费于吸鸦片，造成社会贫困，购买力下降，阻碍农工商业的发展，市场疲软。最后，造成清政府的财政危机。白银外流引起银贵钱贱，百姓逃税，进而出现金融恐慌，造成清政府财政危机。

1839 年，道光帝派林则徐到广东禁烟。6 月 3 日，林则徐在东虎门销毁了收缴的鸦片，由此引爆了英国对华战争——鸦片战争，导致中国独立自主的封建社会终结。

（二）法国

明末清初，法王路易十四积极支持传教士来中国，借此推动对华贸易，并于 1660 年组织了垄断中法贸易的“中国公司”，首次派遣商船来华，但因中途遇险未能成功。1664 年，法国又重新组织了享有在印度和东方航行与贸易专利权的东印度公司，先后在印度西部和印度东海岸建立了商馆和若干商业基地，积极准备开展对华贸易。1698 年，路易十四派遣海军军官数人和一批耶稣会传教士乘“安绯得里底”（L’Amphifrite）号驶向中国，这是法国商船首次来华。清朝除热情接待和豁免关税外，还允许法人于广州设置商馆。从此，法国商船不断前来广州进行交易。

法国“安绯得里底”号返航后，又于 1700 年组建了第二个“中国公司”，1705 年该公司改组为“皇家中国贸易公司”，获得对华贸易的专利权。至 1712 年，又成立新的“皇家中国贸易公司”，并获得对华贸易专利权 50 年。该公司先后派出 3 艘船来华贸易，但在法国保护贸易政策下，该公司的贸易活动难以维持，到 1719 年又合并于东印度公司。其后，法国继续采取多种方式开展对华贸易，但都进展不大。从 1716 年至 1833 年，前来中国的法国商船，有一半的年份每年只有 1 至 2 艘，最多的年份也不过 7 至 8 艘。法国同广州的进出口贸易，以 1792 年为例，自法国输出的主要是羽毛，价值为 40 000 银两；其次为布匹，价值为 3 540 银两；再次为锡，价值为 3 195 银两。法国输入的主要是红茶，价值为 210 880 银两；其次为土布，价值为 114 000 银两；再次为冰糖，价值为 10 060 银两。该年，广州对法国的进口值为 49 120 银两，仅占广州对欧美各国进口总值 5 069 653 银两的 0.97%；广州对法国的出口值为 361 925 银两，仅占广州对欧美各国出口总值 7 490 524 银两的 4.83%。[①]可见，鸦片战争前法国对华贸易进展缓慢。

（三）美国

早在 18 世纪 70 年代，以英国东印度公司为中介，北美就同中国有了间接的贸易往来。美国独立战争后，中美两国建立了直接的贸易关系，其标志是 1784 年美国商船“中国皇后”号（Empress of China）首航广州。其后，美国各主要港口同广州皆有直接的贸易往来，美国对华贸易大为发展。1784—1833 年，美国驶往广州的商船共计 997 艘，平均每年近 20 艘；而 1833—1840 年的 7 年间共为 246 艘，平均每年达 35 艘以上。[②]虽然美国同中国开展直接贸易的时间较晚，但发展速度很快，同欧洲各国相比，超过了法国、荷兰、丹麦和葡萄牙等国，仅次于英国，居西方国家对华贸易的第二位。

清前期，美国的对华贸易主要由波士顿的普金斯公司、阿契尔公司，费城的琼斯 • 奥克福公司和纽约的托马斯 • 史密斯公司四大商号经营。

中美贸易中美国输华的商品最大宗的是棉花，如 1792 年美国输入广州的棉花价值达 54 120 银两，占该年美国输入广州商货总值（108 816 银两）的 49.74%。19 世纪前期，美国棉花进口不断增加，1804—1805 年广州输入美棉 4219 担，到 1819—1820 年，增长

---

① 姚贤镐. 中国近代对外贸易史资料：第 1 册. 北京：中华书局，1962.

② 姚贤镐. 中国近代对外贸易史资料：第 1 册. 北京：中华书局，1962.

到 19 354 担。其次是毛皮，美商主要是贩运印第安人的水獭皮及南太平洋岛屿的海豹皮到广州销售。1804—1805 年，美商输入广州毛皮达 269 756 张，从 1804—1805 年至 1828—1829 年，毛皮输入增减不定，最高的年份（1821—1822 年）为 477 300 张。美商贩运来的其他商货还有洋参、水银、檀香木以及银元和鸦片等。

美国从广州输出的商货有茶叶、绸缎、丝线、生丝、瓷器、土布、水银、桂皮及糖等。其中以茶叶为大宗，且增速较快，如 1784—1785 年美国进口中国茶叶仅为 880 100 磅；1795—1796 年增至 2 819 600 磅；1805—1806 年进一步增至 9 830 480 磅；1818—1819 年又增至 12 035 280 磅；1836—1837 年增至 16 942 122 磅。从 1784 年至 1837 年的 53 年中，增长了 18 倍多，常占美国从广州输出总值的一半左右。其次是绸缎，1804—1805 年仅为 29 385 匹，1818—1819 年增为 291 396 匹，1827—1828 年进一步增至 421 136 匹，约占该时期中国对美国出口总额的两成左右。

该时期，美国的对华贸易实际上是一种国际三角贸易。一方面，美国商船载运本国产品至欧洲销售，将其所得的西班牙银元运回国内，再载运这些银元赴广州购买其所需要的中国商货；另一方面，美国商船在欧洲各港口进行转运贸易，待积累足够的西班牙银元后再驶向广州，从广州购进茶叶、丝绸、土布等物后启碇归国。美国自中国输入的商货也并非仅为满足本国的需要，其中很大部分被转运至其他国家。如输入美国的华茶，常常被转运至荷兰、德国、法国、巴西等国。在这一时期的中美贸易中，中国一直处于出超地位，美国为弥补贸易逆差，来华商船中往往携带大量白银。从 1804 至 1829 年的 25 年间，美国白银几乎年年流入中国，以 1818—1819 年为最多，高达 7 369 000 元。1824 年，纽约最大的对华贸易商对华输出总额为 1 311 057 元，其中竟有白银 900 000 元，占总额的 68.64%。[①]1826 年以后，美国一方面开始转口英国的棉布，另一方面则追随英国进行大规模的对华鸦片走私。从此，流入中国的美国白银明显减少。据统计，1805—1829 年，美国向广州走私鸦片达 3757 担。其中 1828—1829 年，一年即达 1 256 担。[②]对华鸦片走私极大地改善了美国对华贸易逆差的状况，美国波士顿商人托马斯·普斯金曾说："虽然几年以来我们进口的以丝绸和土布为大宗的中国产品每年都平均在 100 万元以上，可是过去几年我们没有装运一枚西班牙银元到中国。我们的基金是出自从土耳其输出的鸦片，从大不列颠输出的英国制造品……"[③]

美国商人通过对华贸易攫取了巨额利润，构成美国早期资本原始积累的一个重要组成部分。

（四）俄国

早在 17 世纪以前通过中亚商队，中俄之间已开始了间接贸易。17 世纪以后随着俄国对外扩张，其与中国成为邻国，双方直接贸易增多。1656 年，俄国派出巴伊科夫使团来华，与中国商讨通商贸易事宜。清政府将俄国列入朝贡贸易体系之中，允许其经陆路来华贸易。1689 年中俄签订《尼布楚条约》，条约规定："凡两国人民持护照者，俱得过

① 姚贤镐. 中国近代对外贸易史资料：第 1 册. 北京：中华书局，1962.

② 姚贤镐. 中国近代对外贸易史资料：第 1 册. 北京：中华书局，1962.

③ 姚贤镐. 中国近代对外贸易史资料：第 1 册. 北京：中华书局，1962.

界来往，并许其贸易互市。”此后俄国不断派出官方商队来华贸易，为垄断贸易利益，俄国政府禁止私商来华。双方贸易方式主要以易货为主，俄国运来的主要货物为毛皮和极少量的印制品，中国输往俄国的商品包括瓷器、丝绸、大黄等。除商队赴京贸易外，中俄商人在库仑、齐齐哈尔还开展边境互市贸易。

由于俄国不断的领土扩张，中俄贸易的开展不断受到两国边境冲突的影响，雍正五年（1727 年）中俄签署了《恰克图条约》，对两国边界（中段）及政治、经济、宗教等诸方面相互关系进行了明确界定。据此俄国则取得了在北京和恰克图的自由贸易权利。1762 年，俄国取消国家对毛皮的垄断并不派商队赴京，中俄恰克图贸易成为两国贸易的主要形式。随着俄国工业化的推进，中俄贸易中俄国出口的毛皮比重逐步下降，棉布、呢绒等工业品开始增加。由于俄国饮茶之风的盛行，俄国从中国输入的商品中茶叶的数量不断增加。

此外，清前期荷兰、丹麦、瑞典等国的对华贸易也具有一定规模。

第五节 主要进出口商品及白银的流动

随着中国与欧美国家贸易规模的扩大，清前期的进出口商品构成也发生了明显的变化。18 世纪中叶以前，中国进口商品依然是以奢侈品为主；出口的商品主要是茶叶、生丝等土特产品。18 世纪中叶以后，随着西方工业品国际竞争力的提高及其对华开展罪恶的鸦片贸易，中国进口商品构成转以棉花、棉布、棉纱及鸦片为大宗；出口仍以茶、丝为主，土布出口也呈增长趋势。随着中国对外贸易平衡状况的逆转，中国经历了一个由白银输入到输出的历程。

一、主要进口商品

（一）毛织品

毛织品是中英贸易初期由英国输入的主要商货。但因其售价高、实用性差，难以在中国打开销路，如 1775—1779 年，英国东印度公司输入中国的毛织品价值年均仅为 27.7 万银两。其后，英国东印度公司不惜亏损，采取各种促销手段，使毛织品贸易有所增长。至 18 世纪末的 1790—1794 年，增至年均 150 万银两以上；至 19 世纪初的 1820—1824 年，又增至年均 200 万银两以上。[①]但到鸦片战争前夕，伴随英国棉纺织业的进步，毛织品的输入日渐跌落，退居棉花、棉布和棉纱之后，仅居第三位。

（二）棉花

棉花是鸦片战争前清代进口的新商货。为适应中国手工土布业发展的需要，早在 1768 年，印棉就开始流入中国。19 世纪初的 25 年间，英美商船输入广州的棉花年均近

① 严中平，等. 中国近代经济史统计资料选辑. 北京：科学出版社，1955.

24 万余担左右，到 1825—1833 年，年均增至 44 万担。[①]在鸦片战争前的二三十年间，棉花即跃居中国进口商品（正当商品）的首位。印度棉花生产规模巨大，英国利用其殖民统治以掠夺性低价收购，贩卖到中国可获取厚利，从而部分地弥补其对华贸易逆差。经营中国棉花进口的，除英国东印度公司外，还有港脚商人和美商等。[②]

（三）棉布、棉纱

棉布、棉纱也是鸦片战争前进口的新商货。棉布、棉纱的进口主要来自英国和美国。来自英国的主要有棉纱、白洋布和本色洋布；来自美国的主要有粗布、斜纹布、本色洋布。鸦片战争前，棉布、棉纱的输入年均达 200 万银两以上，[③]仅次于棉花的进口，居于第二位。

（四）毒品——鸦片

英美等国为扭转对华贸易的逆差并攫取暴利，从 18 世纪后期开始对华开展疯狂的大规模鸦片走私贸易。西方商人输华鸦片数量不断增长，据统计，1795—1798 年，计有 1 814 箱；1798—1800 年，增至 4 113 箱；1800—1811 年，年均为 4 016 箱；1811—1821 年，增至年均 4 494 箱；1821—1828 年，增至年均 8 708 箱；1835—1839 年，年均激增至 35 445 箱。从 1795 年至 1839 年的 44 年中，输入中国的鸦片竟高达 358 763 箱，年均 8 153 箱。[④]

英国在对华鸦片贸易中居欧美各国的首位，从中自然获取了巨额利润。据统计，1773—1839 年英印政府的鸦片收入不断增长。1773—1774 年，仅为 77 894 银两；1825—1829 年，增至年均 5 744 286 银两。若以 1815—1819 年年均指数为 100 计算，1825—1829 年年均指数则增至 244.3。1809—1828 年鸦片专卖收入在孟加拉财政总收入中所占比重也逐年增长，1809—1810 年，鸦片专卖收入占总收入的 8%；1827—1828 年则升至 12%。[⑤]故而英国人认为：“这笔出口生意，对于我们印度殖民地利益太优厚了，不能轻易放弃。”[⑥]

美国对华鸦片走私仅次于英国，居第二位。至迟在 1805 年，美国已向中国贩卖土耳其鸦片了。1817 年，美商又向中国贩卖波斯鸦片。及至 1821 年，美国又参与了印度鸦片的贩卖。据不完全统计，1805—1837 年美国向中国走私鸦片共计 9 644 箱。[⑦]这仅是一个低估的数字，远不是实际的数量。正如后来的美国学者所说：“在那个时候，美国人和鸦片贸易的瓜葛，比任何统计数字所表示的都要深切得多。……鸦片的销售量日有增加，于是美国人就像英国人和其他外国人一样，用这样得来的汇票代替现金银以购买他

---

① 严中平，等. 中国近代经济史统计资料选辑. 北京：科学出版社，1955.

② 港脚贸易是英国商人于 17 世纪末至 19 世纪中叶在印度、东印度群岛和中国之间从事的三角贸易，从事这一贸易的商人被称为港脚商人。

③ 姚贤镐. 中国近代对外贸易史资料：第 1 册. 北京：中华书局，1962.

④ 姚贤镐. 中国近代对外贸易史资料：第 1 册. 北京：中华书局，1962.

另据《中国近代经济史统计资料选辑》所载，从 1795 至 1838 年中国鸦片输入量估计为 451 260 箱，年均 10 494 余箱。参见严中平，等. 中国近代经济史统计资料选辑. 北京：科学出版社，1955.

⑤ 严中平，等. 中国近代经济史统计资料选辑. 北京：科学出版社，1955.

⑥［英］宾汉《英军在华作战记》，绪论。

⑦ 马士. 中国帝国对外关系史. 第 1 卷. 张汇文，译. 北京：三联书店，1958.

们的回程货。在鸦片贸易这一方面，美国人，所有的美国人，和其他贸易商所获得的利益相比，是有过之而无不及的。……鸦片贸易，就像奴隶和酿酒厂一样，成为许多美国大资产的基础。”[①]美国设在广州的洋行，绝大部分都贩卖鸦片。其中，又以普金斯洋行和旗昌洋行为主。

二、主要出口商品

（一）茶叶

茶叶是鸦片战争前的主要出口商品之一，居出口贸易的首位。16 世纪中叶，葡萄牙人已将华茶运销欧洲。16 世纪末，荷兰人也从东南亚华商手中购得茶叶。至 17 世纪中叶，华茶直接输入英国，英国人兴起了饮茶之风。鸦片战争前，在广州的出口贸易中，茶叶占首位。1817 年茶叶出口值为 1 0707 017 银元，占出口总值的 55%；1825 年茶叶出口值为 13 572 892 银元，占出口总值的 51%；1832 年茶叶出口值为 15 241 712 银元，占出口总值的 58%。[②]据记载，东印度公司自中国输出的茶叶，数量与日俱增，1760—1764 年，年均为 42 065 担；1785—1789 年，年均增至 138 417 担；1800—1804 年，年均又增至 221 027 担；1825—1829 年，年均更增至 244 704 担。若以 1780—1784 年年均指数为 100 计算，1800—1804 年年均指数则为 397.6，1825—1829 年平均指数竟达 440.2。[③]从 18 世纪 60 年代到 19 世纪 20 年代，茶叶占英国东印度公司自中国输出总值的比重也从 73.7%增至 94.1%。

可见，鸦片战争前中国对英国的出口贸易主要是华茶的出口。英国东印度公司经营茶叶贸易获取了高额利润，英国政府通过进口税的征收也从中获得了巨额的财政收入。

（二）生丝、绸缎

丝织品是中国传统的出口商品，鸦片战争前仍成为对东亚东南亚和欧洲出口的主要商货。鸦片战争前，英国东印度公司在中国开始经营生丝贸易。1760—1764 年，年均贸易值为 3 749 银两，只占该公司自中国输出总值的 0.4%。1764 年，清朝放松了对生丝出口的限制，英印公司经营的中国生丝贸易规模开始扩大。1770—1774 年，增至年均 358 242 银两，占该公司自华进口总额的 25.3%；1775—1779 年，年均增至 455 376 银两，占 37.7%：1780—1784 年，年均为 376 964 银两，占 23.1%；1785—1789 年，年均增至 50 余万银两，但在该公司自中国进口总值中所占比重却因茶叶贸易的增长而有所下降，仅为 11.7%。[④]

（三）土布

中国土布（Nan–Keen）的出口始于 18 世纪 30 年代。自 1736 年中国土布开始对英国出口，其出口值逐年增加。1760—1764 年，年均仅为 204 银两，占东印度公司自中国输出总值的 0.1%；1785—1789 年，增至年均 19 533 银两，占 0.4%；1817—1819 年，年

---

① ［美］丹涅特．美国人在东亚．中译本．北京：商务印书馆，1959.

② 姚贤镐．中国近代对外贸易史资料：第 1 册．北京：中华书局，1962.

③ 严中平，等．中国近代经济史统计资料选辑．北京：科学出版社，1955.

④ 严中平，等．中国近代经济史统计资料选辑．北京：科学出版社，1955.

均增至 121 466 银两，占 2.4%。①1825 年以后，英国棉布已开始向中国输出，致使东印度公司运出的土布逐年减少乃至停止。鸦片战争前，中国土布不仅输往英国，同时还输出到丹麦、瑞典、荷兰、法国等欧洲国家以及美国。

三、白银的流入与流出

18 世纪，中国在与欧美各国的贸易中长期保持高额的顺差，各国来华贸易均需运载大量白银。据统计，在 18 世纪的 100 年间，英国因购买中国商货而输入中国的白银，共达 208 900 000 元。②1700—1751 年的 51 年间，西欧各国输入中国的白银达 68 073 182 元，年均 1 334 768 元。③进入 19 世纪初期，西方白银继续流入中国，1800—1827 年，除 1809—1810 年和 1818—1819 年为白银流出外，其余年份皆为白银流入。1804—1829 年的 25 年中，白银流入的净值高达 49 513 297 银两，约合 68 328 349 元，年均 2 733 134 元。④

鸦片战前，尽管中国在正当商品贸易中始终保持顺差，但是，随着鸦片进口的激增，中国对外贸易逐步由顺差变为逆差，自道光七年（1827 年）开始，中国的国际收支变为逆差，白银开始外流。1833—1834 年白银净流出值高达 4 340 589 银两，约合 5 990 012 元，相当于 18 世纪前半叶西欧各国输入中国白银年均值 1 334 768 元的 4.49 倍。白银外流加剧了清朝的社会危机，由此引起了一系列矛盾的爆发，从而进一步恶化了中国对外贸易的发展环境。

第六节　对外贸易与中外经济文化交流

清前期，随着中国与欧美贸易的开展，全球性贸易的起步，中外经济文化交流地域更为广阔，形式更为多样，内容更加丰富。

一、中国手工业技术的输出

如上所述，这一时期，中国出口的大宗货物集中于生丝、茶叶及瓷器等，并在国际市场上占据垄断性地位。随着贸易的开展，这些商品的生产技术以各种方式扩散到世界各地。

自 17 世纪开始，随着中国与欧洲贸易的广泛展开，精美的中国瓷器受到欧洲社会的青睐，大量瓷器被输入欧洲各国。“在十七世纪的八十年间仅荷兰东印度公司就运出景德镇等华瓷 1 600 万件。……1729—1794 年，仅荷兰东印度公司便运销景德镇等中国瓷器达 4 300 万件。1750—1755 年，欧洲实力一般的瑞典东印度公司进口华瓷 1 100 万件。”⑤中国瓷器的畅销引发欧洲各国竞相仿制，但由于对中国制瓷技术缺乏系统了解，欧洲长期

① 严中平，等. 中国近代经济史统计资料选辑. 北京：科学出版社，1955.

② 千家驹. 东印度公司的解散与鸦片战争. 清华学报，第 37 卷，第 9–10 期。

③ 余捷琼. 1700—1937 年中国银货输出入的一个估计. 北京：商务印书馆，1940.

④ 严中平，等. 中国近代经济史统计资料选辑. 北京：科学出版社，1955.

⑤ 刘昌兵. 海外瓷器贸易影响下的景德镇瓷业. 南方文物，2005（3）.

未能生产出硬质瓷。到 18 世纪初，法国传教士殷弘绪（Francois Xavier d'Entrecolles）作为第一批法国耶稣会赴华传教士之一，前往江西传教。在传教的同时，殷弘绪还承担着为法国科学院考察中国科技的任务，他通过走访瓷器作坊，向制瓷工匠请教等多种途径深入考察景德镇瓷器制作技艺。“除了亲眼目睹之外，我还从基督徒那里听说了许多特殊情况，他们中间不少人是从事瓷器生产的，另一些人则做瓷器生意。此外,我还通过阅读论述这一问题的中国典籍核实了他们给我的答复的真实性，通过这一方法，我认为对这门技艺有了全方位相当准确的了解。”①1712 年，殷弘绪将景德镇制胎、施釉、烧成的瓷器制作技艺以书信的方式传递回欧洲，此外，他还将景德镇的瓷器原料白不子与高岭土样本寄往欧洲。②欧洲由此获得了系统而全面的中国制瓷技术，并在此基础上创造性地加以发展。到 18 世纪后期，德、法、英等国的瓷器产品逐渐形成了自己的特色和艺术风格，质量上也赶超了中国瓷器，华瓷开始在欧洲市场遭到排斥。1792 年广州总共输出价值 7 490 524 银两货物，而其中瓷器价值为 44 230 银两，只占 0.59%。③东印度公司商业档案显示，由于经营华瓷的利润大幅下降，1801 年，英国东印度公司完全停止了进口中国瓷器。④

与此同时，中国瓷器出口到美洲也刺激了当地制瓷业的发展。到 18 世纪，墨西哥即利用中国工匠开设了数十家制瓷工场。

此外，中国的茶树、柑橘及樱桃等物种也经由欧洲商人传入美洲各地。

二、西方自然科学及生产技艺的输入

自明后期以来，以传教士主导的西学东渐并未因王朝更替而终止。清初，耶稣会士汤若望被任命为钦天监官员。顺治二年，清廷颁布了汤若望编订的“时宪历”。康熙年间，西方天文学在中国进一步传播，中国历法也在吸收西方天文学基础上不断修订改进。

清康熙年间，由于康熙帝提倡，西方数学受到重视，宫中专设有研究西方数学的场所——算学馆。在康熙帝亲自主持下，由中外学者编写了一部西方数学的百科全书——《数理精蕴》。

清前期，西方地理学继续东传。西方地理著作传入中国，增进了中国对世界的了解。同时西方的地图测绘方法改进了中国传统的地图测绘学，1718 年，由中外学者共同参与绘制了大清全国地图——《皇舆全览图》。

在欧洲不断仿制中国瓷器的同时，中国上层社会对进口自欧洲的自鸣钟、磨花玻璃器等新奇物品也产生了强烈需求，得风气之先的广州率先出现了一批仿制西洋器物的作坊。设计精巧、装饰华贵的欧洲自鸣钟早在明代已输入中国，到清前期，广州、苏州、

---

①［法］杜赫德. 耶稣会士中国书简集：中国回忆录：中卷. 郑德弟，朱静，译. 郑州：大象出版社，2001.

② 洪秀明. 中国“高岭”扬名与法国殷弘绪的功勋. 中国陶瓷，2006(1).

③［美］马士. 东印度公司对华贸易编年史（1635—1834）. 中国海关史研究中心组，区宗华，译. 广州：中山大学出版社，1991.

④［美］马士. 东印度公司对华贸易编年史（1635—1834）. 中国海关史研究中心组，区宗华，译. 广州：中山大学出版社，1991.

北京等地均有中国工匠仿制西洋自鸣钟。乾隆十四年（1749 年），乾隆帝诏谕两广总督称："从前所进钟表、洋漆器皿，亦非洋做。如进钟表、洋漆器皿、金银丝锻、毡毯等，务必要洋做者方可。"[①] 乾隆不要本国仿制品，只要进口货，说明仿制水平似乎仍赶不上欧洲。康熙三十五年（1696 年），康熙帝下令在宫中养心殿设立造办处玻璃厂，十三行玻璃作坊工匠程向贵、周俊等人应召入宫，利用欧洲磨花玻璃术揉以中国艺术，制造出中西合璧的玻璃器。

清前期，在严格限制政策下，对外贸易得以在广东等东南沿海有限存在，其发展受到了极大制约。但在欧美国家主导的全球性贸易浪潮中，中国被动地卷入了更深更广的国际贸易市场之中，贸易的发展不可避免地推动了中外经济文化交流。对与农业经济有关的自然科学及可以满足上层社会奢侈性需求的西方器物及其制造技术受到了封建统治者的青睐。但在自我封闭思想主导下，无论是西方自然科学还是生产技艺的引进，其领域都极其狭窄，传播范围都极其有限，既未能促生有影响力的相关产业，更未对宏观经济的进步发挥应有的作用。

综上所述，16 世纪以后，随着区域性贸易的突破，中国进一步发展了与欧洲、美洲间的经济交流。鸦片战争以前，中国与欧洲的贸易尽管处于初步发展阶段，且欧洲对华贸易已经带有殖民掠夺的色彩，但从全球角度看，太平洋沿岸与大西洋沿岸的贸易得以开展，特别是经欧洲人的中介沟通了亚洲与美洲，东西半球间的贸易终于开始发生了，国际贸易开始成为全球性贸易。与此同时，不同文化、不同经济形态下国与国之间的冲突也不断加剧，中国封建的独立自主的对外贸易开始岌岌可危了。

① 中国第一历史档案馆，香港中文大学文物馆. 清宫内务府造办处档案总汇：第 17 册. 北京：人民出版社，2005.

参 考 文 献

[1] [法] 布尔努瓦. 丝绸之路. 耿升，译. 济南：山东画报出版社，2001.
[2] 吴慧. 中国商业通史：第 1 卷. 北京：中国财政经济出版社，2004.
[3] 沈福伟. 中西文化交流史. 上海：上海人民出版社，1985.
[4] 漆侠，乔幼梅. 辽夏金经济史. 保定：河北大学出版社，1994.
[5] 漆侠. 宋代经济史：下册. 上海：上海人民出版社，1987.
[6] 汪圣铎. 两宋财政史. 北京：中华书局，1995.
[7] [日] 三上次男. 陶瓷之路. 李锡经，高喜美，译. 北京：文物出版社，1984.
[8] 陈高华，吴泰. 宋元时期的海外贸易. 天津：天津人民出版社，1981.
[9] [德] 贡德·弗兰克. 白银资本——重视经济全球化中的东方. 刘北成，译. 北京：中央编译出版社，2000.
[10] [日] 木宫泰彦. 日中文化交流史. 胡锡年，译. 北京：商务印书馆，1980.
[11] [美] 费正清，刘广京. 剑桥中国晚清史（1800—1911 年）：上、下卷. 北京：中国社会科学出版社，1985.
[12] 晁中辰. 明代海禁与海外贸易. 北京：人民出版社，2005.
[13] 孙玉琴. 中国对外贸易史教程. 北京：对外经济贸易大学出版社，2008.
[14] 陈桦. 18 世纪的中国与世界：经济卷. 沈阳：辽海出版社，1999.
[15] 沈光耀. 中国古代对外贸易史. 广州：广东人民出版社，1985.
[16] 袁丁. 晚清侨务与中外交涉. 西安：西北大学出版社，1994.
[17] 黄启臣. 广东海上丝绸之路史. 广州：广东高等教育出版社，2003.
[18] [美] 马士. 中华帝国对外关系史：第 1 卷. 北京：三联书店，1963.
[19] 谢必震. 明清时期的中琉贸易及其影响. 南洋问题研究，1997（2）.
[20] 李金明. 明朝对日本贸易政策的演变. 福建论坛（人文社会科学版），2007（2）.
[21] 陈炎. 略论“海上丝绸之路”. 历史研究，1982（3）.
[22] 黄启臣. 明代广州的海外贸易. 中国经济史研究，1990（4）.
[23] 万明. 明代白银货币化：中国与世界连接的新视角. 河北学刊，2004，24（3）.
[24] 王裕巽. 明代白银国内开采与国外流入数额试考. 中国钱币，1998（3）.
[25] 沈定平. 关于中国商人在马来群岛发行货币铅钱的考察——明清之际国际市场与国内市场相互联系和影响的一个实例. 中国经济史研究，1992（3）.
[26] 梁方仲. 明代国际贸易与银的输出入. 中国社会经济史研究集刊，1939，6（2）.
[27] 梅新育. 略论明代对外贸易与银本位、货币财政制度. 学术研究，1999（2）.
[28] 黄启臣，邓开颂. 明嘉靖至崇祯年间澳门对外贸易的发展. 中山大学学报（哲学社

)

984（3）.
代对外贸易政策的变化——兼谈清代是否闭关锁国. 天津社会科学，
.
清代前期海外贸易的发展. 历史研究，1986（4）.
. 清代前期的海外贸易政策. 广东社会科学，1988（2）.
益. 清初四榷关地点和贸易量的考察. 社会科学战线，1984（3）.
尚胜. 论清朝前期国际贸易政策中的内外商待遇的不公平问题——对清朝对外政策
具有排外性观点的质疑. 文史哲，2009（2）.
] 何炳棣. 美洲作物的引进、传播及其对中国粮食生产的影响. 世界农业，1979（4）.